KB270598

생활을 변화시키는
사물인터넷: IoT

MICHAEL MILLER 저 | 정보람 역

생활을 변화시키는 사물인터넷:IoT

독자님의 의견을 받습니다

이 책을 구입한 독자님은 영진닷컴의 가장 중요한 비평가이자 조언가입니다. 저희 책의 장점과 문제점이 무엇인지, 어떤 책이 출판되기를 바라는지, 책을 더욱 알차게 꾸밀 수 있는 아이디어가 있으면 이메일, 또는 우편으로 연락주시기 바랍니다. 의견을 주실 때에는 책 제목 및 독자님의 성함과 연락처(전화번호나 이메일)를 꼭 남겨 주시기 바랍니다. 독자님의 의견에 대해 바로 답변을 드리고, 또 독자님의 의견을 다음 책에 충분히 반영하도록 늘 노력하겠습니다.

주 소　서울 금천구 가산디지털2로 123 월드메르디앙벤처센터 2차 10층 1016호 (우)08505
등 록　2007. 4. 27. 제16-4189호
이메일　support@youngjin.com
ISBN　978-89-314-5188-7

저자 MICHAEL MILLER | **역자** 정보람 | **총괄** 김태경 | **진행** 김연희
표지 디자인 임정원 | **본문 편집** 이경숙 | **인쇄** 예림

생활을 변화시키는
사물인터넷 : IoT

MICHAEL MILLER 저 | 정보람 역

사물인터넷에 관하여

사물인터넷IoT; Internet of Things이나 만물인터넷IoE; Internet of Everything
대해 들어 봤을 것이다. 이런 용어들이 정확하게 무엇을 의미하는지 설명하
기 어려울 수 있지만 최소한 한 번쯤은 들어 봤고, 관심이 있다고 느꼈기에
이 책을 펼쳤으리라 생각한다.

처음에는 단순히 사물인터넷이 궁금했다. 사물인터넷이 정확히 무엇인지,
어디에서 정보를 얻을 수 있는지, 또한 어떻게 구성되어 있는지 궁금했다.
적어도 IT 분야에서 모든 사람들이 사물인터넷에 대해 이야기하고 있다는
것이 내가 아는 전부였고, 그 점이 흥미로웠다.

이후 사물인터넷에 대해 배우고 빠져들게 되었다. 나는 내가 무엇을 배웠는
지에 대해 글을 쓰기 시작했고 그 결과, 당신 손안에 있는 한 권의 책으로
완성되었다. 사물인터넷(스마트 TV, 스마트 자동차, 스마트 홈, 스마트 시
티)이 어떻게 세상을 변화시키는지 알고 싶다면 내가 사물인터넷에 대해 배
웠던 모든 것을 담은 이 책을 통해 배울 수 있을 것이다.

스포일러 주의:
사물인터넷의 정의는 우리가 생각했던 것만큼 명확하지 않다. 단어 그대로,
사물이 인터넷에 연결되는 것이라고 할 수 있지만 그 이상일 수도, 아닐 수
도 있다.

여러모로, 사물인터넷은 많은 제조사들이 우리가 자사 제품과 서비스를 더 많이 이용하도록 하기 위해 사용하는 마케팅 단어이다. 수많은 회사들이 자사 제품에 "스마트"라는 수식어를 붙여 (사물인터넷으로 인식되도록) 판매하고 있다. 인터넷 초창기에, 모든 것에 "사이버$_{cyber}$"와 "일렉트로닉$_{e-}$"을 추가했던 것을 회상해 보면 너무 당연한 일이다. 누구나 최신 트렌드의 정상에 있기를 원한다.

사물인터넷의 기술적 정의를 살펴보면 작은 기기가 각각 자신만의 인터넷 프로토콜(Internet Protocol; IP) 주소와 인터넷을 통해 다른 기기에 연결되는 것을 의미한다. 즉, 수많은 "사물"이 인터넷을 통해 다른 수많은 "사물"에 연결되는 것을 말한다. 사람과 사람이 아닌, 사물과 사물이 연결되는 것이 사물인터넷이다.

사물인터넷의 일부인 것처럼 과장된 수많은 스마트 기기 대부분이 자체 IP 주소가 없고, 인터넷 접속이 불가능하며 심지어는 다른 기기와 연결할 수도 없다. 즉, 이것은 사물인터넷이 단순하게 사물과 사물을 연결하는 것이 아니라는 것을 의미한다. 자동화 측면에서의 사물인터넷은 사람의 도움 없이도 스스로 수많은 기능을 작동시킬 수 있다.

다른 기기에 연결이 가능한 기기라도 다른 모든 기기와 연결되는 것은 아니다. 사물인터넷은 특정 산업에서 사용될 수 있는 소프트웨어와 특정 문제 해결에 적용 가능한 자동화 기능들이 포함된다.

사물인터넷은 각각의 산업마다 특화되어 존재한다. 건강관리 산업을 위한 사물인터넷, 자동차 산업을 위한 사물인터넷, 창고 저장/유통망을 위한 사물인터넷 등 그 외에도 다양하다.

모든 기능들을 연결할 때 같은 네트워크를 사용하지 않기 때문에 사물인터넷을 각 특정 산업군이나 애플리케이션 전용으로 사용되는 사물의 다중 네트워크로써 살펴보아야 한다. 이것이 내가 이 책에서 접근하는 방식이며, 따라서 스마트 홈, 스마트 의류, 스마트 자동차, 스마트 의학과 같이 주제별로 찾아볼 수 있게 정리하였다.

전에도 언급한 것처럼, 사물인터넷은 단순한 하나의 사물이 아닌 수많은 사물인 것이다. 책을 다 읽고 나면 더 쉽게 이해될 것이다. 먼저 사물인터넷의 일반적인 개념과 그 기반 기술에 대해 알아본 후 스마트 자동차, 스마트 의류에서부터 스마트 의학, 스마트 시티, 스마트 전쟁까지 사물인터넷의 접근 방법을 알아보자. 각 장은 사물인터넷과 관련되어 일어날 수 있는 잠재적인 문제점들을 설명하며 마칠 것이다.

책이 끝날 때쯤이면, 당신은 사물인터넷을 이루는 다양한 사물에 대해 능통하게 될 뿐만 아니라 개인적으로 우리에게 어떠한 영향을 주는지에 대해서도 알게 될 것이다. 정말 기대되지 않는가?

꼭 알아야 할 책 사용법

이 책을 읽기 전에, 사물인터넷에 대해 얼마나 많이 알고 있는가? 아마 내가 사물인터넷에 대해 아무것도 모르고 시작했을 때처럼 전혀 모를 수도 있다. 그래서 나는 사물인터넷에 대해 궁금해 하는 모두를 위해 책을 썼다. 이 책은 사물인터넷에 관한 당신의 궁금증을 풀어 줄 것이다.

하나 더

이 책을 읽기 전에 사물인터넷에 대해 알아야 할 것이 하나 더 있다. 다른 모든 유망 기술들처럼 사물인터넷의 정의도 계속해서 변화하고 있다. 매일 매일이 달라지고 있는 것이다. 사물인터넷에 대해 글을 쓰고 있는 지금도 내일이면 달라질 수 있다. 계속 빠르게 발전하고 있고 지속적으로 발견되고 있다. 무슨 일이 일어나는지에 대한 일반적인 개념은 이 책을 통해 얻을 수 있지만 발전하는 최신 기술들에는 계속 귀를 기울여야 한다.

앞으로는 매일 보는 신문에서 얼마든지 사물인터넷 관련 이야기를 찾을 수 있을 것이다. 전에 말한 것처럼, 매일 눈과 귀로 주시해 더 많은 사물인터넷에 대한 정보를 얻길 바란다.

contents

contents

contents

Chapter 05 스마트 홈 : 내일의 이상향과 오늘의 현실

contents

Chapter 06 스마트 의류 : 웨어러블 기술

Chapter 07 스마트 쇼핑 : 내가 원하는 것을 미리 알려 준다

contents

Chapter 08 스마트 자동차 : 도로에서의 연결

contents

Chapter 12 스마트 비즈니스 : 기술을 통한 더 나은 업무 처리

contents

Chapter 13 스마트 시티 : 모든 사람들이 연결되다

contents

Chapter 01

스마트 커넥티비티 : 사물인터넷의 시작

사물인터넷이 우리의 삶에 파고들고 있다. 이것은 앞으로 더 확대되고, 중요해질 것이며 삶에 커다란 영향을 미칠 것이다. 사물인터넷이란 무엇인가? 왜 사물인터넷이 중요한가? 왜 영향력이 커지고 있는 것일까?

미래의 세상은 달라질 것이다

미래의 스마트 홈Smart Home을 상상해 보자. 스마트 홈은 당신이 하는 일을 예측할 것이다. 일을 마치고 집에 돌아오면 불을 켜고 난방을 틀며, 오븐을 작동시킬 것이다. 때론 우리가 현관에서 걸어 들어올 때 좋아하는 음악을 재생해 줄 수도 있다. 또한 하루 중 식기세척기를 작동시키는 최적의 시간을 알고 있으며, 방에서 나오면 불을 끄고, 외출을 하면 현관문을 잠글 것이다.

스마트 홈처럼 미래의 스마트 자동차Smart Car를 상상해 보자. 스마트 자동차는 운전자를 인지하고 당신이 선호하는 운전 방식, 라디오, 냉난방을 설정할 것이다. 옆 좌석에 앉은 사람에게는 따뜻한 온도와 듣기 편안한 음악방송을 틀어 주고, 운전자인 당신에게는 시원한 온도와 컨트리음악 방송을 들려 줄 수 있을 것이다. 스마트 자동차는 차에 이상이 생기거나 정비를 받아야 할 때가 되면 정비소에 스스로 예약할 것이다.

헬스장에 있는 운동기구는 당신이 라커룸에서 나올 때 개인의 운동량에 맞도록 설정될 것이다. 공장에 있는 모든 기계는 생산라인을 더 효율적으로 운영할 수 있도록 정보를 제공하고 더 나아가 가로등, 공공재(수도, 가스, 전기 등), 도로가 자동으로 관리될 것이다. 이렇듯 모든 것들이 다양한 방식으로 연결될 것이다. 우리는 이것을 바로 '사물인터넷'이라고 한다.

사물인터넷이란 무엇인가?

당신이 이미 잘 알고 있는 '인터넷'은 수백 개의 컴퓨터(스마트폰, 태블릿) 간에 전자통신이 가능한 글로벌 인터넷이다. 컴퓨터를 연결할 때, 인터넷은 컴퓨터 사용자를 함께 연결한다. 우리는 정보와 메시지를 공유하기 위해 글로벌 네트워크를 사용하는 것이다. 즉, 오늘날의 인터넷은 기기 간의 네트워크이기도 하지만 사람들 간의 네트워크이기도 하다. 여기서 더 나아가 사물인터넷은 컴퓨터, 스마트폰, 태블릿을 연결할 뿐만 아니라 다른 수많은 사물을 연결한다. 즉, 사물인터넷이란 틀(이름) 안에서 모든 것을 연결할 수 있다. 일단 연결되면, 모든 것은 다양한 목적으로 다른 사물과 소통할 수 있다.

기술적인 측면에서, 사물인터넷이란 구분 가능한 내장 컴퓨터 기기와의 상호호환을 의미한다. 즉, 어떤 기기와도 연결이 가능하다면 (컴퓨터뿐만 아니라 센서와 모니터 등도 포함된다) 이미 존재하는 인터넷과도 연결할 수 있다. 사물인터넷은 인터넷뿐만 아니라 무선인터넷을 포함한 다른 네트워크 기술도 충분히 활용할 수 있다.

오늘날 인터넷은 사람끼리 무언가를 주고받는, 소통의 인터넷이다. 우리는 인터넷에 접속해 정보 검색 및 읽기, 이메일 전송, 메시지 확인, 음악, 비디오 혹은 인터넷상에 있는 무엇이든 다운로드할 수 있다. 사용자는 기기를 연결해 서비스를 사용한다.

사물인터넷은 소통의 인터넷과 매우 대조적이다. 사람이 데이터에 접근하는 것이 아닌 사물이 데이터에 접근하거나 다른 기기들과 소통한다. 앞으로 우리는 현재 사용하고 있는 인터넷을 계속해서 사용할 것이지만, 미래의 인터넷은 사람이 아닌 기기 – 사물지능통신(Machine-to-Machine; M2M) 또한 주요 통로가 될 것이다.

우리가 사물을 연결할 때 다른 사물에서는 어떤 일이 발생할까? 사물이 TV, 냉장고, 심장박동 모니터, 자동차와 연결되면 각 사물 안에 있는 센서는 무엇을 하고 있는지, 어떻게 환경과 상호작용하는지 등에 대한 엄청난 데이터를 축적한다. 모든 데이터는 인터넷을 통해서 다른 사물로 전송되거나 다른 기기가 추가적인 작업을 진행할 때 사용될 수 있다. 즉, 사용자의 간섭이 최소화된 스마트 기기 간의 상호작용을 통해 점점 더 자동화되고 더 지능화된 서비스를 제공하는 것이 사물인터넷이다.

사물인터넷에 연결될 수 있는 사물은 무엇이 있을까?

사물인터넷의 "사물"이란 와이파이, 블루투스 등과 같은 무선통신 기술이 탑재되고, 인터넷 프로토콜(Internet Protocol; IP) 주소를 가지고 있는 것을 말한다. 정말 작은 클립만한 크기에서부터 집만큼 큰 것도 해당될 수 있다.

이러한 사물인터넷이 연결할 수 있는 곳은 아래와 같다.

- 스마트 TV, 스트리밍 미디어 서버와 같은 홈 전자기기
- 심박동기와 심장박동 모니터와 같은 의학기기
- 스마트 냉장고, 오븐, 세탁기와 같은 가전제품
- 자율주행 자동차
- 드론과 같은 항공기
- 온도 조절 장치, 연기 탐지기, 경보 시스템 등과 같은 홈 자동화 기기
- 가정, 마을, 도시, 나라에 걸쳐 감시되거나 통제 가능한 어떤 것

사물인터넷의 사물이 무생물일 필요는 없다. 강아지, 고양이, 소처럼 동물들도 인간처럼 연결될 수 있다면 가능하다. 바이오칩 응답기biochip transponder는 농장에서 돌아다니는 동물들을 추적하고, 물리적 위치를 모니터링하거나, 사람 경우 개인의 건강 상태를 확인할 수 있다.

다양한 것에 연결될 수 있는 부분 이외에 모든 사물들이 가진 공통점은 센

서를 가지고 있거나, 특정 일을 수행할 수 있는 기능을 지니거나 혹은 둘 다 해당된다는 것이다. 즉, 다른 사물과 통신할 수 있다면 사물이라 할 수 있다. 결과적으로 사물인터넷을 통해 수십억 개의 사물이 서로 연결될 수 있다. 이 엄청난 수의 커넥티드 기기connected device는 인터넷에 연결된 소형 컴퓨터의 수와 스마트폰의 수를 의미한다.

Note

"사물인터넷"이란 명칭은 다른 어떤 명칭보다 사물을 잘 보여 준다. 수많은 종류의 기기가 직접 인터넷에 연결되는 것은 아니지만 서로서로 (혹은 더 큰 네트워크) 다른 무선 프로토콜을 통해 연결된다. 많은 종류의 기기 안에 센서 기술이 내장되어 있어 차세대 연결을 "센서 혁명"이라고도 한다. 사물인터넷만큼 딱 알맞지 않지만 좀 더 기술적이다.

연결된 사물은 무엇을 할 수 있는가?

사물인터넷과 연관된 대부분의 사물은 스마트 기기와 같은 간단한 기기이다 (스마트 TV, 스마트 냉장고, 스마트 기저귀까지). 기기 자체만 보면 꼭 스마트한 것은 아닐지도 모르지만 다른 커넥티드 기기와 함께 사용했을 때 더욱 더 스마트해진다.

사실 우리가 처음 사물인터넷을 접했을 때, 사물인터넷에 연결된 사물이 새롭거나 특별하지는 않았을 것이다. 오늘날 우리에겐 이미 커넥티드 기기와 센서가 내장된 기기가 주변에 있기 때문이다. 그러나 이러한 기기들을 사용해 사물들이 연결된 사물인터넷을 만들 수 있다.

여러 개의 기기가 하나로 합쳐질 때, 사람의 해석과 상호작용 없이도 스스로의 지능을 이용할 수 있는 시스템을 생성할 수 있다. 이건 마치 간단한 기기들이 (개인 컴퓨터와 비교했을 때) 결합되어 하나의 거대한 기계를 만들어 낼 수 있는 것과 같다. 마치 지성이란 벌집 안에 벌들이 함께 모여 있는 것처럼 말이다.

사물인터넷에서 다양한 커넥티드 기기는 각각 그 자체로 있을 때보다 더 놀라운 일들을 해낼 수 있다. 어떤 것들은 지능화되고 자동화된 방식으로 다른 기기들과 소통할 수 있기 때문에 전체는 부분의 합보다 크게 작용할 수 있다. 어떤 기기라도 수집된 데이터를 공유하기 위해 주변이나 관련 있는 다른 기기에 연결할 수 있다. 이는 수많은 기기들이 같은 행동을 했을 때 나타나는 결과로 볼 수 있는데, 전문가들은 이를 앰비언트 인텔리전스ambient intelligence라고 한다. 내장된 네트워크를 통해 정보와 지능을 공유하며 매일의 작업과 행동을 자동으로 수행하기 때문에 사람의 도움이 필요 없다.

이것은 데이터 수집과 특정 행동을 수행할 수 있는 능력을 결합하기 위한 것이다. 몇몇 커넥티드 기기는 기기를 둘러싼 기온, 빛, 움직임 등에 관한 상태를 등록하는 센서를 가지고 있다. 이러한 기기들은 수집된 데이터를 특정 행동을 수행할 수 있는 다른 기기에 전송한다. 이런 수행기기는 우리가 프로그래밍한 대로 수행하며, 그 결과는 센서 기기가 측정한다.

이것은 스스로 수많은 반복을 거치면서 기기들이 더 스마트해지는 것을 의미하며, 자가수정주기self-correcting cycle라고 한다. 자동차를 예로 들어 설명해 보도록 하겠다. 만약 차가 고장났다면, 센서는 무엇이 잘못되었는지를 인식하고 엔진 점검등을 작동시킬 것이다. 오늘날 사용되는 간단한 센서 기술은 정확히 어떤 부분이, 어떻게 고장났는지에 대한 정보가 부족하기 때문에 아주 유용하지는 않다.

미래의 사물인터넷에서는 더욱 지적인 방법으로 다른 기기와 소통할 수 있는 센서를 볼 수 있을 것이다. 새로운 스마트 자동차는 엔진 점검등에 연결된 단일 센서 대신, 각 부분마다 수많은 센서를 장착할 것이다. 엔진 점검등이 켜지기 전에 특정 부분이 낡아서 떨어진다면 센서가 발견해서 차에 설치되어 있는 제어기나 "엔진"에게 전달해 줄 것이다. 제어기는 손상된 부분을 기록하고 스마트 자동차가 인터넷에 연결되면 (일반적으로 집에 있는 와이파이 존에 들어서면) 당신이 자주 가는 자동차 정비소에 메시지를 전달한다. 정비소 안에 있는 컴퓨터는 손상된 부분에 대한 정보를 확인한 후 수리가 필요한지, 교체 부품(준비되어 있는 것이 없다면)을 주문해야 할지 결정하고 스마트폰에 있는 캘린더 앱에 접속해 부품 교체를 위한 서비스 예약 일정을 정한다. 어느 부분이 고장났는지 쉽게 찾을 수 있으며, 일정 관리도 편리하다. 이렇듯 사물인터넷은 귀찮은 일을 최소화하며, 모든 사물들은 자동차가 가능한 신속하게 고쳐질 수 있도록 다른 필요한 사물들과 통신한다.

사물인터넷은 스마트 기기에서 수집한 일부 데이터와 또 다른 스마트 기기에서 수집한 데이터를 결합하여 때로는 1 더하기 1의 값인 2보다 더 큰 결과를 도출해 내기도 한다. 네트워크는 모든 조각들을 함께 놓고 다른 스마트 기기에서 특정 행동을 초래할 수 있는 흥미로운 결과를 보여 준다. 이 모든 기기들은 협력하여 작동하며, 결국에 어떤 개별 기기보다 더 많은 것을 알게 되고, 더 나아가 당신이 아는 것보다 더 많은 것을 알게 된다. 가끔은 이런 것이 무섭게도 느껴지지만 훨씬 효율적이고, 적게 일할 수 있도록 해준다.

사물인터넷은 언제 도래할 것인가?

사물인터넷이 미래의 인터넷이라는 이야기는 다양한 방법으로 오늘날 언급되고 있다. 사물인터넷은 다양한 형태의 센서, 기기, 클라우드 기반 구조, 데이터 마이닝과 분석 툴 등의 다양한 형태로 하루하루 발전하고 있다. 이미 각각의 일부분은 만들어진 상태이며, 서로가 소통될 수 있도록 준비 단계에 있다.

오늘날에는 모든 종류의 데이터를 수집할 수 있는 내장 센서를 가진 수백만의 기기들이 존재하고 있다. 우리에게 필요한 건 이러한 기기들이 더 스마트한 세상을 만들 수 있도록 서로서로 연결되는 것이다.

스마트 자동차의 예를 다시 한번 떠올려 보자. 현재의 자동차는 자동으로 다른 사물이나 인터넷에 연결할 수 있는 능력이 없지만 수많은 정보를 모으는 센서들을 가지고 있다. 현재 정비소에서 차가 기록한 정보를 갱신하기 위해서는 블랙박스를 컴퓨터에 연결해야 하지만 미래에는 모든 연결과 소통이 자동으로 될 것이다. 즉, 이러한 개별적인 기기들은 이미 준비되어 있으며 전체가 상호호환될 수 있도록 연결되기만을 기다리고 있는 중이다.

우리가 기다리는 것은 도대체 무엇일까? 기술적인 측면에서, 센서와 제어기를 생산하는 다양한 회사와 모든 기기들이 연결되어 서로 통신할 수 있도록 필요한 기술과 프로토콜을 선별해내고 있다. 사물인터넷에서 모든 것이 함께 연결된다는 것은 우리가 상상하는 것 이상, 기술적으로 복잡하다. 또한 경쟁 회사들이 서로 이야기를 나누는 것은 사물인터넷 기기가 소통하는 것보다 몇 배나 더 복잡하다.

기술이 준비되어 있다고 해도 이것을 실현시키기 위한 비용적인 측면이 많이 고려될 것이다. 모든 기술의 발전에는 비용이 발생하고 규모의 경제(대량 생산에 의한 원가절감)에 도달할 때까지는 시간이 걸린다. 게다가, 커넥티드 기기의 가치 제안이 확립되어야 한다. 즉, 사람들이 오래된 일반 냉장고보다 스마트 냉장고를 위해 얼마나 더 지불할 것인가를 생각해야 한다는 것이다.

이렇듯 사물인터넷 기술의 대규모 적용은 소비자 부분이 아닌 비즈니스와 정부에서 발생한다. 비즈니스는 진정한 비용 효율을 실현할 수 있고 대부분이 사용할 수 있는 기술을 포용할 수 있을 것이다. 그리고 도시와 주 정부는 사물인터넷 기술에 단기간 투자를 통해 시설물 유지 관리, 교통 통제, 에너지 소비 등과 같은 분야에서 장기적으로 상당한 보상을 받을 것이다.

사물인터넷의 영향이 가장 기대되는 곳은 소비 공간이다. 이는 사물인터넷 기기와 기술을 제공하는 회사들이 생각하는 가장 잠재력있고 이윤이 크게 발생하는 곳이기도 하다. 일반 가정에서 가전제품과 연결될 수 있는 모든 것을 생각해 보자. TV와 일반 전자기기, 냉온 시스템, 전등, 배관 및 전기 시스템, 의류, 자동차 등 우리가 구입할 물건들은 엄청나다.

어떤 소비자들은 큰돈을 들여서라도 하루 아침에 집 안에 있는 모든 제품들을 새로운 스마트 버전으로 교체할지도 모른다. 그러나 대부분의 사람들은 오래된 제품을 새로운 스마트 제품으로 교체하는 일이 오래 걸릴 것이다. 즉, 사물인터넷이 자리 잡기까지에는 준비 기간을 포함해서 긴 시간이 걸릴 것이다. 기기와 시스템 대부분이 서로 사물인터넷으로 연결되고 호환되기까지 십 년 혹은 수십 년이 걸릴 것이다. 하지만 기기는 점점 더 연결되고 있으며 그 혜택은 실현되기 시작하고 있다.

사물인터넷은 얼마나 중요한가?

대부분의 전문가들은 사물인터넷이 사이즈, 중요성 및 수익 관점에서 현 인터넷을 뛰어넘을 것이라고 기대한다. 만약 대부분의 예측이 실현된다면, 정말 엄청난 변화가 올 것이다.

사물인터넷 안에서 얼마나 많은 사물들이 연결되고 실현될까? 가트너 연구기관은 2020년까지 대략 260억 기기가 사물인터넷으로 연결될 것이라고 예측한다. 경쟁 시장 연구 전문 컨설팅 기업인 얼라이드 비즈니스 인텔리전스ABI는 300억 이상의 기기를 예상하고 있다. 시스코Cisco는 50억 기기, 넬슨 리서치Nelson Research는 1,000억 기기, 인텔은 2,000억, 시장 조사기관인 IDC는 2,120억 기기를 예측하고 있다. 확실한 것은 향후 5년, 10년 안에 수많은 사물들이 연결될 거라는 것이다. 그리고 모든 사물은 수많은 회사에 엄청난 수익을 발생시킬 것이다. 어느 정도인지 예측하기 어렵지만, 가트너는 2020년까지 사물인터넷이 미치는 경제적 영향을 약 1조 9천억 달러로 예측했다. IDC는 약 8조 9천억 달러 정도라고 예상했다.

그 수가 얼마이든 간에, 사물인터넷이 우리의 일상, 비즈니스 및 우리가 알고 있는 글로벌 경제에서 근본적인 변화를 일으킬 잠재력이 있다는 것은 확실하다. 우리는 큰 변화 앞에 있다. 수많은 사람들이 사물인터넷으로 많은 이익을 낼 수 있을 것이라고 기대한다.

스마트 커넥티비티와 우리

모든 것이 우리 예상대로 흘러간다면, 사물인터넷은 개인, 기업 그리고 더 큰 단체에게 엄청난 혜택을 제공할 것이다. 사용자의 음악 재생목록을 설정하거나 가족 구성원 각각을 위한 TV 즐겨찾기 목록 지정, 욕실 물의 온도를 설정하는 것까지 사소한 것에도 사물인터넷이 사용될 것이다. 또한 하루 동안 에너지 사용량을 최소화한다든가, 물 사용량이 최저일 때 스프링클러 시스템이나 가전제품을 작동시키는 비용적인 측면, 그리고 가장 필요한 가정과 개인 비상사태를 자동으로 알리고 이동 중의 사고를 방지하며, 자동 유지 보수 관리의 일정을 관리하는 것까지 우리 삶에 밀접하게 작용할 것이다.

일단 사물인터넷이 사용되면, 우리는 사물인터넷 없이 살아가기 힘들어질 것이다. 사물인터넷은 이미 우리 생활에서 많은 일을 대신해 주고 있다. 앞으로의 사물인터넷은 우리가 모두 하기 싫어하는 지루한 활동들을 자동화해 줄 것이고 이를 통해 우리 삶은 더욱 풍요로워질 것이다.

사물인터넷을 통해 일상의 일들이 자동화되고 강화된다면 우린 좀 더 생산적이고 값진 일로 시간을 보낼 수 있을 것이다. 단순하게 TV를 볼 수도 있다. 비생산성 일들을 하면서 보내는 시간을 다른 무언가를 하며 보낼 수 있을 것이다.

미래에 사용될 사물인터넷을 위해 어떤 준비를 할 수 있을까? 가장 간단히 할 수 있는 것은 물건을 사러 가게에 들렀을 때 사물인터넷 기능이 탑재되어 있는 제품을 고르는 것이다. 사물인터넷을 사용할 수 있는 제품에 투자함으로써 미리 준비할 수 있다.

인터넷에 연결 가능한 "스마트" 전자기기와 가전제품을 구매할 때에는 주의해야 할 점이 있다. 집에 와이파이가 가능한지, 모든 방마다 이더넷이 가능한지 확인해야 한다(어떤 사물인터넷 기기는 유선인터넷에 연결했을 때 속도가 빠르고 안정적이다). 또한 인터넷 제공 업체가 충분한 대역폭을 제공해 주는지, 필요한 경우에는 추가 비용을 지불해야 하는지 확인해야 한다.

비즈니스 측면에서는 사물인터넷에 대한 준비를 더 철저히 해야 한다. 회사 시설이 네트워크상에서 사용할 수 있는 최대한의 대역폭을 사용하고, 전부 연결되어 있는지 확인하도록 하며, 사물인터넷용으로 네트워크를 분리하는 것도 고려해 보도록 한다. 네트워크에서 무슨 기기와 서비스를 사용하게 할 것인지 IT 직원들과 결정해야 할 것이다. 또한 사물인터넷에서 수집된 모든 데이터를 저장할 수 있는 충분한 공간이 있는지 확인해야 한다.

이러한 데이터와 네트워크 전체를 위해 적절한 보안 작업도 행해져야 할 것이다. 효과적이고 효율적인 사물인터넷 사용을 위해서 꼭 필요한 기기만 접근하도록 차단해야 한다. 결국 집과 직장에서 사물인터넷을 이용하기 위한 기반시설을 마련해야 한다. 사물인터넷에 시간과 돈을 투자해서 준비한다면 사물인터넷 세상에서 엄청난 혜택을 받을 수 있을 것이다.

사물인터넷 시장 동향

시스코에서 주장하는 만물인터넷은 사물과 사물의 연결인 사물인터넷이 더 확장된 개념으로, 인터넷을 기반으로 사람, 데이터, 프로세스 등 모든 것이 서로 연결되어 소통하는 첨단 지능형 기술 및 서비스를 의미한다.

스마트폰, 태블릿, 웨어러블 기기 등처럼 모바일 기기 간의 상호 연결이 사물인터넷의 초기 버전이라면, 앞으로 우리에게 보여질 스마트 홈, 스마트 자동차, 스마트 빌딩, 스마트 시티 등 전체가 하나로 연결되는 세상이 만물인터넷이라고 보고 있다.

출처
- http://www.seemore.co.kr/app/article.html?act=listbody&no=4382(만물인터넷 개념)
- http://biz.chosun.com/site/data/html_dir/2014/04/03/2014040303776.html

Chapter 02

스마트 기술 : 사물인터넷의 작동원리

사물인터넷은 기술의 역작이다. 사물인터넷은 새롭고 흥미로운 방법으로 이미 존재하고 있는 기술과, 머지않아 개발될 기술, 그리고 프로토콜을 결합하여 일상생활의 모든 것을 자동화할 수 있을 것이다. 무선인터넷, 와이파이, 블루투스 등과 같은 기술들이 함께 사용된다면 각각 사용되었을 때보다 훨씬 더 많은 기능을 제공할 것이다. 이번 장에서는 이러한 사물인터넷이 어떻게 작동되는지 살펴보도록 하자.

나무 속에 파묻혀 있지 말고 숲을 보려 일어서라 : 사물인터넷의 이해

사물인터넷은 다양한 기술이 반자동적으로 네트워크에 결합되는 것을 말한다. 간단히 말해서 사물인터넷은 각 기기가 서로 연결되거나 네트워크에 연결되어 있는 것을 의미한다. 네트워크는 소프트웨어와 연결된 모든 기기에서 수집된 데이터를 분석해 줄 수 있는 중앙센터에 연결되어 그 기기에 있는 데이터를 수집할 수 있을 뿐만 아니라 다른 기기가 특정 동작을 수행하도록 지시할 수도 있다. 이런 기기는 보통 무선통신 기술을 통해 네트워크에 연결된다. 현재 와이파이가 이런 기술에 해당된다.

이처럼 사물인터넷의 근간을 이루는 것은 네트워크이다. 사물인터넷이라는 명칭에서도 알 수 있는 것처럼 네트워크는 모든 것을 인터넷에 연결한다. 하지만 사물인터넷 기기가 반드시 인터넷에 연결될 필요는 없다. 대신 전용 혹은 특정 목적을 위해 만들어진 네트워크에 연결될 수 있다. 또한 사물인터넷 기기는 인터넷이나 네트워크에 항상 연결될 필요는 없다. 기기는 연결되지 않는 동안에도 수집한 데이터를 저장할 수 있고, 나중에 연결되었을 때 중앙센터나 데이터 분석이 필요한 곳에 데이터를 전송한다.

이런 커넥티드 기기에서 수집된 데이터는 분석, 가공 등을 위한 서비스나 소프트웨어를 제공하는 곳에 필요하다. 소프트웨어는 다른 기기, 기업의 데이터센터 혹은 클라우드 안에 존재한다. 애플리케이션은 자동적 혹은 반자동적 방법, 흔하지는 않지만 사람들에 의해 직접 제어되어 작동될 수 있다.

- 기기
  - 데이터를 생성 혹은 수집할 수 있는 내장 센서
  - 다른 네트워크에 연결할 수 있는 무선 송수신기

- 다양한 무선통신 기술을 통해 연결되는 모든 기기를 위한 네트워크망
- 소프트웨어 애플리케이션
  - 수집된 모든 데이터를 분석 및 가공
  - 적절한 행동 개시

아래는 무선통신 기술에 대한 설명이 담긴 이미지이다. 모든 기술이 결합되어 나온 결과처럼, 사물인터넷 그 자체는 엄청난 기술이 아닌 것 같이 느껴질 수도 있다. 그러나 사물인터넷은 다양한 환경과 기기에 적용될 수 있다.

그림 2.1 사물인터넷의 기술

각각의 사물인터넷 애플리케이션은 특정 목적에 부응하기 위해 만들어졌다. 필자는 앞으로 센서, 기기의 네트워크와 스마트 자동차, 스마트 홈, 스마트 팩토리, 더 나아가 스마트 시티를 위해 만들어진 애플리케이션에 대해 이야기할 것이다. 각 애플리케이션은 무선 네트워크 등에 연결될 수 있는 소형 기기들로 구성된다. 이 기기들은 각각의 목적에 맞게 작동하게 될 것이다. 여기서 중요한 점은 특정 업무를 수행할 수 있는 애플리케이션이 사물인터넷을 기반으로 우리에게 꼭 필요한 일들을 수행할 수 있다는 것이다.

사물인터넷 생성

전문가들은 사물인터넷이 완전히 실현되기 위한 세 단계의 개발 과정을 제시한다. 이것은 설치와 기기에 관한 것이다. 설치와 기기의 연결, 그리고 두 개 이상의 기기가 같은 목적을 위해 함께 작동하는 것이 가능해지면 수집한 데이터를 분석하고 더 복잡한 동작을 실행할 수 있는 애플리케이션을 생성한다.

1단계: 기기 확산과 연결

사물인터넷은 기본적으로 네트워크 기기로 만들어져야 한다. 따라서 사물인터넷을 만드는 첫 번째 단계는 기기가 모두 네트워크상에 있도록 하는 것이다. 즉, 모든 타입의 기기-센서, 프로세서, 스마트 허브에 대해서 논해야 한다. 이는 독립형 기기나 대형 기기, 또는 제품에 내장된 소형 기기일 수 있다.

첫 단계는 이미 진행 중이다. 피트니스 추적기에서부터 TV, 온도 조절 장치에 이르기까지 점점 더 많은 기기들을 연결하여 사용할 수 있다. 기기들 중에는 와이파이를 통해 무선 연결이 되어야 작동하는 것도 있다. 예를 들어, 스마트폰이나 개인 노트북도 이런 방식으로 작동하기 때문에 네트워크에 연결해야 한다. 앞서 이야기한 것처럼, 현재 사물인터넷을 연결할 수 있는 다양한 네트워크 기술이 존재한다. 앞으로 새로운 네트워크 기술이 추가될 것이다.

2단계: 함께 작동하는 것

두 번째 개발 단계에서는 함께 작동하기 위한 두 개 이상의 사물이 필요하다. 이것은 데이터를 공유하는 자동화된 과정을 의미한다. 정해진 작동을 시행하거나 결정하는 일을 할 수 있는 데이터가 한 기기에서 다른 기기로 전송된다.

예를 들어, 뒷마당 어딘가에 지하 습도 센서를 설치했다고 가정하자. 이 센서는 네트워크(블루투스, 와이파이)로 수집한 데이터를 마당에 있는 스프링클러 시스템에 내장된 다른 기기로 보낸다. 스프링클러 시스템은 습도 센서 기기에서 받은 데이터를 기반으로 작동하도록 되어 있다. 만약 마당에 습도가 충분하다면 스프링클러는 작동하지 않을 것이고, 그렇지 않다면 특정 작업을 실행시킬 것이다. 이처럼 모니터링과 결과를 직접 판단하여 실행시킬 수 있는 두 개의 커넥티드 기기 덕분에 우리의 할 일은 줄어들 수 있다.

생각보다 간단하지 않은가? 기기는 메모리 안에서 작업을 수행한다. 이것은 구글 타입 알고리즘 기반의 의사결정 방법이다. 즉, A를 만족하면 B를 실행하고, C를 만족하면 D를 실행하는 것이다.

산업군에 따라서 다른 단계보다 더욱 신중하게 이번 단계를 수행해야 한다. 필요한 센서와 기기를 설치한 후 같은 작업을 자동으로 수행하도록 프로그래밍하여 작업을 자동화하도록 한다.

3단계: 지적인 애플리케이션 개발

기초 자동화는 마치 의사결정 트리와 같다. 즉, 센서가 이것을 말하면 저것을 실행하고 센서가 저것을 말하면 이것을 실행한다. 만약 사물인터넷으로부터 수집된 엄청난 데이터를 잘 이용하기 원한다면, 우리는 더 크고 복잡하며 가끔은 실행하기 애매한 데이터를 수행할 수 있는 애플리케이션이 필요하다. 두 개의 간단한 사물을 함께 묶는 것 이상으로 말이다. 즉, 추가 데이터를 분석하고 활용할 수 있도록 정교한 내부 관계를 생성할 수 있어야 한다.

집에 있는 온도 조절 장치를 떠올려 보자. 집 안의 보일러와 에어컨을 조절하는 기능을 가진 간단한 자동화 온도 조절 장치에는 실외 기온을 측정할 수 있는 센서가 연결되어 있다. 실외 온도가 특정 수준으로 올라가면, 온도 조절 장치는 에어컨을 작동하도록 프로그램되어 있는 것이다.

사물인터넷의 세 번째 개발 단계에서 간단한 센서/온도 조절 장치의 관계는 오늘의 기상정보, 과거의 온도 패턴, 심지어는 과거 방 온도 사용 패턴과 같은 데이터에 의해서 더욱더 발전될 것이다. 애플리케이션은 모든 데이터를 이용하여 정확히 언제, 얼마나 에어컨을 작동시켜야 하는지 예측하도록 개발될 수 있다. 이것은 반자동이 아니라 지능을 확보한 시스템이 할 수 있는 예측이다.

기기, 네트워크와 하드웨어 제조자들뿐만 아니라 앱 개발자들을 위한 수많은 기회가 지금 여기에 있다. 세 번째 단계를 현실화하기 위해서는 수많은 작업이 필요하다.

스마트 기기의 이해

사물인터넷의 작동원리를 이해하기 위한 가장 좋은 방법은 서로 다른 기기들이 처음 개념 구성부터 같이 시작하는 것이다.

사물이란?

사물인터넷에 연결되는 다양한 종류의 기기들이 있다. 기기는 자동차나 집처럼 엄청나게 크거나 복잡한 것일 수 있고 골프 클럽, 프린터, 혹은 운동화같이 일상생활에서 매일 사용하는 작은 것일 수도 있다.

사물인터넷에서 "사물"이라고 불리는 것이 꼭 실재하는 것일 필요는 없다. 사물은 온도 조절기, 스마트폰, 컴퓨터와 같은 기기를 통해 수집된 정보나 방 온도와 같은 상태 정보를 담은 데이터의 조각일 수도 있다.

최상의 사물인터넷 기기는 근처에 일어나는 일들을 모니터링해주는 간단한 센서이다. 이러한 간단한 사물은 어떤 다른 기기나 서비스를 위하여 네트워크를 통해 수집한 정보를 전송하거나 기록한다.

구성 요소

사물인터넷에서 대형 사물이라고 칭해지는 것들은 사실 소형 기기들의 집합이다. 예를 들어, 스마트 자동차는 그림 2.2에서 설명하는 것처럼 자동차 그 자체가 아닌 차 안의 수많은 부분이 소형 센서 기기의 집합으로 이루어져 있다. 각 개별 센서는 차 내부 네트워크에 연결되어, 수집한 데이터를 중앙 제어 시스템에 전송하여 필요한 기능을 수행한다. 이것을 통해 기기에서 받은 데이터를 기반으로 의사결정을 할 수 있다. 예를 들어, 자동차의 중앙제어 시스템은 받은 데이터를 분석하거나 자동차 정비소, 제조업체, 또는 회사(만약 회사에서 제공했다면)와 같은 외부 환경으로 전송할 수 있다.

결국, 소형 사물로 구성된 대형 사물은 두 개 이상의 내재된 기기를 포함한 복잡한 기기이다. 마치 작은 빌딩 블록이 모여 커다란 것을 구성하는 것과 같다. 이것들이 다른 비슷한 기기들과 통신할 때 더 커진 사물은 "스마트"해진다.

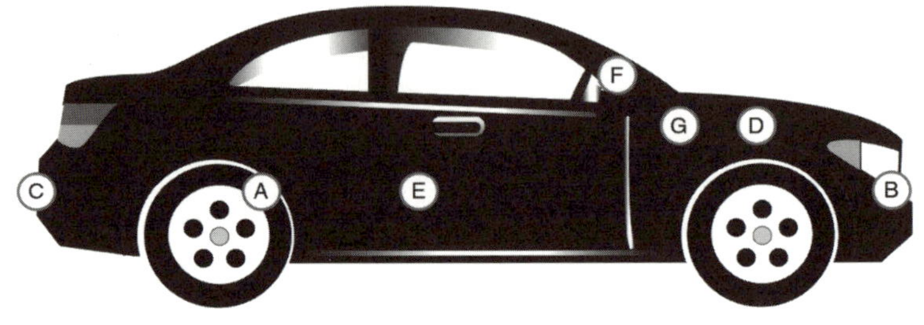

그림 2.2 여러 개의 소형 기기가 함께 연결된 대형 스마트 기기

기기 해체

모든 기기에서는 데이터를 송수신하기 위한 네트워크가 반드시 포함되어야 한다. 노트북에는 와이파이에 연결할 수 있는 기능이 포함되어 있다. 대형 기기나 컴퓨터에서는 블루투스를 많이 사용하고 있다. 이외에도 작고 간단한 전송을 위한 새로운 형태의 무선 기술이 사용되기도 한다.

에너지 사용량 측면에서 보면, 소량의 데이터를 전송하거나 수집하는 것에는 많은 전력이 필요하지 않기 때문에, 간단한 단일 목적 기기의 경우 낮은 전력을 사용한다. 예를 들어, 의류나 스포츠 장비의 센서로 사용되는 기기라면 작은 배터리를 이용하기 때문에 많은 전력을 사용하지 않을 것이다.

대부분의 센서는 제한된 데이터의 양과 타입을 전송하기 때문에 많은 대역폭을 필요로 하지 않는다. 현재 기온을 전송하거나 걸음 수를 확인하는 센서는 일반적으로 낮은 대역폭을 사용한다.

기기가 연결되어 있을 때 가장 중요한 부분은 어떻게 연결되어 있는지 이다. 어떤 기기는 유선이나 케이블을 통해서도 연결될 수 있다. 예를 들어,

스마트 자동차 안에 기기는 무선으로 통신하는 것보다 유선으로 함께 연결되어 있는 것이 더 안정적일 것이다.

저장 및 전달

사물인터넷 기기에서 필요로 하는 기능 중 하나는 바로 메모리이다. 특정 기기에서 다른 기기나 서비스로 데이터를 전달할 때, 데이터는 바로 전달되지는 않는다(그러나 수집된 데이터의 비용 측면이나 편리성을 따져 본다면 데이터는 저장될 수 있고, 전송될 수 있을 것이다). 또한 기기는 항상 네트워크에 연결될 수 없다. 기기가 오프라인일 때에는 저장만 할 뿐, 온라인이 될 때까지 전송되지 않는다.

위와 같은 문제를 해결하려면 기기는 반드시 저장과 전달 능력을 가지고 있어야 한다. 즉, 기기는 작고 단단한 메모리 칩 형태로, 어느 정도의 데이터를 저장할 수 있는 공간이 필요하다. 수집된 데이터는 네트워크에 연결될 때까지 기기 메모리 안에 저장되고 필요한 경우에 전달해야 한다. 사물인터넷 기기는 작고 저출력이며 무선 접속기를 갖고 있기 때문에 내장 저장공간 또한 반드시 필요하다.

네트워크 연결의 이해

사물인터넷에서 개별 기기들이 서로 통신하기 위해서는 반드시 네트워크에 연결되어야 한다. 네트워크는 두 개 이상의 기기가 데이터를 공유하거나 전송 혹은 다른 통신을 하기 위한 목적으로 사용된다.

사물인터넷은 일반적으로 무선통신을 이용해 연결한다. 수백만이 넘는 스마트 기기를 케이블로 연결한다는 것은 불가능하며, 기기를 중앙 허브와 인터넷에 연결할 때 무선통신으로 연결하면 훨씬 쉽기 때문이다.

일반적인 네트워크 작업

일반 네트워크에서는 유선이든 무선이든, 개별 기기는 서로 직접 연결되거나 통신하지 않는다. 즉, 거실에서 컴퓨터를 할 때 회사에 있는 컴퓨터와 직접 통신하지 않는 것처럼 말이다. 마찬가지로, 스마트폰 또한 인터넷 접속을 위해 모뎀에 직접 연결하지 않는다.

대신에 각각의 모든 기기는 네트워크상에서 라우터라고 불리는 중앙 허브에 직접 연결된다. 그림 2.3에서처럼, 모든 전송된 데이터는 라우터를 통해 네트워크상의 다른 기기나 인터넷에 전달된다(라우터를 통해서 인터넷에 연결되어 있다고 가정한다). 즉, 허브 앤 스포크 접근(중앙 거점 접근, hub-and-spoke approach)이 오늘날 가정과 회사 네트워크이다.

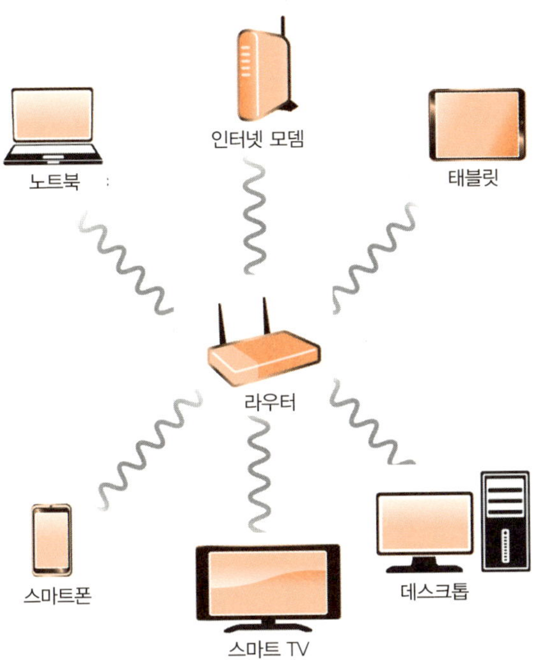

그림 2.3 일반 네트워크상에서 중앙 허브에 연결된 기기

네트워크를 통한 데이터 전송

네트워크를 통한 데이터 전송은 작은 단위로 쪼개어 전달하면 더 쉽게 전송할 수 있기 때문에 인터넷이나 네트워크상에서 다른 기기에 파일을 전송할 때에는 완전한 파일을 한 번에 보내지 않는다. 즉, 파일을 수많은 소량 데이터 패킷으로 나눈다. 그림 2.4에서 보는 것처럼, 데이터 패킷으로 나눠 데이터를 전달하고 데이터를 받을 네트워크 기기에서 재조립한다.

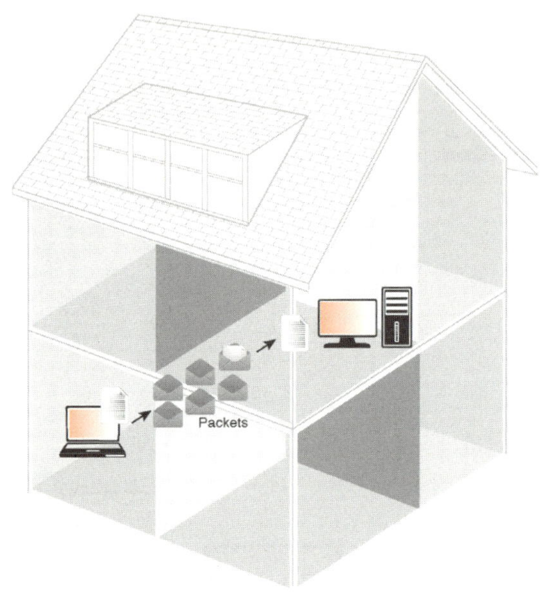

그림 2.4 네트워크를 통해 수많은 데이터 패킷 전송

분해, 전송, 재조립을 가능하게 하기 위해서 모든 네트워크 하드웨어는 미리 정의된 네트워크 전송 프로토콜과 동시에 동작해야만 한다. 즉 네트워크를 통해 어떤 방식으로 데이터를 전송할지에 대한 규칙을 정의해야 한다.

따라서 네트워크 프로토콜 표준인 TCP/IP(Transmission Control Protocol/Internet Protocol)와 로컬 네트워크_{LAN} 연결을 함께 사용한다. 이 프로토콜의 한 부분인 IP는 하나의 네트워크에서 다른 곳으로 데이터 패킷을 라우팅할 수 있도록 표준 규격과 규칙을 제공한다. TCP는 두 기기 간의 필요한 통신을 지원한다. 즉, IP는 규칙의 집합이고 TCP는 규칙을 해석하는 것이다.

실제로 어떻게 적용되는지 알아보도록 하자. 만약 당신이 회사에 있는 컴퓨터에서 파일 하나를 집에 있는 컴퓨터로 전송하려면 다음과 같은 일들이 일어난다. 전송 버튼을 누를 때 TCP는 두 컴퓨터 사이의 연결을 설정하며, IP

는 두 컴퓨터 사이의 포트를 연결하고 어떤 방식으로 통신할지 규칙을 정한다. TCP가 데이터 전송 준비를 하고, IP는 파일을 작은 조각(데이터 패킷)으로 나누고 각 패킷에 어느 정도의 양을 전송하는지에 대한 정보를 확인할 수 있도록 헤더를 앞단에 보낸다.

이후 IP는 표준 형태로 패킷을 변환한 뒤에 첫 번째 컴퓨터에서 두 번째 컴퓨터로 전송한다. 두 번째 컴퓨터에서 패킷을 받으면 TCP는 패킷을 원래 형태로 해석하고 여러 개의 패킷을 하나의 파일로 결합한다. 이를 통해 우리는 하나의 완벽한 파일을 전송하고 받을 수 있는 것이다.

IP 주소 이해

TCP/IP를 사용하기 위해 네트워크상의 각 기기는 네트워크가 기기를 구별할 수 있도록 로컬 IP 주소를 할당받아야 한다.

IP 주소는 숫자로 표시된다. 오늘날 인터넷에 사용되는 IP 주소는 아래 보이는 것처럼 도트(.)로 분리된 4개의 숫자를 "도트 주소"처럼 표현한 32bit의 숫자이다.

192.106.126.193

각각의 십진수는 8자리의 이진법(0과 1)으로 나타낸다. 첫 부분은 네트워크 주소를, 나머지 부분은 로컬 기기의 주소(호스트 주소로 알려진)를 나타낸다.

IP 주소는 네트워크 라우터에서 커넥티드 기기로 데이터를 보내기 위해 필요하다. 그림 2.5에서 보듯이 TCP/IP는 수신자를 확인할 수 있는 특정 IP 주소를 가진 라우터에 데이터를 전송한다.

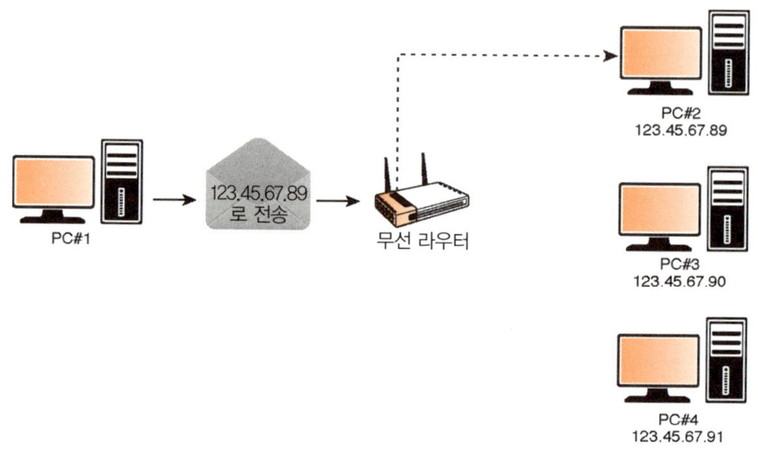

그림 2.5 특정 네트워크 주소로 데이터 전송

오늘날 인터넷에 연결되는 모든 서버와 기기는 자신의 고유 IP 주소를 할당받는다. 사물인터넷에 사용되는 모든 단일 기기 또한 크기가 아무리 작더라도 IP 주소를 반드시 할당받아야 한다. 그러나 여기에서 문제가 발생할 수 있다. 연결되어야 할 기기의 수가 이용할 수 있는 IP 주소를 초과할 수 있다는 것이다. 현재 사용하는 IPv4(인터넷 프로토콜 버전 4)는 43억 개의 고유 주소를 사용할 수 있는데 이미 대부분의 기기에서 이 고유 주소를 사용했다.

이 문제를 해결하려면 차세대 인터넷 프로토콜, IPv6을 사용해야 할 것이다. 이 새로운 프로토콜은 이론적으로 최대 3.4×10^{38}개 주소를 부여할 수 있다. 사물인터넷 기기를 충분히 다룰 수 있는 양이다. 사물인터넷은 IPv6을 사용하지 않고는 구현될 수 없다고 할 수 있다.

> **Note**
>
> IPv6에서 이용할 수 있는 IP 주소의 수는 32bit(IPv4)에서 128bit로 확장되었다. 즉, 3자리에서 12자리로 변경되었다.

무선통신 기술 살펴보기

유선 네트워크의 경우 기기는 이더넷 케이블을 통해 라우터에 연결된다. 하지만 무선의 경우 라우터에 소형 라디오가 포함되어 기기에서 무선 신호를 송수신할 수 있다.

모든 송수신 신호에는 특정 주파수가 있다. AM과 FM 라디오에서 사용되는 신호와 같은 종류이다. 차이점이 있다면 AM/FM 라디오는 수신 신호만 있는 반면에 네트워크 기기는 송신과 수신 모두 가능하다. 여기서는 오늘날 사용되는 여러 개의 무선통신 기술을 알아보도록 하겠다.

RF 기술 이해

RF 신호radio frequency signal는 단일 라디오 파장으로, 전자기 펄스라고 생각하면 쉽다. 라디오 파장은 특정 주파수 진동을 전송할 때 발생한다. 진동이 빨라질수록 고주파수가 된다. 안테나는 먼 거리의 라디오 신호를 받고 증폭하기 위해 사용된다.

라디오 신호를 받기 위해서는 라디오 수신기가 필요하다. 수신기는 일정한 진폭 신호를 받기 위해 특정 주파수로 바꾼다. 만약 수신기가 주파수로 바뀌지 않는다면 라디오 파장은 수신 없이 통과한다.

> **Note**
>
> 홈 네트워크, 인터넷, 사물인터넷, 라디오에서 사용되는 각 커넥티드 기기는 송수신기 역할을 모두 한다.

RF 신호는 초당 사이클을 측정했을 때, 주파수가 다양하고 폭넓게 퍼진다. 예를 들어 93.5MHz는 초당 93,500,000 사이클의 주파수를 갖는다(MHz는 초당 백만 사이클, GHz는 초당 십억 번의 사이클이 반복된다).

현재 무선 네트워크는 두 개의 다른 RF 신호를 사용한다. 초기 장비는 2.4GHz 밴드(2.4GHz와 2.48GHz 사이의 주파수) 안에서 작동하는 반면 새로운 장비는 5GHz 밴드(5.15GHz와 5.85GHz 사이의 주파수)를 사용한다.

2.4GHz 밴드는 누구든지 원하는 곳에 자유롭게 이용할 수 있다. 이것은 사용 시에 비용이 발생하지 않는 장점을 가지고 있지만, 여러 다른 타입의 기기 또한 이 밴드를 사용하고 밴드가 한정되어 있다는 것이 단점이다.

현재 2.4GHz 밴드는 802.11 와이파이 네트워크, 블루투스 네트워크, 새로운 무선전화기, 차고문 개폐기, 전자레인지, 도시 및 교외 무선통신 시스템(비상통신 포함), 지방 정부 통신으로 스페인, 프랑스, 일본에서 사용하고 있다.

반면 5GHz 밴드는 2.4GHz 밴드와 비교했을 때 많이 사용되지 않고 있다. 그러나 5GHz는 2.4GHz보다 사용할 수 있는 주파수가 더 많기 때문에 주파수 경쟁이 없다. 즉, 어떤 기기라도 자유롭게 사용할 수 있어서 사물인터넷을 이야기할 때 중요하게 언급되는 부분이다.

와이파이

오늘날 대부분의 가정, 비즈니스, 공공장소에서는 무선 네트워크로 와이파이Wireless Fidelity를 이용한다. 와이파이는 IEEE 802.11 무선 네트워크 표준에 대한 명칭이다. 오늘날의 무선 네트워크는 와이파이와 와이파이 인증 제품을 사용한다.

Note

IEEE는 전기 전자 기술자 협회Institute of Electrical and Electronics Engineers이며, 서로
다른 기술 표준을 비준하는 것과 같은 일들을 한다. 와이파이 얼라이언스Wi-Fi Alliance
는 무선랜 기술의 표준을 지키면 제품을 인증해 주는 조직이다. 더 자세한 내용은 와이
파이 얼라이언스의 웹사이트(http://www.wi-fi.org)에서 알아보도록 하자.

와이파이는 수많은 802.11 프로토콜이 있고 각각 한 개 혹은 두 개의 문자 접
미사로 지정되어 있다. 여러 가지 버전의 와이파이들은 각기 다른 성능을 제
공한다.

와이파이는 중앙 거점 접근 구성으로 네트워크를 활용한다. 와이파이가 가
능한 기기는 중앙 허브나 라우터에 연결되고, 라우터를 통해 또 다른 라우
터에 연결된 다른 기기에 연결된다. 즉, 거실에 있는 노트북을 스트리밍 미
디어와 직접 연결하지 않는다. 각 기기의 신호는 먼저 허브로 전송되고 나
서 다른 기기로 전달되는 것이다.

각각의 기기를 네트워크에 연결하기 위해서는 무선 보안 기술을 이용하며
수동으로 구성해야 한다. 초기에 많은 설정이 필요하다. 와이파이를 처음
사용할 때는 반드시 직접 연결해야 한다. 이런 점에서 보면 집 안 전체에 흩
어져 있는 엄청난 수의 사물인터넷 기기들을 와이파이로 연결하는 것은 마
치 불가능한 것처럼 보인다. 하지만 한 번 성공적으로 연결이 되고 난 후부
터는 자동으로 연결할 수 있다.

오늘날 우리는 와이파이를 통해 수많은 기기들을 연결하고 있다. 사물인터
넷 기기를 가장 잘 활용할 수 있는 와이파이를 통해 편리하게 사용하고 있는
것이다. 와이파이가 미래에 글로벌 사물인터넷을 수행하기에 필요한 (모든
연결을 위한) 최고의 방법인지 아닌지는 확실치 않다. 다른 무선 프로토콜이
소형 센서 기기 사이에서 무선통신을 조작하기에 더 적합할지도 모른다.

블루투스와 블루투스 스마트

좁은 장소에서 기기 간 무선통신을 가능하게 해주는 블루투스Bluetooth는 정말 유용하다. 블루투스는 2.4GHz 주파수 범위 안에서 RF 신호 전송을 통하여 작동되는 무선통신 기술이다. 앞서 배운 와이파이와 유사하지만 중앙 네트워크를 사용하지 않는다는 점에서 차이가 있다. 블루투스는 직접 통신(peer-to-peer 네트워크)를 위해 고안되었다.

오늘날 블루투스는 단거리에서 여러 기기를 다른 기기에 연결하기 위해 사용된다. 이것은 장거리에서 큰 데이터 패킷을 전송하기에는 좋은 기술이 아니다. 이런 경우에는 와이파이를 사용하는 것이 낫다.

블루투스는 와이파이보다 훨씬 작고 저전력이기 때문에 사물인터넷 센서 기기에 이상적인 기술이다. 블루투스 기기 센서는 다른 블루투스 기기에 연결되면 약 9m 범위 내에서 자동으로 연결된다. 물론 처음에는 수동으로 연결해야 한다.

피코넷piconet이라고 불리는 연결 방법은 네트워크 종류의 하나로 특정 연결을 위한 개인 네트워크이다. 피코넷에서 한 블루투스 기기는 마스터 역할을 하고 하위 기기를 연결할 수 있다. 이런 방식으로 총 8개의 연속적인 기기 연결이 가능하다. 다시 말해, 마스터 블루투스 기기는 기기 사이에 필요한 데이터 전송을 포함한 통신을 제어할 수 있다. 각 피코넷은 8개까지 서로 다른 기기를 연결할 수 있다.

이것은 단거리에서 스마트폰이 연결되는 것처럼 집이나 사무실, 차 안에 있는 다른 전자기기를 동기화하거나 심지어 제어할 수 있다는 것을 의미한다. 개인 노트북, 프린터, TV, 홈 경보 시스템이나 차 오디오 시스템 등 전부 가능하다. 이러한 기기들은 일단 처음 연결되면 다음 연결부터는 특정 메시지 없이 자동으로 연결된다.

오늘날 일어나는 일들을 예로 들어 보자. 스마트폰에는 주소록이 있다. 차 안에 내장된 전화 시스템이 주소록과 동기화된다면 차에 탈 때는 스마트폰만 가지고 있으면 될 것이다. 차에 시동을 걸면 스마트폰은 블루투스를 통해 차 안의 시스템과 연결된다. 그리고는 자동으로 스마트폰과 자동차 간에 연락처 데이터를 동기화한다. 만약에 스마트폰에 새로운 연락처를 추가해야 한다면 차 시스템에 추가하면 된다. 이렇게 되면 스마트폰을 사용하지 않고도 차 대시보드의 연락처를 통해 전화 통화를 할 수 있다. 블루투스 연결을 통해 주소록이 동기화되면 수동으로 여러 번을 입력할 필요가 없는 것이다.

블루투스 스마트Bluetooth Smart는 기존 블루투스를 사물인터넷에 이상적으로 사용할 수 있도록 변형한 것이다. 블루투스 스마트는 기존 블루투스 전력의 일부만 소비한다. 이런 전력 효율은 작은 배터리를 사용하는 기기에서 블루투스 연결을 할 때 더 유용하다.

블루투스 스마트는 호스팅 앱에서 작동될 수 있다. 블루투스는 표준 약 9m 범위에 제한되지만 블루투스 스마트는 약 60m 떨어진 거리까지도 사용할 수 있다. 즉, 집 안 센서들을 연결하기에 이상적이다. 물론 범위가 확장된 만큼 더 많은 전력을 사용한다. 따라서 적용 범위가 필요 없는 기기의 경우 저전력을 사용하도록 구성하는 것이 좋다.

셀룰러 네트워크

어떤 사물인터넷은 우리가 스마트폰을 연결하기 위해 사용하는 네트워크와 같은 셀룰러 네트워크Cellular Network를 활용할 것이다. 예를 들어, 스마트 자동차의 사물인터넷 기기는 홈 네트워크나 문자, 더 나아가 마치 전화기처럼 자동차 대리점과 통신할 것이다.

셀룰러 기술은 와이파이나 블루투스 기술과 작동 방식이 약간 다르다. 셀룰러 신호는 음성, 문자, 디지털 데이터를 라디오 파장을 통해 전송하는데 글로벌 네트워크 송수신기를 이용한다.

송수신기의 네트워크는 셀룰러 형태로 구성되어 있다. 즉, 스마트폰 네트워크는 수천 개의 겹쳐진 구역(셀)으로 나누어져 있다.

전형적인 셀룰러 네트워크는 그림 2.6에서 보이는 것처럼, 각각 중앙에서 자신만의 기지국을 가진 육각형의 셀이 맞물린 것과 같이 구성되어 있다.

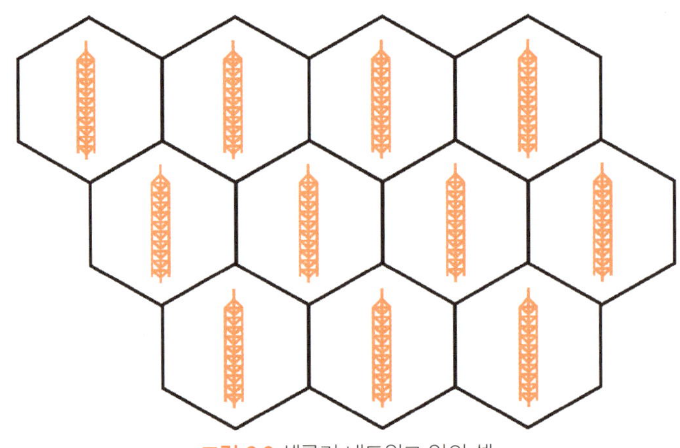

그림 2.6 셀룰러 네트워크 안의 셀

Note
셀룰러 네트워크 안의 셀은 지역 안에서 수행되는 셀이 얼마나 많은지에 따라 크기가 다르다.

각 그룹의 셀 중앙에 있는 기지국은 각 셀을 위한 허브처럼 작동한다. 전체 네트워크가 아닌 각 개별 네트워크이다. RF 신호는 개별 스마트폰에 전송되고 기지국에서 받는다. 이후 기지국에서 다른 스마트폰으로 재전송한다. 전송과 수신은 서로 다른 주파수에 의해 행해진다.

기지국은 한 기지국에서 다른 기지국으로 옮길 때 중앙통신 교환센터를 통해 다른 곳으로 연결한다. 각 기지국은 주요 전화망에 연결되어 모바일에서 걸려 온 전화를 유선전화로 전달한다.

장거리에 데이터를 전송할 수 있다는 점에서, 셀룰러 네트워크는 사물인터넷 연결에서 중요한 부분을 차지할 수도 있다. 셀룰러 연결은 단거리(자동차 안에서처럼)를 위한 두 기기를 연결하는데 최상의 선택이 아닐지도 모르지만, 더 먼 거리의 사물인터넷 허브나 서비스 사이에 주 연결을 담당하고 있다.

메시 네트워크

수십억 개의 새로운 기기가 사물인터넷에 연결되면 일반적인 인터넷은 증가하는 네트워크 트래픽을 감당할 수 없을 것이다. 몇몇 회사는 사물인터넷 연결을 위한 특화된 네트워크를 개발하기 위해 노력하고 있다.

이에 대한 해결책 중 한 가지 방법은 기기가 서로 직접 연결되거나 레이스 경기에서 달리기 선수가 바톤을 전달하는 것처럼 연달아 연결이 가능하도록, 특정 목적을 위해 만들어진 소형 규모의 무선 네트워크를 사용하는 것이다. 메시 네트워크Mesh Network로 불리는 이런 네트워크는 한 기기에서 다른 기기로, 무선 신호를 자동으로 핸드오프할 수 있다.

메시 네트워크는 일반적인 중앙 네트워크와는 반대이다. 전형적인 네트워크는 중앙 서버나 허브에 모든 기기가 연결되지만 메시 네트워크는 그림 2.7에서 보는 것처럼, 차례대로 끝에서 다른 곳으로 기기가 연결된다. 메시 네트워크에서 각 개별 기기는 약 9m에서 90m의 범위만 가능하지만 끝에서 끝으로 연결될 때 넓은 범위를 커버할 수 있다.

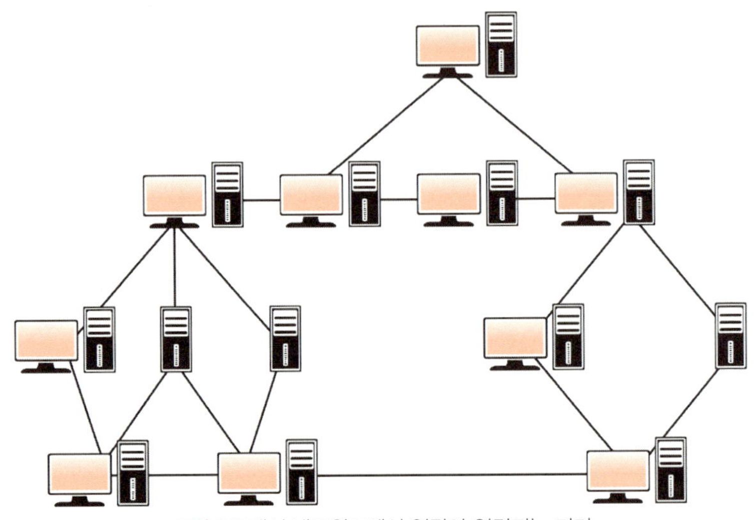

그림 2.7 메시 네트워크에서 연달아 연결되는 기기

메시 네트워크는 수천 개의 개별 기기를 연결할 수 있으며 다양한 경로를 제공하기 때문에 어떤 기기가 연결을 실패하더라도 전체 네트워크에는 이상이 없다.

이러한 프로토콜은 인스테온INSTEON, Z-웨이브 얼라이언스Z-Wave Alliance, 지그비 얼라이언스ZigBee Alliance에서 개발 중이다. 인스테온과 Z-웨이브 프로토콜은 이미 등록되어 있고, 지그비는 인증서를 제공하여 표준에 맞게 사용할 수 있도록 하고 있다. 현재 서로 다른 프로토콜을 사용하기 때문에 네트워크는 호환되지 않는다. 그러나 허브를 이용해 두 개의 메시 네트워크를 함께 연결하는 것은 가능하다.

셀룰러 네트워크 소유

여러 회사들은 사물인터넷 연결을 위한 목적으로 다른 무선 기술을 개발 중이다. M2M 네트워크는 사람과 컴퓨터가 아닌 소형 기기를 연결하기 위해 고안되었다. M2M은 오프로딩을 최소화하기 위해 특정 네트워크와 커뮤니케이션한다.

프랑스 회사인 시그폭스sigfox는 낮은 전력, 저비용으로 소형 기기 간 통신을 할 수 있는 사물인터넷 네트워크 기술을 보유하고 있다. 이 기술은 매우 작은 데이터도 모스 코드로 처리하여 먼 거리에서도 잘 전달될 수 있도록 한다. 약 900MHz 주파수 범위에서 작동할 수 있다.

시그폭스는 소량 데이터 전송에 최적화된 저전력, 낮은 주파수 네트워크를 이용한다. 이 네트워크가 빠른 환경을 제공하지는 않지만 약 100bps의 소량 정보만을 전송하기에는 충분하다.

수많은 소형 디바이스 연결을 가능하게 해주는 시그폭스는 수백 개의 연결을 지원할 수 있는 네트워크이다. 게다가 시그폭스는 오늘날 모바일에서 사용하는 높은 주파수 대신 900MHz 대역을 이용한다. 시그폭스는 일반 셀룰러 네트워크보다 더 먼 거리로 데이터를 전송할 수 있다. 심지어 저전력 솔루션이다.

스페인에서는 시그폭스를 수백만의 홈 보안 시스템을 연결하기 위한 네트워크로 사용한다. 프랑스에서는 수량계, 전자 광고, 센서 기기 모니터링에 사용한다.

> **Note**
>
> 이 저전력 네트워크를 구축하는데에는 많은 비용이 들지 않는다. 그 예로, 스페인에 있는 회사의 네트워크 비용과 비교했을 때 약 224억 4,850만 원이 저렴했고, 네트워크를 구축하는데 단지 7개월 밖에 걸리지 않았다.

시그폭스만이 네트워크 기술에 투자하는 회사가 아니다. 링크 랩Link Lab은 장거리에 있는 공공기관과 개인 회사를 위한 장거리 M2M 네트워크를 구축했다. 온-램프 와이어리스On-Ramp Wireless는 석유 분야 운영을 위한 네트워크를 구축했으며, 아이오테라Iotera는 아이들과 애완동물을 추적할 수 있는 GPS 모니터를 위한 네트워크를 구축했다.

최고의 기술은 무엇일까?

시그폭스의 네트워크 기술이 사물인터넷에 꼭 필요하다고 생각하는 것은 아니다. 불필요하고 비생산적인 것 같은, 독점적인 네트워크 개발이라는 관점에서 본다면 사물인터넷의 개발을 방해한다고 할 수 있다. 만약 독점으로 네트워크가 개발된다면 네트워크 간의 호환성 문제가 발생할 수 있다. 오늘날 미국에서 셀룰러 네트워크가 여러 개로 나뉜 것처럼 말이다.

오늘날 존재하는 무선 기술을 생각해 보면 사물인터넷이 요구하는 것을 다루기에 충분하다. 셀룰러는 넓은 지역 네트워크에 사용될 것이고, 와이파이는 로컬 지역 네트워크에, 블루투스는 개인 네트워크에 사용될 것이다. 사물인터넷 기기 개발 회사들은 현존하는 기술 중에 하나를 사용하는 것이 유비쿼터스 기술을 이용하는 것보다 상대적으로 쉬우면서 잠재력이 많다.

회사가 자체 연결 솔루션을 개발하는 것을 막을 수는 없다. 차 안에서 커뮤니케이션을 하는 센서 기기 기술로 블루투스, 시그폭스, 새로운 메시 네트워크 기술 중 어떤 것을 사용하든 상관없다. 결국에는 이용하기 쉬운 기술을 사용해서 커뮤니케이션이 잘 되고 있는지, 어디든지 정보가 잘 보내졌는지만 신경 쓸 것이다.

데이터의 이해

특정 기기에서 수집된 데이터는 기기의 정해진 용도에 맞게 구체화되어 있다. 즉, 각각의 기기는 목적에 맞는 타입의 데이터를 수집할 것이다. 예를 들어, 수량계의 센서는 집에서 언제, 어느 정도의 물을 사용했는지에 관하여 수집할 것이다. 온도 조절 센서는 언제 보일러와 에어컨을 사용했는지, 집 안의 온도와 외부 온도가 시간에 따라 어떻게 다른지 등에 대한 데이터를 수집한다. 자동차 안의 센서는 엔진 온도, 오일 수치 등에 대한 정보를 수집할 것이다. 고속도로에 내장된 센서는 대기 온도에 따른 교통량 데이터를 수집한다.

특정 센서에서 수집된 데이터는 다른 기기에 전송되어 특정 기능을 수행할 수 있다. 이것을 통해 데이터와 다른 데이터를 비교할 수 있을 뿐만 아니라 비교 결과를 기반으로 의사결정을 내릴 수 있다. 예를 들어, 온도계 데이터는 과거 사용량을 기반으로 보일러나 에어컨을 자동으로 켜고 끌지를 결정하는데 사용될 수 있다. 즉, 에너지 비율이 최고치이거나 전력이 과부화되었을 때 에어컨을 끌 수 있도록 에너지 비율 데이터를 함께 사용할 것이다.

우리가 수집한 데이터를 새로운 방법으로 사용할 수 있다. 일반 고속도로 안에 내장된 센서를 살펴보자. 조금만 변형하면, 같은 기기는 차량 감지 센서로서 특정 화학물질을 감지하는데 사용될 수 있다. 이런 데이터는 국토 안보 데이터베이스에 저장할 수 있고 특정 타입의 화학물질이 감지되었을 때 당국에 보고하는데 사용되어 테러리스트의 공격을 예방할 수 있다.

지능적 애플리케이션의 이해

데이터를 유용하게 사용하기 위해서는 스스로 행해질 수 있는 능력이 필요하다. 그러나 현 기술 트렌드는 사람 중심으로 만들어져 있다. 즉, 데이터를 분석하는 사람에 의해서 수동으로 행해지고 있는 것이다. 모든 액션은 여러 종류의 알고리즘에 의해서 야기된다(구글을 생각해 보자). 사물인터넷이 작동하기 위해서는 노동력 중심이 아닌 자동화로 이루어져야 한다.

즉, 데이터를 읽고 나서 지정한 변수의 데이터에 의해 자동으로 수행할 수 있는 능력을 가진 지능형 애플리케이션이 생성되어야 한다는 것이다. 예를 들어, 식기세척기나 세탁기와 연결된 애플리케이션이 수도 측정 센서에서 수집된 데이터를 분석할 수 있다면, 자동으로 물 사용량이 특정 레벨에 이르게 될 때 세척을 시작할 수 있을 것이다. 혹은 사용량이 많을 때에는 세척을 지연시킬 수 있다. 이외에도 모션 감지를 통해 방에 있을 때 빛의 양과 선호하는 온도를 사전에 예측할 수 있는 사용 패턴을 수집할 수도 있다.

이런 지능형 애플리케이션은 특정 용도로 사용될 것이다. 우리가 집이나 차에서 사용하는 애플리케이션은 병원과 레스토랑, 창고에서 사용되는 것과 많이 다를 것이다. 즉, 데이터가 유용하게 사용되기 위해서는 알맞은 애플리케이션이 필요하다.

빅데이터의 이해

사물인터넷에서 수집된 데이터는 여러 종류의 기기에서 온 데이터와 다양한 방법으로 결합될 때 더 유용하다. 우린 이런 기술을 빅데이터Big Data라고 한다. 간단하게 보면 엄청난 양의 데이터를 말한다. 기존의 관계형 데이터베이스 기술로는 관리할 수 없는 엄청난 양의 데이터이다.

사물인터넷을 정말 가치 있게 사용하려면 지능적인 의사결정을 내릴 수 있도록, 데이터 간의 연결과 관계가 형성될 수 있는 엄청난 양의 데이터를 선별해 내는 프로세스가 개발되어야 한다. 즉, 각각 다른 위치에 있는 센서에서 수집된 데이터를 전부 연결하는 것이다. 사물인터넷을 통해 빅데이터를 수집하는 프로세스에는 세 가지 단계가 있다.

데이터 수집

데이터 수집은 개별 기기에서 데이터를 수집하고 중앙 데이터베이스에 데이터를 전송하는 것을 포함하는 여러 단계의 프로세스이다. 즉, 기기와 네트워크, 데이터베이스에 대한 것이다.

데이터 저장

수집한 데이터를 보관하려면 데이터 저장공간이 필요하다. 즉, 수집된 데이터를 전부 수용할 수 있는 클라우드 기반의 여러 개 서버가 있어야 한다. 이것은 쉽게 느껴질 수도 있겠지만 저장해야 할 데이터는 증가하는데 비해 저장 비용은 지속적으로 절감해야 하기 때문에 생각보다 간단하지만은 않다. 수많은 회사가 사물인터넷의 이런 데이터 저장공간에 대해 오랫동안 고민해 왔다. 여기서 중요한 점은 저장공간을 추가로 구매해야 할지, 아니면 클라우드 기반 회사를 이용해야 할지 결정을 내려야 한다는 것이다.

가장 좋은 방법은 클라우드 데이터 웨어하우스 형태의 DBaaSDatabase as a Service 기능을 제공하는 회사를 이용하는 것이다. 아마존 레드시프트Amazon Redshift, 호튼웍스Hortonworks의 기업용 제품인 하둡Hadoop, 클라우데라Cloudera 등의 제품들이 있다. 이러한 제품들은 데이터베이스 설치, 관리, 운영 등과 같은 기능을 서비스로 제공한다.

DBaaS 제공 업체와 비슷하지만 올 커버드All Covered와 트레저데이터Treasure Data처럼 관리 서비스 업체에서 제공하는 서비스는 더 많은 기능을 가지고 있다. 이런 기업용 서비스를 제공하는 회사들은 데이터 수집, 저장공간, 주요 데이터의 특정 정보를 추출할 수 있는 기초 분석까지 제공한다.

데이터 분석

가장 어려운 부분은 데이터 분석이다. 데이터 수집과 저장공간은 위에서 언급한 것처럼 외부 업체를 이용해서 해결할 수 있다. 하지만 엄청난 양의 수집된 데이터로부터 필요한 데이터를 추출하는 것은 정말 큰 문제이다. 다시 말해, 수집된 데이터를 가지고 회사가 무엇을 할 수 있는가에 대한 것이다.

방대한 양의 데이터를 다루기 위해서는 수집된 데이터를 기반으로 어떤 트렌드를 가지고 있는지, 어떤 패턴을 가지고 있는지, 어떤 문제를 가지고 있는지에 대한 애플리케이션 개발이 필요하다.

이런 데이터를 분석하고 다루는 것은 정말 쉽지 않다. 비정형으로 수집된 데이터를 다룰 때, 가장 큰 문제는 전혀 중요하지 않은 데이터에 엄청난 시간을 소비하는 동안, 정작 중요한 것을 자기도 모르게 넘겨 버린다는 것이다. 특정 애플리케이션이나 작동 중에 중요한 것이 무엇인지, 좋은 것과 나쁜 것을 구별해야 할 것이다.

> **Note**
>
> 이렇듯 사물인터넷 데이터는 잘 분석되어야 하기 때문에 앞으로 데이터 분석 전문가라는 직업이 중요하게 여겨질 것이다.

하지만 단지 데이터를 분석하는 것으로는 충분하지 않다. 회사는 실시간으로 데이터를 분석하여 이익을 얻기 위해서 반드시 데이터를 기반으로 실행되는 의사결정 시스템을 개발해야만 한다.

사물인터넷으로부터의 이익

사물인터넷이 소비자인 우리에게 해줄 수 있는 것을 알아보기 위해 비즈니스 세계에서 돈을 벌 수 있는 큰 기회의 측면 즉, 자본주의의 시각으로 사물인터넷을 살펴보도록 하겠다.

사물인터넷이 얼마나 큰 시장인지는 앞서 배운 1장에서 나온 '2020년까지 1조 9천억 원에서 8조 9천억 원에 이르기까지의 가능성을 가지고 있다'라는 대목에서 알 수 있었다. 시스코, IBM, 인텔, 퀄컴, 삼성 등 수많은 대기업들이 사물인터넷에 대한 기반 구조 구축에 돈을 투자하고 있다. 이런 회사들은 필요한 하드웨어를 판매하면서 돈을 벌 수 있을 뿐만 아니라 모든 것이 연결되는 추가적인 서비스를 제공하며 돈을 벌 수도 있다.

사물인터넷을 적용하는 각 산업별로 수많은 기회가 있다. 예를 들어, 가전제품 제조업체는 네트워크를 사용할 수 있는 냉장고, 식기세척기, 세탁기 등을 팔 수 있을 뿐만 아니라 모두 함께 작동시킬 수 있는 추가적인 서비스를 제공하여 높은 가격으로 판매할 수 있다. 자동차 제조업체의 경우 차 안에 내장될 스마트 기기와 같은 새로운 부품을 판매할 수 있을 것이다. 창고 운영자는 현재 노동 비용을 줄여 줄 수 있는 사물인터넷 기반의 추적 및 운송 시스템에 투자할 것이며, 관련 회사는 창고에서 쓸 수 있는 사물인터넷 사용이 가능한 기계와 시스템을 판매할 것이다.

사물인터넷의 수혜자는 누구인가? 통신 회사, 네트워크 회사, 칩 제조업체, 하드웨어 제조업체, 클라우드 서비스, 애플리케이션 개발자 등이 포함된 모든 종류의 기술 기반 회사, 그리고 특화된 산업 장비 공급자도 있다. 오늘날 애플, 구글, 마이크로소프트처럼 수많은 기술을 보유한 회사는 사물인터넷 시장에서도 앞서 나갈 것이다.

대기업들이 초기 사물인터넷 시장의 엄청난 지분을 차지하기 위해 노력을
하는 동안 소기업들은 다양한 기회를 살펴보고 있다. 이것은 우리 모두에게
엄청난 기회와 이익을 줄 수 있을 것이다.

출처

이번 장에서는 사물인터넷에 관하여 살펴보는데 도움이 되었던 회사 및 기
관에 대해서 이야기했다. 이 회사에 대해 더 알아보려면 아래 사이트를 참
고하도록 하자.

- 올 커버드(www.allcovered.com)
- 아마존 레드시프트(aws.amazon.com/redshift/)
- 애플(www.apple.com)
- 블루투스(www.bluetooth.org)
- 시스코(www.cisco.com)
- 클라우데라(www.cloudera.com)
- 기업용 하둡(www.hortonworks.com)
- 구글(www.google.com)
- IBM(www.ibm.com)
- 인스테온(www.insteon.com)
- 인텔(www.intel.com)
- 아이오테라(www.iotera.com)
- 링크 랩(www.link-labs.com)

- 마이크로소프트(www.microsoft.com)

- 온-램프 와이어리스(www.onrampwireless.com)

- 퀄컴(www.qualcomm.com)

- 삼성(www.samsung.com)

- 시그폭스(www.sigfox.com)

- 트레저데이터(www.treasuredata.com)

- 와이파이 얼라이언스(www.wi-fi.org)

- 지그비 얼라이언스(www.zigbee.org)

- Z-웨이브 얼라이언스(www.z-wavealliance.org)

스마트 기술과 우리

우리는 다가오는 사물인터넷 세상을 위해 많은 준비를 하지 않아도 된다. 시스코, IBM, 인텔과 같은 회사들이 우리를 대신해서 일할 것이다. 이런 기업들이 우리에게 원하는 것은 미래에 제공되는 자신들의 제품과 서비스를 이용할 준비를 하는 것이다. 결국, 우리는 사물인터넷의 개발이 가져올 기반시설 구조 변화를 의식해야 할 필요가 있다. 예를 들어, 집 안에 점점 더 많은 커넥티드 기기가 늘어나면, 홈 네트워크는 더 많은 수용량을 필요로 할 수도 있다(스마트 냉장고와 스마트 TV를 동시에 사용할 때 넷플릭스에 버퍼링이 걸리는 것을 원하지 않을 것이다). 새로운 무선 라우터로 업그레이드하거나 더 빠른 서비스를 위해서 인터넷 서비스 제공 업체에게 추가 비용을 지불해야 할 수도 있다.

우리는 필요한 것이 무엇인지, 언제 살 것인지에 관한 의사결정을 내려야 한다. 오래된 기기를 현재 판매하고 있는 스마트 기기로 교체해야 할까? 아니면 더 새로운 것이 나올 때까지 기다려야 할까? 지금의 스마트 기기에 투자해야 할지, 아니면 몇 년 안에 더욱 스마트해질 기기를 얻기 위해 기다려야 할까? 많은 돈을 들여서 지금의 조명을 스마트 조명으로 교체해야 할까 아니면 일반적인 저렴한 것을 사야 할까?

사물인터넷이 가져올 변화를 수용할 수 있는 마인드를 발전시키는 것도 중요하다. 만약에 우리가 예측한 것에 절반만 수행된다고 해도 우리의 일상생활에 엄청난 영향을 끼칠 것이다. 예를 들어, 날씨와 상관없이 집은 항상 완벽한 온도를 유지할 것이다. 방을 나가는 순간 불이 꺼지고 필요할 때 불이 켜질 것이다. 커피는 아침에 일어나면 항상 준비되어 있을 것이다. 또한, 더 이상 손으로 쓴 식료품 리스트가 필요하지 않을 수도 있다. 마요네즈나 계란, 맥주가 떨어지면 스마트 냉장고는 이것을 알아차리고 식료품점에 직접

리스트를 전달해 자동으로 배달 주문을 할 것이다(아마 드론을 사용하지 않을까). 그리고 스마트 TV는 우리가 언제, 무엇을 볼지 예측할 것이다.

미래에는 많은 결정을 내릴 필요가 없다. 그러나 기기와 애플리케이션을 제어하는데 불편함이 없을까? 사물인터넷이 내리는 결정이 신뢰할 만할까? 우리가 이런 결정들을 하면서 보내는 시간 동안 무엇을 할 수 있을까? 사물인터넷이 주는 잠재적인 큰 혜택 중에 하나는 예전 방식의 수동적인 사고와 노동으로부터 우리를 편리하게 해준다는 것이다. 오늘 무엇을 시청할지, 어떤 식료품을 사야 하는지, 리스트를 작성할지 고민하고 수행하는 시간에 다른 즐거움을 찾을 수 있을 것이다.

그러나 이러한 행동을 하면서 쌓이는 만족감을 잃을 수도 있을 것이다. 즉, 스스로 하고 싶은 일들과 그렇지 않은 일들이 있을 수 있으며 사물인터넷이 수행하는 일들이 마음에 들지 않을 수도 있다. 결국, 사물인터넷 세상이 왔다고 해도 기기, 시스템, 애플리케이션이 모든 것을 할 필요는 없다. 우리에게 주어진 선택은 많다.

스마트 기술 시장 동향

구글이 선보인 인터넷 공유기 온허브OnHub는 스마트 홈 컨트롤러로서 역할을 할 수 있도록 블루투스와 지그비와 같은 저전력 무선 기술을 탑재했다. 당장 활성화되는 기능은 아니지만 추후 스마트 홈이 활성화되면 꼭 필요한 기술이다.

온허브는 특정 기기에 우선순위를 설정해 스트리밍이 중단되지 않도록 할 수 있다. 공유기와 ISP 사이의 연결과 와이파이의 품질을 테스트하는 애플리케이션을 통해 검사를 하기 때문에 문제가 집 안에 있는지, 밖에 있는지 확인할 수 있다. 또한 네트워크에 있는 모든 기기들을 빠르게 확인하고 대역폭을 가장 많이 차지하고 있는 기기가 무엇인지도 알 수 있으며, 자체 셀프 스캔 기능이 있어 인증되지 않은 소프트웨어가 있는 경우 알람을 제공하여 해킹을 방지할 수 있다.

구글의 온허브

출처
- http://me2.do/GeM6hYg9(월스트리트 저널 기사 참조)
- 이미지: https://on.google.com/hub/

Chapter 03

스마트 TV :
커넥티드 월드에서
즐기는 미디어

요즘 뉴스를 살펴보면 스마트 TV가 사물인터넷 시대의 첫걸음이
될 것이라고 한다. 스마트 TV는 정말 스마트한 것일까?
이미 출시된 스마트 TV가 진정한 의미에서 사물인터넷이라고 하
기에는 아직 부족한 면이 있다. 하지만 TV나 영화를 보는 방법을
변화시켰다는 것만큼은 사실이다.

스마트 TV란?

오늘날 사용되는 "스마트 TV"라는 용어는 마케팅 광고에서 처음 사용되었다. 기존 TV에 와이파이나 내장된 웹 2.0 앱을 이용한 인터넷을 통해 원하는 콘텐츠를 볼 수 있다는 의미에서 사용한 것이다. 스마트 TV는 *넷플릭스나 **훌루에서 제공하는 영화, 스포츠, 애니메이션 등 다양한 스트리밍 비디오 서비스를 제공할 수 있는 TV나 셋톱 박스라고 정의할 수 있다. 즉, 스마트 TV는 인터넷 기반의 프로그램 시청이 가능한 마케팅 용어 그 이상도 이하도 아니다.

역자 주

* 넷플릭스 : 미국의 온라인 동영상 스트리밍 기업

**훌루 : 미국NBC 유니버설자회사, 비디오 스트리밍 기업

스마트 TV가 처음 등장한 것은 2007년부터이지만 완전히 새로운 개념은 아니다. 커넥티드 TV, 하이브리드 TV, IPTV, 인터넷 TV 등 다양한 이름으로 출시되었었다. 1995년 인터넷 클라이언트 서비스를 제공했던 웹TV가 처음일 수도 있다.

중요한 건 스마트 TV가 일반적인 TV가 아니어도 된다는 것이다. TV에 스트리밍 미디어 박스를 연결해 웹 콘텐츠를 감상할 수 있다면 스마트 TV라고 부를 수 있다. 현재 시중에서 볼 수 있는 로쿠, 애플 TV 셋톱 박스, 구글 크롬캐스트, 로쿠 스트리밍 스틱, 아마존 파이어 스틱 모두 스마트 TV이다. 스트리밍 미디어 서비스만 제공할 수 있다면 블루레이, 비디오 게임 플레이어도 전부 스마트 TV라고 할 수 있다.

스마트 TV 구성 요소

스마트 TV는 인터넷이 연결되어 다양한 작업을 할 수 있는 TV이다. 이런 스마트 TV 기능들을 사용할 때 꼭 제공되어야 하는 사항들을 살펴보도록 하자.

- 홈 네트워크 연결을 위한 와이파이나 이더넷 연결
- 기기 동작과 명령을 관리하기 위한 중앙 처리 장치CPU
- CPU와 소프트웨어 기반 애플리케이션 사이에 인터페이스 서비스를 제공하는 운영체제
- GUI 메뉴
- 다양한 웹 기반 서비스를 제공할 수 있는 애플리케이션

  예를 들어, 스마트 TV에는 기본적으로 넷플릭스, 훌루, 판도라 같은 애플리케이션들이 내장되어 있다. 대부분의 스마트 TV에서 찾아볼 수 있고, 없다면 추가로 구매해서 설치하면 된다.

특정 모델의 스마트 TV의 경우 다른 기기에 저장되어 있는 미디어 콘텐츠를 홈 네트워크를 통해 공유할 수 있는 기능도 제공한다. 애플 TV처럼 자체 운영체제가 포함되어 있는 스마트 TV도 있고, DNLA나 UPnP가 가능한 제품도 있다.

그림 3.1에서 볼 수 있듯이, 내장 카메라와 마이크로폰을 통해 스카이프와 같이 영상통화를 제공하는 애플리케이션을 사용할 수도 있다. 최첨단 기술을 제공하는 스마트 TV는 음성인식, 동작인식을 통해 원하는 메뉴를 선택할 수 있다.

그림 3.1 카메라가 장착된 삼성 스마트 TV

스마트 TV도 기존 TV처럼 일반 지상파와 케이블, 위성 방송을 시청할 수 있다. 기반 서비스나 앱을 이용하기 위해서는 GUI 메뉴를 사용하거나 리모컨을 통해서 원하는 서비스를 쉽게 선택할 수 있다. 리모컨은 제조사마다 다른데 키보드, 트릭패드 혹은 스마트폰이나 태블릿 앱을 제공하는 곳도 있다.

스마트 TV 필수 구성 요소

스마트 TV를 잘 활용하기 위해서는 아래와 같은 기능들이 필수적이다.

- 인터넷 연결
- 홈 네트워크(유무선 연결을 할 때 사용)
- 전력

스마트 TV 셋톱 박스가 있다면 HDMI 케이블을 통해 일반 텔레비전에 연결할 수 있다

스마트 TV 기능

스마트 TV는 인터넷을 통해 다양한 서비스를 즐길 수 있는 TV나 셋톱 박스이다.

대부분의 스마트 TV가 제공하는 기능 :

- 로컬 네트워크를 통한 인터넷 연결, 홈 네트워크에 연결하고 인터넷 연결을 공유 보통 스마트 TV는 와이파이를 통해 연결
- 넷플릭스, 훌루 플러스, 아마존 인스턴트 비디오 같은 웹 기반 스트리밍 비디오 서비스에서 미디어 콘텐츠 재생
- 판도라나 스포티파이에서 제공하는 웹 기반 스트리밍 오디오 서비스에서 음악 재생
- 홈 네트워크를 통해 연결되어 있는 모든 기기에 저장된 미디어 재생
- 페이스북, 트위터, 아큐웨더 같은 웹사이트에 접속할 수 있으며, 어떤 스마트 TV는 웹브라우저를 제공

> **Note**
>
> 정말 "똑똑한" 기능을 사용하고 있는 스마트 TV 사용자는 생각보다 적다. NPD 인스탯의 조사 결과에 따르면 미국 기준으로 약 2,500만 가구에서 스마트 TV나 비슷한 기능을 가진 기기를 보유하고 있었지만, 인터넷을 연결해 여러 스트리밍 미디어 서비스를 이용하고 있는 곳은 절반 정도라고 한다. 대부분이 스마트 TV를 단순한 TV로만 사용하고 있는 것이다.

스마트 TV 운영체제

스마트 TV나 스마트 기기들은 일반 컴퓨터처럼 자체 운영체제를 탑재하고 있고 필요한 소프트웨어나 애플리케이션을 실행할 때 필요한 미들웨어까지 포함되어 있다. 이런 운영체제는 윈도우나 iOS처럼 수많은 기능을 제공해 주기보다는 스마트 기기에 따라 필요한 기능들만 모아 놓은 것이다.

이미 출시된 자체 운영체제를 탑재한 스마트 TV는 아래와 같다.

- **안드로이드 TV** : 구글 크롬캐스트, 소니 스마트 TV에 사용
- **파이어 OS** : 아마존 스트리밍 기기에서 사용
- **파이어폭스 OS** : 파나소닉 기기에서 사용
- **iOS** : 애플 TV, 아이폰, 아이패드에서 사용하는 애플 모바일 OS
- **로쿠 OS** : 로쿠에서 사용
- **타이젠** : 리눅스 기반 OS로 삼성에서 사용
- **웹 OS** : LG에서 사용

자체 운영체제가 탑재된 스마트 TV는 기능이나 모양 면에서 더 다양해질 것이다. 같은 운영체제를 사용한다 할지라도 각 제조사는 자신만의 스마트한 스타일로 화면 메뉴 이동이나 선택을 다양하게 제공할 수 있다.

스마트 TV 기본 기능

이미 출시된 스마트 TV는 기본 TV 기능에 인터넷을 연결하면 사용할 수 있는 "스마트" 애플리케이션이 공통적으로 제공된다. 제조사마다, 모델마다 메뉴 화면이나 제공되는 애플리케이션의 차이가 있지만 좀 더 포괄적인 의미에서 보면 비슷하다.

2014년 출시된 모델 중 최고 성능을 보여 준 제품은 바로 삼성 스마트 TV이다. 그림 3.2는 삼성전자의 UN50H6350 모델로 50인치, LED 방식이다.

삼성에서 스마트 허브라고 부르는 패널은 우리가 기대하는 모든 기능을 제공한다. 기본적으로 소셜 미디어, 영상통화를 위한 카메라와 마이크로폰이 내장되어 있다.

그림 3.2 삼성 UN50H6350 스마트 TV

스마트 허브에 접속하려면 TV를 홈 네트워크에 연결해야 한다. 모델마다 다르지만 유선, 무선을 지원하는데 유선은 보통 뒷면에 있으니 찾아서 연결하면 된다.

와이파이는 쉽게 연결할 수 있기 때문에 대부분의 스마트 TV 사용자가 이용하고 있다. 그림 3.3에서 보이는 네트워크 설정 화면에서 네트워크 타입을 선택한 후 화면 목록에 있는 무선인터넷을 선택하면 된다. 네트워크에 따라 비밀번호를 입력하면 된다.

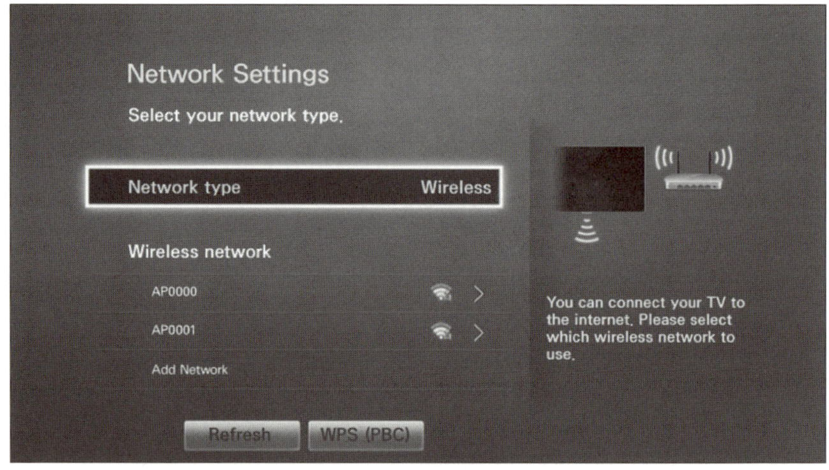

그림 3.3 TV와 와이파이 연결 방법

스마트 허브를 인터넷에 연결하려면 리모컨에 있는 스마트 허브 버튼을 누르면 된다. 스크린 아래에는 가장 최근에 사용한 애플리케이션이 보여져 바로 선택할 수 있다. 원하는 앱을 화면에서 클릭하여 실행해도 된다.

스마트 허브는 엔터테인먼트를 위한 다양한 화면을 제공한다.

- **TV** : 일반 TV에서 현재 시청 가능한 프로그램들을 제공한다. 특정 프로그램을 보고 싶다면 스마트 허브 화면 메뉴를 사용하면 된다. 일반 화면 프로그램 가이드에서도 볼 수 있다.
- **삼성 앱** : 스트리밍 영상 서비스, 소셜 네트워크, 스카이프와 같은 모든 웹 기반 콘텐츠에 접속 가능하다.
- **게임** : 다양한 온라인 게임에 접속 가능하다(무료/유료).
- **멀티미디어** : 홈 네트워크나 다른 곳에 저장된 디지털 미디어에 접속 가능하다.
- **영화 & TV 프로그램** : 스트리밍 웹 기반 콘텐츠를 볼 수 있다.

그림 3.4에서처럼 삼성 앱 화면은 스트리밍 서비스를 제공하는 넷플릭스, 훌루 플러스, 아마존 인스턴트 비디오, HBO GO, Vudu, 유튜브, Vimeo, 판도라, 스포티파이, TuneIn Radio 등을 쉽게 이용할 수 있도록 제공한다. 페이스북, 트위터, 스카이프 앱을 실행해 로그인한 후 TV에 내장된 카메라와 마이크로폰을 이용하면 쉽게 사용할 수 있다.

그림 3.4 삼성 앱 화면에서 즐기는 웹 기반 미디어

화면에서처럼 대부분 필수 애플리케이션들은 이미 설치되어 있고 필요한 애플리케이션은 삼성 스토어를 통해 다운로드받으면 된다. 리모컨, 스마트폰/

태블릿 앱, 음성인식, 동작인식을 통해 원하는 화면으로 이동할 수 있다. 이 중 동작인식은 내장 카메라가 손의 동작을 인식해 간단한 동작으로 메뉴를 선택할 수 있는 기능이다. 현재 출시된 대부분의 스마트 TV에서 이 기능을 사용할 수 있기 때문에 원하는 프로그램을 검색하고 시청하는 것이 매우 편리하다. 약간의 시간을 투자하여 설정해 놓으면 언제든지 보고 싶은 프로그램을 바로 볼 수 있다.

스마트 TV 셋톱 기기 종류

기존 TV를 활용해 스마트 TV처럼 사용하고 싶다면 스트리밍 미디어 셋톱 박스를 구매하면 된다. 로쿠 모델, 애플 TV, WDTV 라이브, 아마존 파이어 TV 등 다양한 종류가 있다.

그림 3.5에서 볼 수 있는, 로쿠 2는 와이파이를 사용할 수 있으며, HDMI 케이블을 TV에 연결하면 된다. 리모컨도 제공되며 간단히 화면 이동이 가능하다.

그림 3.5 로쿠 2 스트리밍 미디어 플레이어

로쿠 모델에서 볼 수 있듯이 로쿠 2 또한 넷플릭스, 훌루 플러스, 아마존 인스턴트 비디오, HBO GO, Vudu, 유튜브, Vevo, 판도라, 스포티파이, TuneIn Radio 같은 자주 사용되는 애플리케이션들이 이미 구성되어 있다. 다른 애플리케이션이 필요하면 채널을 통해 다운로드받으면 된다. 스마트 TV 종류 중에 로쿠에서 사용 가능한 앱이 가장 많다.

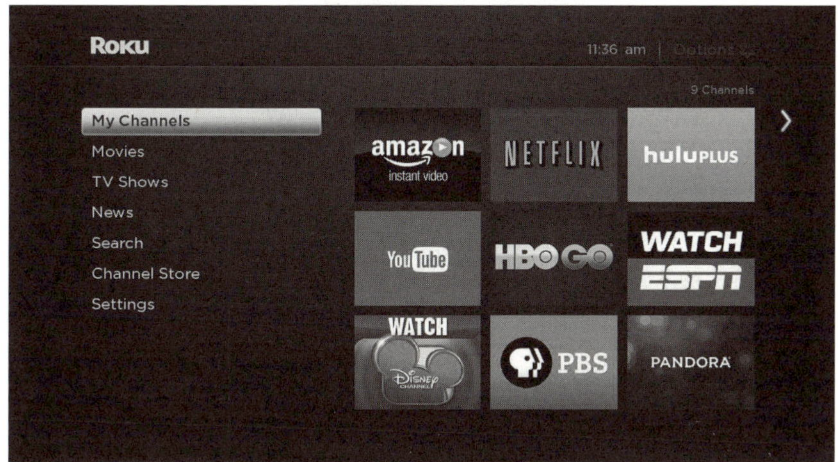

그림 3.6 로쿠 2에서 온라인 콘텐츠

작고 간편한 스마트 TV 스틱을 이용하는 것도 좋다. 구글 크롬캐스트, 로쿠 스트리밍 스틱, 아마존 파이어 TV 스틱이 대표적인 스트리밍 미디어 기기인데, USB 모양처럼 생겼다. 그림 3.7에서 보이는 스틱을 TV HDMI 커넥터에 연결하면 웹 기반 스트리밍 미디어 서비스와 같은 기능을 사용할 수 있다. 가격대가 저렴한 모델로는 크롬캐스트 케이블과, 로쿠 스트리밍 스틱이 있다. 로쿠 파이어 스틱은 별도 리모컨이 필요하고 크롬캐스트는 스마트폰 앱을 이용하면 된다.

그림 3.7 구글 크롬캐스트 스트리밍 미디어 스틱

스마트 TV 선택 방법

새로운 스마트 TV를 구매하기 전에 고민해 봐야 하는 것이 있다. 먼저, 기존 TV를 스마트 TV처럼 이용하고 싶은지, 아니면 새로운 스마트 TV를 구매하길 원하는지 결정해야 한다. 약 10만 원 정도의 셋톱 박스를 구매하면 약 100만 원 상당의 스마트 TV처럼, 스트리밍 미디어 플레이가 가능하도록 구현할 수 있다. 최근 계속 변하는 스마트 TV 기능을 생각해 보면 약 50만 원 이상을 들여 새로운 것으로 교체하는 것보다 약 5만 원 상당의 셋톱 박스가 더 효율적일 수도 있다.

TV나 셋톱 박스를 통해 제일 먼저 이용해 보고 싶은 서비스는 아마 스트리밍 미디어 서비스일 것이다. 대부분의 기기들은 넷플릭스, 훌루, 유튜브 서비스를 기본적으로 제공하며, 기기에 따라서 아마존 인스턴트 비디오를 지원하는 것도 있다. 판도라, 스포티파이는 대부분 이용할 수 있지만 상대적으로 덜 알려진 스트리밍 음악 서비스는 제공하고 있지 않은 경우가 많아 원하는 앱이 있다면 미리 확인해 보는 것이 좋다. 그 다음엔 홈 네트워크를 통해 다른 기기의 미디어를 활용할 것인지를 고민해 봐야 한다. 웹 기반의 영화와 TV 프로그램을 스트리밍하는 것은 간단하지만, 다른 기기에 있는 미디어(음악, 영화, 사진 등)를 재생하기 위해서는 접속이 가능한지 확인해 봐야 한다. 일반적으로 로컬 네트워크를 통해 스트리밍 기능을 이용하지만 스마트 TV에서 재생되는 파일 포맷 중에 DVD나 디지털 음원이 Flac, 혹은 WMA로 되어 있다면 사전 확인이 필요하다. 이런 기기는 와이파이 연결이 쉽지만 안전성과 속도를 고려한다면 유선 연결이 좋다.

스마트 TV에서 제공하는 추가 기능들이 많이 있는데 특히 음성인식, 동작 인식을 지원하는 모델을 원한다면 카메라와 마이크로폰이 내장되어 있는지 확인해 보도록 한다. 또한 가장 기본적인 동작과 인터페이스가 제공되는지도 생각해 봐야 한다. 기기에서 제공하는 화면 메뉴가 이해하기 쉽다면 나중에 사용하기 편리하다. 리모컨이 어떻게 작동하는지, 스마트폰 앱을 사용할 수 있는지, 홈시어터와 기기와의 호환성도 확인해야 한다.

크롬캐스트 같은 스트리밍 스틱은 셋톱 박스처럼 비싸지 않으니 고려해 볼 만 하다. 하지만 스마트 TV를 구매하고 싶다면, "스마트" 기능을 위해 약간의 투자가 필요하다. 스트리밍 서비스 또한 따로 비용을 지불해야 하니 참고해야 한다.

스마트 TV 보안

한 가지 고민해 봐야 하는 부분이 있다. 스마트 TV는 인터넷에 연결되기 때문에 일반 노트북이나 데스크톱처럼 해킹당할 수 있다. 스마트 TV는 컴퓨터가 아니라고 생각하기 쉽지만 분명히 말하면 스마트 TV도 컴퓨터이다. 얼마든지 인터넷을 통해 해킹당할 수 있다.

시스템 해킹

왜 스마트 TV를 해킹하려고 하는 것일까? 스마트 TV에는 우리가 사용하는 모든 서비스에 대한 아이디, 패스워드 정보가 저장되어 있다. 예를 들어, 아마존 인스턴트 비디오를 이용 중이라면 아마존 계정 정보를 알아낼 수 있다.

악의적인 해킹만 있는 것은 아니다. "중간자 공격" 또한 발생할 수 있다. 해커가 만든 콘텐츠가 스마트 TV에 포함된다면 원치 않는 상업광고를 보게 될 수도 있다. 위험성이 크지 않지만 바람직한 것도 아니다.

이론으로만 존재할 것 같은 일이지만 얼마든지 일어날 수 있다. 2014년 6월, 콜럼비아 대학 연구원 요셉 오렌Yossef Oren와 앙겔로스 케로미티스Angelos Keromytis는 유럽 스마트 TV에 사용되는 HbbTV(하이브리드 TV)의 결점을 발견했다. 유럽 스마트 TV 제조사의 90%는 지상, 케이블, 위성 신호와 반응형 HTML 콘텐츠를 추가하기 위해 HbbTV를 채택하고 있다. 오렌과 케로미티스는 HbbTV 표준이 보안에 상당히 취약하다는 것을 알아냈다.

'레드 버튼red button'은 디지털 TV 전파에 악성코드를 심은 전파를 보낸 후에 TV 시청자가 리모컨의 레드 버튼을 누르면 방송사에서 보내는 모든 데이터, 소리, 사진 등을 해커가 가로챌 수 있는 공격을 말한다. 즉, 공격자(해커)가 스마트 TV 앱에 자신이 원하는 콘텐츠를 넣을 수 있다. 또한 시청자의 TV 화면에 상업광고를 나오게 하거나 개인 페이스북 계정에 로그인한 후 글을 올릴 수도 있다.

이미 알려진 해킹들은 빙산의 일각일 뿐이다. 스마트 TV나 모든 스마트 기기들은 컴퓨터처럼 비트 단위로 암호화되어야 하지만 현실은 그렇지 않다. 컴퓨터는 방화벽을 통해 보호되지만, 스마트 TV는 가장 기초적인 수준도 구현되어 있지 않아 보안에 정말 취약하다.

스마트 TV 카메라 해킹

스마트 TV에 내장된 카메라로 인한 보안 문제도 있다. 스마트 TV에 장착된 카메라가 해킹당한다면 거실이나 침실이 감시당할 수 있다. 또한 집에 사람이 있는지 없는지도 간단히 확인할 수 있으니 범죄 위험에 노출될 수도 있다.

이론으로만 존재하는 문제가 아니다. 보안업체인 ISEC 파트너스에서 보안 엔지니어로 일하고 있는 아론 그레타피오리Aaron Grattafiori와 조쉬 야보르 Josh Yavor는 삼성 스마트 TV에 보안 문제가 있다는 것을 발견했다. 해커는 스카이프 앱을 해킹한 후 스마트 TV의 카메라를 마음대로 조작했다. 삼성은 이 문제를 해결하기 위해 보안 패치를 업데이트했다. 그래도 불안하다면 스마트 TV에 테이프를 붙이는 것도 확실한 방법 중에 하나이다.

스누핑

해커에 의해서만 스누핑이 발생하는 것은 아니다. 스마트 TV 제조사에서도 우리의 정보를 해킹할 수 있다.

2013년 11월, 영국 기술 블로거 닥터비트Doctorbeet는 LG 스마트 TV로 시청한 모든 프로그램 정보와 채널 변경에 관한 기록들이 LG로 전송된다는 것을 알아냈다. LG는 스마트 광고 "서비스"라는 명목으로 사용자의 시청 정보에 대한 데이터를 수집해서 데이터 광고주에게 판매했다. LG 측에 따르면, 스마트 광고는 사용자가 좋아하는 프로그램이나 온라인 검색어를 분석하여 관련 광고들을 제공하기 위한 것이라고 설명했다. 이 기능은 "시청 정보 수집Collection of Watching Info"이라는 이름으로 설정되어 있다. 닥터비트는 메뉴에서 이 설정을 해제했지만 여전히 정보 수집은 계속되었다. 더 안타까운 소식은 LG로 전송된 모든 정보들이 암호화되어 있지 않다는 것이다. 이것은 어느 누구든 사용자의 시청 정보를 가로챌 수 있다는 의미이다. 크게 문제될 것이 없다고 생각할 수도 있지만 내가 무슨 프로그램을 봤는지 배우자나 회사, 목사님이 안다면? 정말 끔찍할 것이다.

닥터비트가 이 문제에 대하여 공식적으로 이슈를 제기하자 LG는 서비스 이름을 변경해 대응했다. 닥터비트는 사생활이 침범되지 않으려면 LG 스마트 TV를 이용할 때 "스마트" 기능을 다 해제해야 한다고 언급했다. 그러나 이 해결 방법은 21세기에 어울리지 않아 보인다.

사물인터넷과 스마트 TV

현재 스마트 TV는 사물인터넷이라고 하기에는 부족한 면이 있다. 단순히 TV나 셋톱 기기로 인터넷 기반 프로그램을 볼 수 있게 해준다고 하여 "스마트"해지는 것은 아니다. 단순하게 기존 기기에 비해 좀 더 많은 프로그램을 볼 수 있게 해주는 것일 뿐이다.

누군가는 이미 개발 중일 수도 있지만, 스마트 TV가 진정 "스마트"하려면 지금으로선 부족하다. 따라서 스마트 TV 제조사들은 스마트 TV를 손쉽게 제어할 수 있도록 노력해야 한다. 태블릿처럼 터치스크린이 가능하거나, 스마트폰 앱으로 조작하거나, 혹은 시리Siri 같은 음성인식도 좋은 방법이다. 삼성은 내장된 카메라가 있어 동작인식을 통해 작동시킬 수 있다. 어떤 방법이든 스마트 TV 회사는 프로그램 찾을 때 좀 더 쉽게 검색할 수 있도록 힘써야 한다.

앞으로의 스마트 TV는 점점 더 스마트해질 것이다. 새로운 스마트 TV는 우리가 무엇을, 언제 보는지에 대한 모든 정보를 수집해 (가족이 사용한다면 각자에 대한 정보를 따로 수집할 것이다) 시청 습관을 예측할 것이다. 더 나아가면 스마트 TV에서 사용하는 페이스북이나 트위터 계정을 통해 주변 지인들의 시청 정보를 파악할 수도 있다.

수집된 모든 데이터는 스마트 TV가 앞으로 시청할 프로그램을 추천할 수 있도록 도움을 줄 것이다. 메뉴 화면을 통해 추천 프로그램들을 볼 수 있거나 미리 녹화해 나중에 편히 볼 수 있다. 사용자가 시청하기 원하는 프로그램을 알고 있는 스마트 TV가 있다면 프로그램 편성표를 보고 고민할 필요가 없어진다. 스마트 TV가 시청할 프로그램들을 추천해 주기 때문에 우리는 그냥 보기만 하면 된다. 광고주에게 이런 시청 정보는 더 중요하게 사용된다. 스마트 TV에서 수집한 사용자의 시청 정보를 분석해 시청자에게 관련 있는 광고를 보여 줄 수 있기 때문이다.

앞으로 출시될 스마트 TV는 인터넷 연결을 통해 메인 시청 화면에서 관련 정보를 바로 보여 줄 수 있을 것이다. 예를 들어, 스포츠 이벤트를 시청하는 중이었다면 팀이나 선수에 대한 정보를 스크린에서 확인할 수 있다.

더 나아가 스마트 TV에 실시간 채팅 기능이 추가되었으면 한다. 영화나 TV 프로그램을 볼 때 시청 중인 것에 대해 트위터나 페이스북에 글을 올리거나 프로그램에 대한 그룹 채팅에 참여할 수 있도록 말이다.

스마트 TV는 단순한 TV를 넘어 가정의 중심이 될 것이다. 스마트 TV는 보안 카메라에서 받은 데이터를 통해 누가 현관문 초인종을 누르는지, 침대에서 아기가 잘 자고 있는지 확인할 수 있다.

모든 정보는 대형 TV 화면을 통해 볼 수 있을 것이다. 화면에서 버튼만 누르면 물, 에너지 사용량을 그래프로 볼 수 있거나 지금 가족들이 어디에 있는지 지도를 보여 줄 수도 있을 것이다. 혹은 어떤 방에 불이 켜져 있는지, 냉장도 안에 무엇이 있는지도 알게 되지 않을까?

거실에 있는 TV로 집 안에 있는 모든 것을 제어할 수 있다고 상상해 보자.

TV 화면에서 방에 있는 전등을 켜거나 *끄고* 식기세척기나 오븐을 작동시키며, 마당에 있는 스프링클러를 작동시킬 수도 있다. 아마 그렇다면 하루 종일 화면 앞에만 앉아 있을 것이다.

스마트 TV로 진정한 스마트 홈을 구현할 수 있다. 보일러나 전등을 켜고 끄기 위해 일어날 필요가 없다. 스마트 TV에 있는 제어 기능으로 다 가능하다. 집에 낯선 사람이 침입하면 TV로 알람을 받을 수도 있다.

보안 각도가 핵심이다. 홈 보안 시스템으로 수집된 정보를 실시간으로 보기 위해 스마트 TV를 이용할 수 있고 더욱 지능적인 분석을 제공하는 기기와 연동할 수 있을 것이다. 예를 들어, 사용자 얼굴 인식 시스템을 사용해 가족들의 얼굴을 인식할 수 있다면 낯선 사람이 집 안이나 현관문 근처에 있을 때 알람이 울릴 것이다.

즉, 스마트 TV는 지금보다 더 많은 기능을 제공할 수 있을 것이다.

스마트 TV와 우리

지금까지 스마트 TV의 과거, 현재 그리고 미래를 살펴보았다. 스마트 TV나 기기가 지금의 라이프스타일에 꼭 필요한지 아닌지를 결정하는데 도움이 되었을 것이다.

사실, 오늘날의 스마트 TV는 케이블이나 위성방송으로 얻을 수 있는 것보다 더 다양한 프로그램들을 볼 수 있는 하나의 방법이다. 400개 이상의 케이블 채널로 충분하지 않다면 스마트 TV를 통해 인터넷 스트리밍 미디어를 이용하면 된다.

오늘날 스마트 TV의 가장 주요 특징은 지상이나 케이블뿐만 아니라 인터넷 기반의 미디어 프로그램까지도 볼 수 있다는 것이다. 스마트 TV만 있다면 최근 방영하는 드라마를 보다가 종영된 드라마까지도 볼 수 있다.

온라인에서 이용할 수 있는 프로그램을 추가로 보고 싶다면 노트북이나 데스크톱 화면보다는 스마트 TV를 추천한다. 기숙사에서 혼자 영화를 다운로드받아 보는 게 아니라면 가족이 모여 와이드 스크린으로 함께 즐기는 것이 더 좋지 않을까 싶다.

넷플릭스나 아마존, 유튜브를 즐겨 본다면 스마트 TV는 꼭 필요하다. 스마트 TV가 문자 그대로 TV일 필요는 없다. 셋톱 박스나 스트리밍 미디어 스틱 모두 스마트 TV라고 할 수 있다. 이런 기기들은 32인치 스마트 TV보다 저렴하고 고장나거나 구식이 되면 쉽게 교체할 수 있다. TV에 HDMI 커넥터만 있으면 연결은 문제도 아니다.

완벽한 스마트 TV는 일반 셋톱 박스보다 더 많은 기능을 제공한다. 내장 카메라를 통해 거실에서 스카이프나 영상통화를 할 수 있다. 편리함을 추구한다면 TV에 추가 기기를 이용하는 것도 하나의 방법이다.

넷플릭스 같은 서비스가 필요 없고 현재 방송과 케이블 TV에 만족한다면 스마트 TV는 맞지 않다. 현재 TV면 충분하다. 하지만 미래의 스마트 TV는 단순히 넷플릭스에서 미디어를 감상하는 것보다 더 많은 것을 3~5년 안에 제공할 것이다. 스마트한 추천 프로그램, 가전제품 제어를 위한 인터페이스와 같이 사물인터넷을 위한 기능들이 제공될 것이다. 스마트 TV가 단순히 보는 것만이 아니라 우리에게 어떤 프로그램을 시청할지 제안할 때, 그 선택이 더 가치 있어지고 재미있어질 것이다.

스마트 TV 시장 동향

LG 유플러스 tvLINK는 TV나 모니터, 프로젝터의 HDMI 포트에 연결하고 일정 금액을 지불하면 다양한 최신 콘텐츠를 즐길 수 있다. 스마트폰 앱을 설치하면 빨리감기, 재생 등과 같은 화면 제어가 가능하다.

모바일 기기 화면을 TV에서 볼 수 있도록 하는 미러링 기술을 지원하여 모바일 게임을 큰 화면으로 즐길 수 있고, 저장된 사진을 감상하는데 이용할 수 있다.

tvLINK는 미니 USB단자를 통해 전원을 외부에서 공급받아 작동된다. 기존 USB단자나 전용 어댑터를 이용할 수도 있다. 확장성이 좋아서 외부 USB를 연결하거나 마이크로SD 메모리를 삽입할 수도 있다. 구글 플레이 스토어에서 다양한 앱을 다운로드받아 설치하여 이용할 수 있다.

LG 유플러스 tvLINK

출처

- http://news.kukinews.com/article/view.asp?arcid=0009410328&code=41141111&cp=nv%20http://www.mt.co.kr/view/mtview.php?type=1&no=2015050416562654364&outlink=1(LG 유플러스 TV 링크 기사 참조)
- 이미지: LG U+tvLINK

Chapter 04

스마트 가전제품 : 원격 조종 오븐부터 말하는 냉장고까지

스마트 가전제품은 사물인터넷에서 큰 비중을 차지한다. 미래에는 스마트 냉장고가 식품 사용량을 확인하여 우리에게 상세한 구입 품목에 대해 문자나 이메일을 보낼 것이다.

스마트 오븐은 당신이 무엇을 요리하고 있는지, 언제 식사를 하는지를 알고 있어 자동으로 작동될 것이다. 스마트 세탁기는 당신이 집에 없을 때 작동되어 시끄러운 세탁기 소리를 듣지 않아도 될 것이다.

오늘날 스마트 가전제품 이해

당신의 주방에 자리를 차지하고 있는 커다란 금속 박스들만큼 단순한 것은 없다. 냉장고는 그저 음식을 차갑게 유지할 수 있도록 절연 처리된 커다란 박스일 뿐이다. 식기세척기는 단지 사전에 지정한 시간에 맞춰 작동하는 지능만을 가지고 있다. 오븐 또한 타이머 기능이 있지만 원하는 온도는 사용자가 직접 맞추어야 한다. 시계는 스스로 시간을 다시 맞출 정도로 똑똑하지는 않다. 세탁기는 다양한 종류의 천을 세탁하기 위한 사전 프로그램화된 사이클을 가지고 있고 건조기는 빨래가 제대로 말랐는지 알려 주는 습기 센서를 가지고 있을 수도 있다. 하지만 이들 모두 당신이 무엇을 할지 말해 주는 것을 기다리는 단순한 기계일 뿐이다.

이렇듯 "스마트" 하다고 외치는 기기들은 많았지만 생각보다 그리 지능적이지는 않았다. 이제야 알겠는가? "스마트"라는 용어의 사용은 사물인터넷에 연결된 모든 것들을 연결한다는 뜻을 가진, 그저 마케팅의 상술이다.

다양한 기업들이 "스마트"에 대한 정의를 다양한 방법과 산업 특성에 맞게 이야기한다. 스마트 TV는 연수기나 스마트 자동차보다 더 지능적일 수도 있고 덜 지능적일 수도 있지만, 마케터의 눈에는 다 동일하게 비추어진다. 우리가 가전제품을 "스마트"라고 부를 때 그 의미는 무엇일까? 이것은 특정 작동이나 운용을 자동화할 수 있는 것을 의미한다.

스마트 운용

많은 사람들은 스마트 가전제품의 기능 중 원격으로 관리할 수 있는 능력을 우선으로 꼽는다. 우리는 오븐이나 식기세척기를 작동시키기 위해 타이머를 맞추는 것에 익숙해져 있다. 일정한 시간이 지난 후 작동하도록 설정된 기능은 직장에서 집으로 도착하기 전에 저녁식사를 미리 준비해 놓거나, 아무도 샤워를 하고 있지 않은 늦은 밤에 물을 많이 사용하는 기기를 돌리는데 유용하다.

스마트 가전제품과 함께라면 이러한 자동화된 기능들은 더욱 탄력적이 된다. 기기에 직접 타이머를 맞추는 것 대신에, 스마트폰이나 태블릿 앱을 사용해 기기의 시동 버튼을 원격으로 작동시킬 수 있다. 일부 앱은 수동 타이머를 맞추는 것과 같지만 더 정교하게, 사전에 프로그램 운용을 가능하게 한다.

그림 4.1에 나오는 제너럴 일렉트릭GE의 브릴리언Brillion 스마트폰 앱은 붙박이 오븐을 원격으로 조작할 수 있는 기능을 제공한다. 예를 들어, 당신은 멀리 떨어진 직장에 있고, 요리가 가득한 커다란 팬은 오븐 안에 있다(팬을 출근하기 전에 넣어 놓았다고 가정한다면). 이때 당신이 해야 할 일은 단지 앱을 이용해 오븐을 가동시키고 요리를 시작하는 것이다. 정말로 쉬운 원격 운용이다. 이것은 편리한 앱과 인터넷 연결 덕분이다.

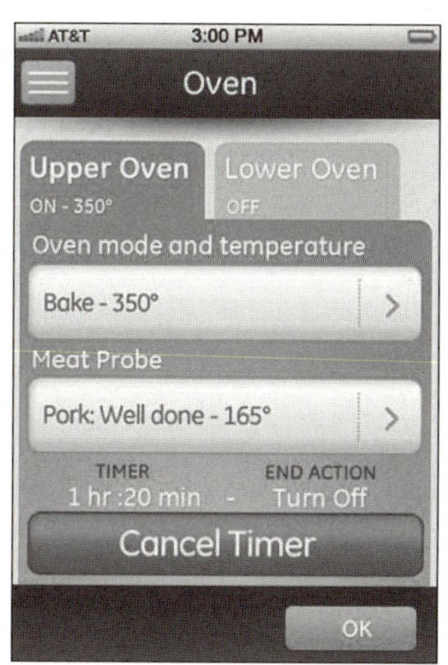

그림 4.1 브릴리언 앱으로 붙박이 오븐 작동

마치 사람인 것처럼 기기들에게 문자 메시지를 보낼 수 있는 LG의 홈챗HomeChat

앱도 있다. 홈챗은 라인 메신저 앱을 통해 운영된다. 그림 4.2에서 볼 수 있듯이, 당신은 기기에게 문자 메시지를 사용해 명령어를 보내고 문자 메시지를 통해 메시지를 받는다. 현재는 기본적인 운용 명령어만 보낼 수 있지만, 기술이 더욱더 발전하면 당신은 냉장고에게 "우유가 신선해?"라는 메시지를 보내고 답변을 받을 수 있게 될 것이다.

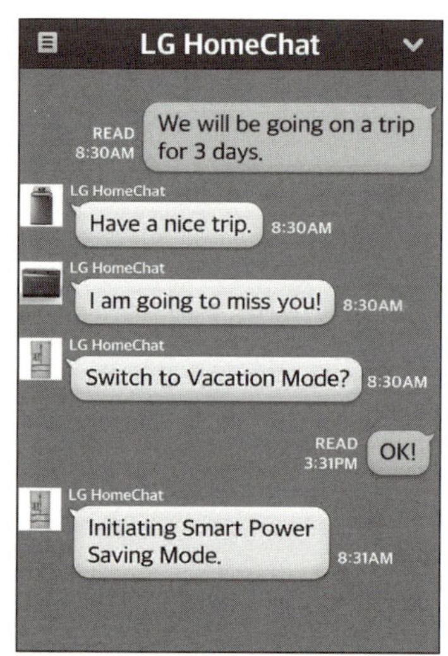

그림 4.2 스마트 가전제품과 대화할 수 있는 LG 홈챗 앱

스마트 감시

스마트 가전제품들이 진정으로 스마트하려면, 당신이 알아야 할 것들을 알 수 있게끔 환경과 운용을 감시해야만 한다. 이것은 사용이 끝나거나 예상하지 못한 일이 발생하였을 때 일종의 경고나 알람을 보내는 것을 의미한다.

예를 들어, 스마트 세탁기는 세탁이 완료되면 스마트폰 앱에 알람을 보낼 수 있다. 또한 스마트 오븐 안에서 요리가 완료되었음을 알리는 문자 메시지를 받을 수 있다. 혹은 누군가가 냉장고 문을 열어 두었을 때 이메일로 경고 메시지를 보내는 것은 어떤가?

핵심은 당신에게 부엌이나 세탁기에서 발생되고 있는 중요한 일들을 알리는 것이다. 우리는 이미 이러한 것을 가능하게 할 수 있는 기술을 가지고 있다. 예를 들어, 그림 4.3에 보이는 월풀Whirpool은 스마트폰 화면을 통해 모든 기기들의 상태를 감시할 수 있게 해주는 스마트 가전제품 앱이다. 작업량이 얼마나 남았는지 볼 수 있고, 세탁 혹은 건조가 완료될 시에 알람을 받을 수 있으며, 오늘 냉장고가 얼마나 시원한지 알 수 있다. 당신이 세탁실에서 알람이 울리기를 기다리는 것보다 훨씬 더 편할 것이다.

그림 4.3 월풀의 스마트 가전제품 앱 화면

스마트 에너지 절약

오늘날의 몇몇 스마트 가전제품들은 지능을 사용하여 에너지 사용을 줄인다. 만약에 가전제품이 언제 전력 소모가 낮거나 비용이 저렴한지 알 수 있다면, 스스로 그러한 시간대에 운용되도록 프로그램화할 수 있다.

스마트 가전제품들은 에너지를 효율적으로 쓸 수 있는 기능을 포함하고 있다. 예를 들면, 식기세척기가 사이클마다 물을 덜 쓰거나, 냉장고가 효율적으로 에너지를 관리하며 식재료들을 차갑게 보관하는 것처럼 말이다.

LG의 스마트 그리드 기술은 언제 전력 소비가 가장 낮은지 알아내고, 그 시간대에 더 많은 사용 일정을 계획한다. 그림 4.4는 스마트 그리드 설정 화면 중 하나이다. 이 기능은 스마트 그리드 전력 회사가 제공하는 집들만 가능하니 참고하라.

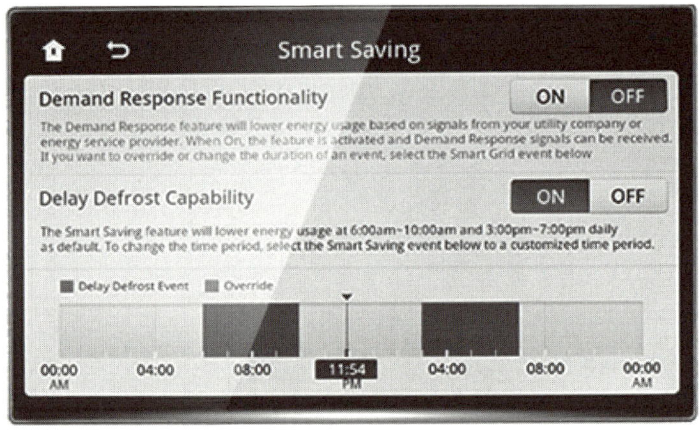

그림 4.4 LG의 스마트 그리드 기술로 에너지 효율 향상

> **Note**
> 스마트 그리드는 내장된 지능과 디지털 커뮤니케이션을 포함하는 새로운 유형의 전력망이다. 이 부분은 13장에서 자세히 알아보도록 하자.

스마트 유지 관리

스마트 가전제품을 항상 최신으로 유지하고 운용하기 위한 몇 가지 방법이 있다. 대부분의 스마트 가전제품 안에는 센서가 포함되어 있어 유지 관리가 필요한지, 혹은 기능이 제대로 작동되지 않는지 확인할 수 있다. 문제가 발생하면 문자나 이메일을 통해 문제에 대한 알람을 받을 수 있다. 알람에 아래와 같은 조언이나 조치가 포함돼 있다면 이상적이다.

만약 물 필터를 교환해야 할 시점이 되면 스마트 냉장고는 문자 메시지나 이메일을 통해 우리에게 알려 줄 것이다. 스마트 건조기에 섬유 유연제를 더 추가해야 한다면, 혹은 식기세척기의 물 온도가 적당하지 않다면 알람을 울릴 것이다. 당신이 알아야 할 것들에 대해 미리 알려 주고, 문제가 발생했을 때 도움이 되는 스마트 진단과 알람은 이렇듯 편리한 기능이다.

그림 4.5에 나오는 LG의 스마트 진단 앱은 가전제품의 센서 안에서 수집한 데이터를 스마트폰 앱으로 전송하여 문제를 처리할 수 있게 한다.

그림 4.5 문제 진단을 도와주는 LG 스마트 진단 앱

스마트 냉장고를 통한 스마트한 음식 보관

최초의 스마트 냉장고는 단순히 문에 액정 디스플레이LCD 화면이 있는 냉장고였다. 화면과 냉장고가 인터넷에 연결되어 있어서 웹 검색을 할 수 있거나 혹은 요리하는 도중에 넷플릭스를 볼 수 있었다. 이런 기능과 관련된 추가 비용은 비싸긴 하지만, 비용을 지불하면 사용할 수 있는 다양한 기능들이 주변에서 생겨나고 있다. 특히 스마트 냉장고가 주방의 다른 가전제품들과 연결되기 시작되면서 말이다.

스마트 냉장고는 스스로 성능을 감시할 수 있어야 하며, 식재료의 적정 온도를 유지할 수 있어야 하다. 만약 온도가 변하면 음식이 상하기 전에 우리에게 알려 주어야 한다. 스마트 냉장고가 특정 상황에 특정한 행동을 할 수 있다면 더 좋다. 누군가 냉장고 문을 열어 두고 갔을 때 스마트 가전제품 앱으로 문자 메시지나 알람을 받는다면 어떨까? 물 디스펜서가 교체되어야 할 때라면? 그 밖에도 음식의 유통기한이 언제인지 알려 주는 냉장고라면? 혹은 당신이 어떠한 음식을 좋아하는지 알고 재고를 확인하는 것은 어떠할까?

더 나아가 스마트 냉장고는 당신이 좋아하는 음식이나 음료가 부족한지 알아야 하고, 그 정보를 사용하여 식료품 목록을 정리할 수 있어야 한다. 또한 식료품 목록을 문자 메시지, 이메일 등을 통해서 내가 살고 있는 지역 마트에 보내 필요한 식료품들을 집 앞까지 배달해 주고, 구입한 물품에 대한 전자 송장을 전달할 수 있어야 한다. 현재 우리는 누군가가 일을 대신할 만한 로봇을 개발하지 않는 이상, 여전히 직접 냉장고에 식료품을 채워야 한다.

이런 커뮤니케이션은 전부 첨단기술일 필요는 없다. 만약 당신이 주방에 있다면 냉장고가 당신에게 문을 닫는 것을 잊었다고 말하게 하거나, 혹은 오븐을 예열할 시간이나, 머스터드가 떨어졌다고 말하게 하는 것은 어떨까?

스마트 TV와 다른 기기들이 연결되면 더욱 흥미로워질 것이다. 요리 프로그램에서 만들고 싶은 음식을 발견했다고 가정해 보자. 스마트 TV를 사용해 요리법을 저장하고 스마트 냉장고로 전송한다. 냉장고는 요리법을 보관하고, 필요한 재료가 있는지 확인한다. 만약 재료가 없다면, 필요한 것을 말해 주거나, 자동으로 식료품 목록에 그 품목들을 추가한다. 이 모든 것은 당신이 보고 있는 프로그램이 끝나고 광고방송이 나오기 전에 일어날 것이다.

더 나아가 스마트 냉장고가 가지고 있는 재료를 사용하여 어떤 것을 요리할지 생각해 내게 하는 것은 어떨까? 센서와 내장 카메라에서 얻은 정보를 이용해 냉장고 안에 보관되어 있는 재료를 확인하고 스스로 판단하여 (물론 요리법 데이터베이스를 사용해서) 오늘 우리가 무슨 요리를 할 수 있는지 확인하는 것이다. 스마트 냉장고를 스마트 레인지와 연결하면 요리하는 것이 더 쉬워질 것이다. 정확한 요리 시간과 온도를 맞추거나 요리를 시작할 시간을 알람 받기 위해 스마트 냉장고에서 스마트 레인지로 요리법을 보내는 것이다.

다이어트를 돕는데 스마트 냉장고를 사용하는 것은 어떨까? 스마트 냉장고를 스마트 저울이나 피트니스 밴드에 연결하면 피해야 할 음식을 알 수 있을 것이다. 당신이 냉장고에서 아이스크림이나 파이 조각을 꺼낼 때 먹지 말라고 잔소리하는 스마트 냉장고를 상상해 보면 아마도 성가실 것이지만 더 건강한 생활 방식으로 당신을 이끌고 갈 것이다.

만약 스마트 냉장고가 LCD 터치스크린을 내장하고 있다면 터치스크린을 통해 모든 앱을 사용할 수 있을 것이다. 일일 기상정보를 볼 수 있고, 최신 뉴스를 읽을 수 있으며, 심지어 당신이 좋아하는 아침 TV 프로그램을 볼 수도 있다. 스크린을 이용하여 가족 사진이 담긴 슬라이드 쇼를 전시할 수 있고, 혹은 내장된 스피커를 통해 판도라나 스포티파이를 이용하여 음악을 들을 수도 있다. 또한 웹에서 최신 요리법과 요리 팁을 검색할 수 있다.

당신이 고정관념을 깨기 시작하면 생각의 제약이 사라진다. 얀코 디자인의 에슐리 레그Ashley Legg는, 일렉트로크로믹 창 기술을 통해, 문이 닫히면 냉장고 문 전체가 터치스크린이 되는 스마트 냉장고를 상상한다.

이 기술이 터치 센서 기술과 결합되면, 그림 4.5에 나와 있는 것처럼 거대한 운용 인터페이스를 가지게 된다. 터치 인터페이스를 사용하여 메뉴나 재료 목록을 확인할 수 있으며 다른 스마트한 기능들도 충분히 사용할 수 있다. 이것이 우리 앞에 펼쳐질 미래이다.

오늘날의 스마트 냉장고는 자체 진단과 냉장고 온도를 조절할 수 있는 스마트 냉각 및 터치스크린 화면이 제공된다. 인터넷 연결이 가능한 화면도 있는데, 마치 내장형 태블릿처럼 활용할 수 있다. 그러나 아직 부족한 부분이 많다.

그림 4.6 얀코 디자인의 스마트 냉장고 콘셉트

스마트 오븐으로 스마트한 요리하기

오븐이나 캐비닛형 레인지에 스마트한 지능을 더하면 가능성이 무한하게 펼쳐진다. 온도 프로브나 온도/습도 센서를 스마트 오븐에 넣으면, 치즈케익이나 돈까스가 적정 온도에 다다를 때 스마트폰 앱을 통해 알람을 받을 수 있다. 혹은 식사가 완료되기 10분 전에 알람을 받아, 바로 상을 차릴 수 있는 시간을 가질 수 있다.

스마트폰이나 태블릿에 레인지 앱이 있다면, 앱을 사용해서 오븐이나 레인지를 가동하고 정확한 요리 온도에 다이얼을 맞출 수 있다. 이것은 직장에 있거나 집으로 퇴근하는 사이에 오븐을 데우거나 요리를 시작할 수 있게 한다. 그림 4.7은 이러한 스마트 기능이 내장된 GE의 오븐을 보여 준다.

레인지를 냉장고나 스마트폰 요리 앱에 연결하면 더 많은 것들을 할 수 있게 된다. 가장 스마트한 앱은 스마트폰이나 스마트 냉장고에서 요리법을 선택하면 오븐이 자동으로 정확한 요리 온도와 시간을 맞추도록 하는 것이다. 그림 4.8은 월풀의 터치스크린 캐비닛형 레인지 시제품을 보여 준다. 터치스크린 제품과 유리 유도식 캐비닛형 레인지를 함께 사용한 이 제품은 가장 최신 모델이라 할 수 있다. 유도 가열 요소는 금속 냄비와 팬에만 반응하기 때문에 다른 표면은 차갑게 유지된다. 요리법 혹은 다른 필요한 정보를 레인지에 보이게 하고, 우리는 간단하게 손가락으로 가전제품을 제어하면 된다.

그림 4.8 월풀의 터치스크린 캐비닛형 레인지 시제품

스마트 세탁기와 건조기를 사용해 더욱 스마트하게 청소하기

장비가 더 스마트할수록 옷은 더 잘 세탁, 건조된다. 세탁기와 건조기에 있는 습도 센서는 세탁되는 옷에 기반하여, 세탁과 건조 사이클을 미세 조정하는데 도움을 줄 수 있다. 옷의 재질을 자동으로 감지하는 기능은 세탁기가 정확한 세탁 사이클을 맞추고 건조기 또한 알맞게 작동되도록 조정할 수 있다. 물론, 원격 조종 운용도 있다. 스마트폰 앱을 사용하여, 심지어 집에 사람이 없을 때에도, 세탁기를 원격으로 가동할 수 있다. 또한 스마트폰 앱을 사용하여 세탁 진행 상황을 확인하고 작업이 끝났을 때 알람을 받을 수 있다.

스마트 세탁기는 물 사용에 기반하여 언제 가장 운용하기 좋은 시간인지 알고, 건조기는 전기요금에 근거하여 체크한다. 더 스마트한 기능들은 에너지 비용을 감소시킬 것이며, 세탁기와 건조기를 같이 연결하면 공정은 더욱 효율적이게 될 것이다. 예를 들어, 그림 4.9에 나오는 GE 세탁기는 옷에 습기가 얼마나 남았는지에 관한 정보를 세탁기에서 건조기로 전달하는 클린스피크CleanSpeak 기술을 사용한다. 이 정보를 받은 건조기는 건조 사이클에 맞춰 조정한다.

그림 4.9 건조기와 의사소통을 하기 위해 클린스피크 기술을 사용한 GE 세탁기

월풀은 이 스마트 세탁기를 학습형 온도 조절 장치나 스마트 드럼 세탁기/건조기와 연동되어 사용할 수 있도록 준비하고 있다. 학습형 온도 조절 장치는 집주인이 부재중일 경우 그 정보를 세탁기에게 전달하는 스마트 온도 조절 장치이다. 세탁기와 건조기는 에너지를 절약하기 위해 저전력 운용 모드로 전환한다.

스마트 식기세척기를 이용하여 더 스마트하게 식기세척하기

대부분의 스마트 세탁기 기능들은 스마트 식기세척기에서도 이용할 수 있다. 스마트폰 앱을 통해 식기세척기를 원격으로 운용할 수 있고, 작업이 마쳐졌을 때 알람을 받을 수 있다. 더 나아가 어른이 집에 없을 때 아이들이 장난을 치지 못하도록 원격으로 식기세척기를 잠글 수도 있다. 그림 4.10에 나와 있는 월풀 식기세척기는 이러한 유형의 원격 운용을 선보였다. 스마트 식기세척기는 스마트 그리드에 연결되어 있을 경우 물과 전력 사용의 효율뿐만 아니라 집이 조용해져야 할 때, 통이 채워질 때, 다음 식사를 위해 식기들이 필요할 때를 기반하여 운영하는 최적의 시간을 알고 있다. 내부의 식기와 냄비, 팬의 유형을 감지해, 얼마만큼 더러운지를 확인하여 사용할 유형의 사이클을 결정하기도 한다.

그림 4.10 스마트폰 앱을 사용하는 월풀 식기세척기

스마트 가전제품과 우리

월풀, GE, LG, 그리고 삼성, 오늘날 대부분의 가전제품 회사들은 다양한 가전제품에 스마트 기능을 포함하고 있다. 그러나 이러한 기업들의 노력에도 불구하고, 스마트 가전제품들은 어려운 상황에 처해 있다. 기업들은 수년 동안 스마트 기술을 기기에 통합시키려고 노력하고 있지만, 소비자들은 구매하고 있지 않다. 2012년, 파이크 리서치에 따르면 스마트 가전제품의 매출은 세계적으로 약 7,135억 원을 기록했다. 그 연도에 약 214조 1,760억 원 상당의 기기들이 팔린 것에 비하면 스마트 가전제품의 매출은 상당히 저조하다.

무엇 때문에 스마트 가전제품들이 잘 판매되지 않는 것일까? 여기에는 타당한 이유들이 있다. 가장 중요한 이유 중 첫 번째는, 스마트 기기들은 고가이기 때문이다. 당신이 새로운 냉장고를 사기 위해 쇼핑을 갔다면, 일반적인 냉장고는 약 100만 원 정도에 구매할 수 있겠지만 스마트 냉장고를 원한다면, 약 350만 원이나 그 이상을 들일 준비를 해야 한다.

두 번째로, 가전제품 교체 주기는 일반적인 전자기기보다 더 길기 때문이다. 스마트폰은 2년마다 교체하며 PC는 4년 혹은 5년마다 교체하고, TV는 8년에서 10년마다 교체한다. 하지만 냉장고나 세탁 기기들은 어떠한가? 구매 후 15년 혹은 그 이상을 사용하게 된다. 20년이 지난 냉장고도 신형 모델만큼이나 음식을 잘 보관해 준다. 단지 스마트하다고 해서 냉장고를 바꿔야 할 만한 충분한 이유가 되지 않는다.

새로운 스마트 가전제품에 투자를 해야 할까? 대답은 아마도 '아니다'일 것이다. 사용하고 있는 제품들이 고장나지 않는 이상, 새로운 냉장고나 세탁기를 사서는 안 된다. 가전제품은 주요 구입 대상이며, 오랫동안 사용할 수 있게끔 만들어졌다. 하지만 당장 새로운 식기세척기나 레인지가 필요하다면 최근에 구매할 수 있는 스마트 모델들을 살펴볼 수 있다. 몇몇 사람들은 고가의 스마트 제품을 구매할 수도 있을 것이다. 하지만 많은 돈을 내고 스마트 제품을 구매할 만큼 스마트 제품들은 "스마트"하지 않다.

아마 미래에는 제품의 비용이 감소하고 기능이 향상될 것이며, 이에 따라 많은 사람들이 스마트 가전제품을 사용할 것이다. 미래의 주방이 우리가 현재 상상할 수 있는 방향으로 연결될 것은 분명하다. 스마트 가전제품 기술은 빠르게 진척되고 있으며, 지금부터 5년 후에 사용할 수 있게 될 옵션들은 더욱 스마트해질 것이다. 그 전에, 만약 당신이 새로운 기기를 사기 위해 시장에 나간다면, 현재 이러한 스마트 특성이나, 곧 이용할 수 있게 될 특성들을 고려해 봐야 한다.

- **스마트 사이클** : 세탁기, 건조기, 식기세척기와 같은 제품을 위한 것이다. 수백 개의 맞춤형 세탁/건조 사이클을 가진 모델을 찾아보자. 몇몇 모델은 세탁, 건조 사이클을 자동으로 맞춰 준다. 또 다른 모델은 인터넷 웹사이트에서 다운로드하여 추가 작업을 할 수 있는 사이클을 제공한다. 일반적인 기능만을 사용할 것이라면, 이런 기능들이 꼭 필요하지 않을 수 있다.

- **스마트 음식 관리** : 냉장고가 내용물을 파악하고 있으며, 유통기한에 대한 알람을 보내고 물품이 부족할 때를 알려 줄 수 있을 것이다. 하지만 현 세대의 스마트 냉장고가 나 대신 주문을 해주기 기대하는 것은 아직 머나먼 이야기이다.

- **스마트 진단** : 기기에 어떤 부분이 고장 났는지 알려 준다면 쉽게 수리를 할 수 있을 것이다.

- **스마트 그리드 사용** : 전력 회사가 스마트 그리드 기술을 제공할 수 있다면, 스마트 그리드와 호환되는 기기를 이용해 에너지를 절약하여 공과금을 줄일 수 있을 것이다.

- **스마트 운용** : 정면 패널 터치스크린부터 원격/조종 스마트폰 앱까지, 각자의 생활방식에 알맞게 기기들을 통제할 수 있는 방법을 찾아보자. 그것이 단지 보기에만 멋져 보이는 것이 아닌 실질적으로 우리가 사용하는 기능인지 알아봐야 한다. 멋져 보이는 것도 좋기는 하지만 말이다.

스마트 가전제품 시장 동향

최근 삼성이 선보인 삼성 슬립센스SLEEPsense는 사용자의 수면 패턴과 수면의 질을 실시간으로 분석해 더 건강한 수면을 위한 여러 가지 조언과 에어컨, TV, 오디오, 전등 등의 가전제품과 연동해 편안한 수면을 위한 환경을 제공한다.

수면 시간과 수면 도중에 비정상적인 맥박이나 호흡 여부를 확인할 수 있도록 스마트폰을 통해 수면 패턴 분석 결과를 제공한다. 또한 다양한 가전제품과의 연동을 통해 사용자가 최적의 수면 환경을 조성할 수 있도록 도움을 준다. 삼성전자가 인수한 사물인터넷 전문 업체인 '스마트싱스SmartThings'의 다양한 기술을 통해 앞으로 여러 스마트 제품들이 출시되고, 증가할 것이다.

IoT 헬스케어, 삼성 '슬립센스'

출처

- http://view.asiae.co.kr/news/view.htm?idxno=2015091811052052974
- http://news.kukinews.com/article/view.asp?arcid=0009859335&code=41141111&cp=nv
- 이미지: 삼성전자

Chapter 05

스마트 홈 :
내일의 이상향과
오늘의 현실

스마트 TV와 가전제품은 미래에 다가올 스마트 홈의 일부일 뿐이다. 이미 우리는 스마트폰 앱을 통해 냉난방, 조명뿐만 아니라 경고 시스템도 통제할 수 있다. 당신보다 더 스마트하게 모든 것들을 자동화할 수 있는 세상을 상상해 보자. 이 장의 뒷부분에서 소개할 회사인 네스트가 말하는 "자각하는 홈"이 곧 당신에게 다가올 것이다.

홈 자동화

스마트 기기들이 서로 협력해 다양한 집안일을 자동으로 할 수 있는 것을 홈 자동화라고 한다. 홈 자동화는 크레스트론이나 컨트롤4와 같은 공급업체의 최첨단 시스템에서도 볼 수 있지만 X10과 같은 저가 시스템에서도 수십 년 동안 발전되어 왔다.

홈 자동화의 개념은 간단하다. 일반적으로 기기를 직접 켰을 때 수행되는 정해진 업무나 작업들이 자동으로 켜지고 작동되게끔 만드는 것이다. 홈 자동화는 더 많은 기능들을 자동화하기 위해 타이머나 시계를 사용하는데, 더 발전된 기술을 보여 주는 스마트 홈의 경우에는 여러 기기를 통해 다양한 기능들을 수행할 수 있게 한다. 우리가 집에서 찾을 수 있는 스마트 기기들은 무엇이 있을까? 콘센트에 꽂을 수 있는 거의 대부분의 물건들이 해당될 수 있다. 조명, 냉난방 기기, 도어록 시스템, 커튼, 보안 시스템 등이 해당된다.

스마트 홈의 기술 핵심은 어떤 편의를 제공할 수 있는지에서 시작된다. 즉, 기본적인 작업들을 자동화하여 우리가 신경 쓸 일들을 줄이는 것이다. 물론 다른 혜택들도 많다. 환경 변화나 보안에 대해 더 빠르게 반응할 수 있도록 하며 에너지 절약이 가능하도록 효율적으로 운영할 수 있다.

아마 우리가 스마트 홈을 구성하고 싶은 이유는 스마트폰으로 여러 가전 기기들을 자동으로 켜지고 꺼지게 할 수 있는 작동들이 신기하기 때문일 것이다. 또한 최근에 많은 스마트 기기들을 저렴한 가격에 구매할 수 있게 되어 더 진보된 형태의 홈 자동화에 대한 관심이 많아졌다.

편리

스마트 홈이 일반 홈보다 편리할 수 있다. 스마트 홈이나 스마트 기기가 대부분의 작업을 알아서 하기 때문에 당신이 해야 할 일과 기억해야 할 것이 적어진다.

지금 살고 있는 집에서도 스마트한 기능들이 일부 제공되고 있다. 에어컨이나 보일러를 특정 시간에 작동시키거나 끌 수 있고, 특정 온도에 맞출 수 있다. 이미 당신이 일어나기 전에 커피를 만들어 주는 커피메이커도 있다. 누군가 집에 침입을 하면 경찰서에 전화하는 홈 보안 시스템도 있다. 기본적인 것이라고 생각할 수도 있지만 이 모든 것은 자동화된 것이다. 스마트 홈은 이런 기본 작동들을 더 높은 수준으로 향상시킨다.

스마트 온도 조절 장치는 단순히 보일러나 에어컨을 제어하는 것을 넘어서 당신이 언제 집을 나갔는지 알아내기 위해 차고의 개폐 장치와 통신한다. 그리고 세탁기와 통신해 당신이 "부재중"인 경우에만 작동할 수 있도록 한다. 당신이 잠에서 깨어날 때 주변 기기들은 조명을 밝히고 바로 샤워할 수 있도록 난방을 켠다. 홈 보안 시스템은 수상한 사람을 발견했을 때 경보음을 울리는 것 대신, 모든 문을 걸어 잠그고 경찰에게 집 안 설계도를 보내 집을 철저히 보호할 수 있도록 한다.

오늘날 스마트 홈에서 제공하는 기능들이 있다. 발광다이오드LED 조명은 누가, 무엇을, 어디서 하고 있는지를 인식해 자동으로 밝기를 조절한다. 예를 들어, 책을 읽을 때와 친구에게 전화를 걸 때 다른 밝기를 낸다. 집이 너무 춥다면 스마트폰을 통해 온도를 올리거나, 창문 커튼을 열거나 닫을 수도 있다. 집을 나선 뒤에 문을 잠글 수도 있고, 아이들이 자고 있는지 확인할 수도 있다.

스마트폰이나 컴퓨터를 이용해 당신이 설정한 정보를 바탕으로 모든 것을 자동으로 작동시킬 수 있는 기능은 매력적이다. 청소 로봇인 룸바_{Roomba}는 스마트 홈에 알맞게 발전하고 있다. 미래의 스마트 홈에서는 로봇 청소기들이 우리에게 과자와 음료를 가져다 주고 식탁의 접시를 치울 것이다.

보안

모든 홈 보안 시스템은 어느 정도 자동화되어 있다. 현재 시스템은 창문과 문에 동작을 감지할 수 있는 센서를 가지고 있기도 하다. 센서가 비정상적인 무언가를 탐지하면, 시스템은 문제의 정도를 확인하고 필요 시에 경찰에게 직접 도움을 요청하거나 경비실에 연락을 취한다.

스마트 홈 보안 시스템은 스마트폰이나 컴퓨터로 집 안을 감시할 수 있는 웹캠과 같이 다양한 형태로 제공되고 있다. 이 시스템은 당신이 부재중일 때를 인식해 다른 기기들과 통신하여 시스템을 자동으로 작동시킬 수 있다. 스마트폰을 통해 이 시스템을 활성화시키거나 비활성화시킬 수 있을 뿐만 아니라 애플리케이션을 통해 실시간으로 집 안의 상태를 감시할 수도 있다.

스마트 시스템에 빠질 수 없는 것이 바로 홈 조명이다. 당신이 외출 중일 때에는 어두워지도록 조명 밝기를 조정하고 집에 도착했을 때에는 집 앞마당부터 조명을 밝힌다. 또한 갑자기 사람들이 뒷마당에 나타났을 때에는 바로 조명을 켜고, 스마트폰 앱을 통해 우리에게 알려 준다.

스마트 홈 보안 시스템은 도난 경보기와 차원이 다르다. 홈 시스템은 연기와 일산화탄소 탐지기를 통해 이상이 발생할 경우 지역 소방서와 바로 연결할 수 있다. 여기서 끝이 아니다. 온수기, 연수장치, 배출 펌프의 센서들도 전부 연결되어 당신이 위험한 상황에 처할 때 알람을 울리고, 모든 조명을 밝히며 경찰서에 연락할 수 있는 원버튼 비상 설정도 제공한다.

집 안의 스마트 시스템이 잘 작동하는지 확인하는 보안 시스템도 있다. 난방 시스템에 필터 교체가 필요하거나, 냉장고에 이상이 생겼을 때 스마트폰 앱을 통해 우리에게 알려 준다. 당신이 부재중일 때 문제가 발생한다면 직접 적합한 서비스 센터에 연락해 수리를 요청한다.

효율

스마트 홈은 에너지 절약에도 정말 뛰어나다. 당신이 외출했을 때 모든 집 안의 조명을 켜고 나왔다면 스마트 홈은 실내에 사람이 있는지 없는지를 확인하고 조명의 밝기를 조절한다. 스마트 기기는 에너지 효율이 가장 낮을 때, 물이나 전력이 부족할 때에는 전혀 작동되지 않도록 설정되어 있다. 또한 일부 조명은 정상보다 낮은 전력량으로 운용되도록 프로그램화되어 있어 우리가 모르는 사이에 에너지를 절감할 수 있도록 해준다.

모두 함께하기

스마트 홈을 구성하기 위해서는 모든 기기들이 하나로 연결되어야 한다. 예전의 홈 자동화는 기존에 설치되어 있는 유선망을 통해 연결할 수 있는 환경을 만드는 것을 의미했다. 하지만 최근에는 무선망을 이용하는 것이 유선망으로 구축하는 것보다 훨씬 더 쉽다고 생각한다. 스마트 홈 기기들이 단순히 집 안의 와이파이에 연결된다고 생각할 수 있기 때문이다. 하지만 대부분의 스마트 홈 회사들은 자신만의 네트워크 기술에 투자하였기 때문에 특정 제조업체가 만든 기기만 호환될 수 있다. 이는 스마트 기기 간의 통신을 어렵게 한다. 따라서 만약 선호하는 스마트 허브나 기술이 있다면 사용할 수 있는 스마트 기기가 제한될 수 있다.

스마트 홈의 짧은 역사

홈 자동화 개념은 지난 공상 영화나 과학 소설에서 자주 등장했기 때문에 완전히 새로운 것은 아니다. 1950년 레이 브래드버리Ray Bradbury가 집필한 소설 "There Will Come Soft Rains"에서는 스마트 홈에서 우리의 일을 도와주는 스마트 기기들을 소개하고 있다. 이전에 부유한 가정들은 자신들의 잡무를 처리하기 위해 하인을 고용함으로써 자동화시켰다. 새로운 세기가 시작되면서 하인 고용이 줄어들고 가정들은 하인을 시키는 것 대신에 믹서기, 혼합기, 토스터 등과 같은 새로운 전기 기기들을 구입하기 시작했다.

1933년과 1934년 사이에 이루어진 시카고 세계 박람회에서는 우리가 스마트 홈이라고 여길 수 있는, 최초의 원형인 "미래의 홈"을 선보였다. 미래의 홈은 시대에 앞선 내장된 식기세척기, 조광 스위치가 달린 전구, 전기 차고문 개폐기, 그리고 중앙 에어컨을 소개했다. 또한 수동 태양열 난방과 가족 자동차와 가족 비행기를 위한 차고 공간을 선보였다.

1962년 시애틀 만국박람회가 시작될 즈음엔, 미래의 "현대적 삶"은 홈 자동화로 가능하게 된 부유한 생활 방식을 선보였다. 우리는 자동으로 청소되는 (약간의 유지 보수만이 필요한) 두 개의 수영장을 가진 집에 살고 있다. 스마트 홈은 "식단을 짜고 당좌예금의 수입과 지출을 맞춰 보며, 도서관과 식료품점에 전화를 거는” 거대한 컴퓨터가 되었다. 모든 의류, 접시, 컵 등은 일회용으로 제공된다. 음식은 알약 형태로 섭취된다.

“현대적 삶”이 현실화되지는 않았지만(미안하지만 구운 쇠고기와 으깬 감자 알약은 없다), 자동화된 홈의 개념은 계속 발전했고 현실이 되었다. 1975년에 스코틀랜드 회사인 피코 전자Pico Electronics는 X10 프로젝트를 시작했다. 이름에 특별한 것은 없다. 단순히 회사가 착수한 10번째 프로젝트였다.

X10는 조명과 기기를 통제하기 위한 목적으로 신호를 전송하기 위하여 현존하는 홈 전기선을 이용하는 홈 자동화 기술이다. X10 시스템에서 전기 기기들은 수신기이며, 시스템을 통제하기 위해 사용하는 품목인 리모컨, 키패드 등은 송신기이다. 최초의 X10 제품은 1978년에 시장에 선보여졌고, 라디오색Radio Shack과 시어즈Sears 같은 주류 가게에서 팔렸다. 이 덕분에 처음으로, 최신 기술에 능통한 소비자들이 자신들의 집을 자동으로 관리할 수 있게 되었다.

홈 자동화는 “스마트 홈”이란 용어가 1984년 전에는 없었음에도 불구하고 계속해서 진보하였다. 홈의 전자화 비용은 마이크로컨트롤러의 개발 덕택에 1980년대와 1990년대를 거치면서 떨어졌다.

리모컨과 같은 제어 기술을 건축업계와 일부 제조업자들이 도입하면서 홈 자동화 시스템이 자리 잡기 시작했다. 그렇지만 홈 자동화 시스템은 최첨단 시스템에만 적용된다는 제한이 있다. 또한 고가의 기술이라 가격이 적정 수준으로 떨어져 좀 더 보편화될 필요가 있다.

스마트 홈으로 향하는 스마트 단계

우리는 한번에 완벽한 스마트 홈을 가질 수 없을 것이다. 그 대신 새로운 기능을 하나씩 도입하는 방법을 통해 미래의 홈에 다가갈 것이다.

1단계: 기본 통신

스마트 홈을 구성할 때 가장 먼저 해야 할 일은 가족 구성원 모두 외부와 통신할 수 있도록 하는 것이다. 가장 기본적으로 지상 전화, 이동통신, 텔레비전 수신, 인터넷 접속과 같은 통신이다. 그중 인터넷 연결은 음성 통신과 더불어 데이터 통신을 가능하게 하기 때문에 더 중요하다.

2단계: 기본 명령

여기서 음성 명령이란 문을 잠그거나 여는 것, 조명을 켜거나 끄는 것, 우편을 확인하는 것, 심지어 누군가가 넘어져서 일어날 수 없을 때 도움을 청하는 것과 같은 기본적인 과제를 하기 위한 명령의 일종을 내리는 능력을 말한다. 예를 들어, 우편물이 외부 우편함에 전달되었을 때 알람을 받을 수 있다. 또한 누군가가 실외 동작감지 센서를 지나치면 알람이 울린다. 현관문이 갑자기 열렸다면 보안 회사는 당신이 그랬는지, 아니면 침입자가 집 내부에 있는지를 알기 위해 연락을 취한다.

3단계: 기본 기능 자동화하기

방 온도를 조절하거나 특정 시간대에 조명 밝기를 제어하거나, 경보 시스템을 일정에 맞춰 작동시키는 것과 같은 기능들은 특정 프로그램을 통해서 자동화한 것이다. 그동안 당신이 직접 해왔던 일들을 프로그램화하여 필요에 의해 작동하게 할 수 있다.

4단계: 추적하기와 행동 취하기

센서 기술 발달로 인해 스마트 홈이 우리를 감시할 수 있는 단계까지 왔다. 이제 활동 패턴, 수면 패턴, 심지어 건강상태를 확인하기 위해 다양한 센서의 데이터를 수집할 것이다. 스마트 홈은 당신에 관하여 수집한 모든 데이터를 기반으로 의사결정을 내리기 위해 프로그램이나 알고리즘, 혹은 인공지능을 사용할 것이다. 만약 당신이 항상 오전 6시에 일어나는 것을 파악했다면, 스마트 홈은 그 시간에 맞춰 집 안 온도를 올리고 커피메이커를 켜는 작업 등을 할 것이다. 하지만 당신이 평소와 다른 행동을 하게 된다면 스마트 홈은 이를 감지하여 병원에 연락을 취해 당신이 아프거나 부상당했는지 등을 확인하게 할 것이다. 이런 단순한 조치만을 취하는 것이 아니다. 스마트 홈은 집 안 전체의 센서로부터 모든 데이터를 수집하여 특정 행동을 할 수도 있다. 만약 화재가 났다면, 경보를 울리고 살수장치를 작동시키며 소방서에 전화를 걸 것이다. 혹은 수압이 갑자기 떨어지면 누수에 문제가 있음을 알아내어 배관을 잠그고 배관공을 부를 것이다.

5단계: 활동 촉진과 질문 답하기

스마트 홈은 우리보다 더 많은 것을 알고 있다. 당신이 매일 약을 복용하고 강아지에게 사료를 먹이는 등의 일상적인 일들도 알 수 있을 것이다. 또한 아들의 선생님에게 짧은 편지를 쓰는 것 등의 일도 할 수 있을 것이다. 더 나아가 인터넷에 접속이 가능한 스마트 홈은 질문에도 대답할 수 있을 것이다. 스마트 홈에게 "오늘 날씨는 어떨 것 같아?", "오늘 저녁 식사를 위한 재료가 있어?", "아내 생일까지 며칠이 남았지?", "오늘 무슨 약속이 있지?"와 같은 질문도 할 수 있다.

6단계: 업무 자동화하기

스마트 홈이 당신과 당신의 활동에 대해서 더 많이 알수록, 더 많은 것을 해

줄 수 있다. 당신은 심지어 질문을 할 필요도 없다. 스마트 홈은 모든 요소와 부품에 필요한 유지 보수 및 수리 일정을 계획하고 의약품을 재주문하며, 로봇 청소기를 돌리는 등 자동으로 할 수 있는 거의 모든 일을 할 것이다. 이것은 최소 우리가 현재 구상하는 스마트 홈 기술의 시작이다. 적절하게 수집된 정보를 기반으로 의사결정을 내리고 모든 집안일과 중요한 일을 할 수 있게 도와주는 집이 되는 것이다. 스마트 홈이 이 정도의 기능을 가지고 있다면 당신은 맘 편히 즐기거나 마음 놓고 여행을 떠날 수 있을 것이다.

스마트 홈을 위한 간단한 요소

꿈속의 스마트 홈을 만들기 위해서는 어떤 기술이 필요한가? 이미 우리가 보유한 기술 중에 필수적인 것들이 많다.

센서

주변 환경과 다양한 기기 상태를 확인하기 위해 센서가 필요하다. 이러한 센서들은 여러 기기 내부에 포함되어 작동할 수 있다. 스마트 홈에서 센서들은 온도, 습도, 조명, 소음 그리고 움직임을 감지하는데 사용된다. 특수화된 센서들은 연기와 일산화탄소를 감지하고 그 주변에 있는 센서들은 창문이 열려 있는지 닫혀 있는지를 확인한다. 이처럼 센서는 특정 기기의 상태(활성화 혹은 비활성화)를 감지하고 사람과 더 나아가 애완동물의 위치를 알아낼 수 있다.

> **Note**
>
> 스마트 홈으로 향하는 길을 찾아 줄 다양한 유형의 센서들이 있다. 애드어프루트(www.adafruit.com)와 스파크펀(www.sparkfun.com)과 같은 회사는 마이크, 카메라, 온도계, 습도와 기압 센서, 지문 스캐너, 동작인식 센서, 발광(조명) 센서, 힘 저항기, 적외선 근접 스캐너, 자기계, 가속도계 등의 모듈식 센서 부품을 제공한다.

제어장치

제어장치는 특정 기능을 작동시키기 위해 다른 기기에 신호를 보내는데 사용된다. 스마트 홈에서 제어장치는 특정 기능에 집중되어 있거나 여러 개의 기기들을 제어하기 위해 사용될 수 있다. 예로 스마트폰이나 컴퓨터가 있다.

작동기

작동기란 일반적으로 특정 기능을 작동시키는 기계나 전자 기기를 말한다. 즉, 전자 조명의 스위치나 밸브의 모터와 같은 것을 의미한다. 이런 작동기 없이는 기기가 작동하지 않는다.

버스

버스란 스마트 홈 내의 기기 간에 데이터를 전달하는 통신 시스템을 의미한다. 다양한 프로토콜에 맞춰 데이터를 전달할 수 있도록 다양한 유형의 버스가 존재한다. 홈 내 기기들의 상호 통신을 가능하게 하기 위해서는 동일한 버스 유형을 사용해야 한다.

인터페이스

인터페이스는 서로 다른 기기 간, 혹은 사람과 기기 간의 통신을 가능하게 한다. 기기 간 통신에서는 단순한 디지털 프로토콜로써 사용된다. 사람과 기기의 통신에서는 일종의 제어기와 디스플레이를 포함하는데, 이를 통해 어떤 기능을 제어하는지 전달하기 위함이다.

네트워크

스마트 홈 내의 모든 통신은 유선 혹은 무선 네트워크에서 이뤄진다. 요즈음 대부분의 홈 자동화는 와이파이, 블루투스, 혹은 유사한 전매 네트워크 기술을 사용하여 무선으로 이뤄진다.

스마트 가구와 함께하는 스마트한 삶

미래의 스마트 홈이 가지고 있을 만한 개별 품목들에 대해 살펴보자. 한국의 가구 제조업체인 현대리바트는 SK 텔레콤과 손을 잡고 스마트 기술을 가정용 가구에 접목시켰다. 스마트 가구 라인의 각 제품에는 스마트폰 화면을 그대로 보여 줄 수 있는 미러링 기술 구현이 가능한 터치스크린이 내장되어 있다. 그림 5.1에서처럼 스마트 거울이 부착된 옷장은 터치스크린으로도 활용할 수 있다.

그림 5.1 현대리바트와 SKT에서 선보인 스마트 거울이 내장된 터치스크린

사람들은 스마트 가구를 이용해 인터넷을 하고 라디오를 들으며, 뉴스와 날씨를 확인하고 조리법을 찾는 등의 일들을 할 수 있다. 스마트폰 미러링 기술은 전화를 걸거나 받는데 사용될 수도 있다. 미래에는 집 안의 온도를 제어하고 현관문을 열거나 닫게 하며 정문 카메라를 통해 방문객들을 확인할 수 있는 기능들도 제공될 것이다.

리스폰시브 서피스 테크놀로지Responsive Surface Technology에서 나온 ReST 침대는 어떠한가? 이 스마트 침대는 당신의 수면 습관에 대한 데이터를 수집하여 당신이 밤새 뒤척일 때 편안하게 만들어 줄 수 있는 특별한 직물과 센서를 가지고 있다. 이 침대는 선호하는 설정이나 야간 활동에 맞추어 부풀고 줄어드는 18가지 공기 센서도 가지고 있다. 모든 침대에 사용 가능한 매트리스 커버인 루나Luna도 있다. 이것은 당신의 수면 패턴에 관해 수집한 데이터를 다양한 스마트 기기들과 통신할 수 있는 센서로 채워져 있다. 예를 들어, 루나는 당신이 언제 일어나는지 감지할 수 있어 스마트 커피메이커에게 커피를 내리라고 지시하고, 스마트 온도 조절 장치에게 온도를 올리라고 말하며, 심지어 스마트 조명 시스템에게 아침을 환하게 빛내기 위해 조명을 밝게 하라고 말을 할 수도 있다. 정반대로 당신이 잠들 때 조명을 끄고, 스마트 잠금 장치가 제대로 작동되고 있는지 확인할 수 있다. 또한 루나는 실시간으로 온도를 조정하고 수면의 질을 향상시키기 위해 수면 사이클, 심장박동수, 호흡률을 측정할 수 있다.

스마트 조명과 함께하는 더 스마트한 환경

오늘날 손쉽게 접할 수 있는 스마트 홈 기술도 있다. 스마트 조명 시스템은 집의 외부와 내부 조명을 제어할 수 있게 한다. 조명은 미리 설정된 시간이나 부재중일 때 자동으로 꺼지고 누군가 들어오면 켜지도록 되어 있다. 이런 시스템은 스마트 전구를 게이트웨이와 통신하게 하고 스마트폰 앱을 통해 연결된 모든 전구를 제어할 수 있는 명령을 보낸다. 그림 5.2는 커넥티드 바이 TCP 시스템이 어떻게 작동되는지를 보여 준다. 이런 원리로 당신이 부재중일 때 인터넷을 통하여 조명을 제어할 수 있는 것이다. 스마트 LED 조명은 특정 밝기나 색을 내도록 설정할 수도 있다.

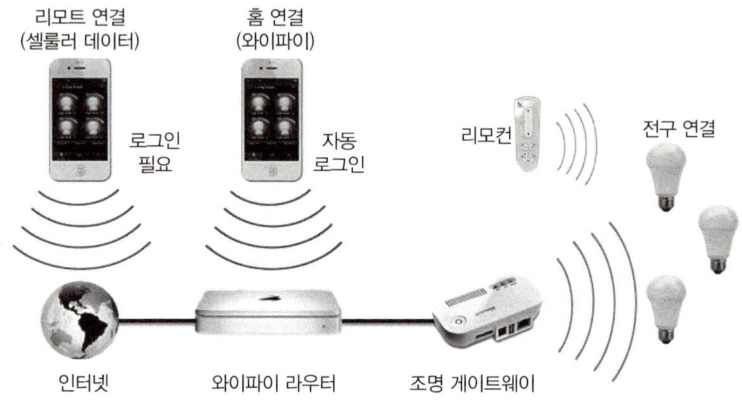

그림 5.2 커넥티드 바이 TCP 스마트 조명 시스템 작동원리

> **Note**
>
> 전구 안의 개별 LED는 다른 밝기와 색을 낼 수 있다는 장점을 가지고 있다. 소형 형광등이나 전통적인 백열등으로는 할 수 없는 것이다.

스마트 조명과 스마트 조명 통제 시스템을 제공하는 수많은 회사가 있다.

- **벨킨** : 벨킨Belkin의 위모WeMo 스마트 LED 전구는 위모 링크 시스템을 통해 제어할 수 있다. 위모 전구를 장착하면 위모 조명 스위치, 위모 모션(동작 탐지기), 위모 앱으로 (와이파이나 3G/4G를 통해) 제어할 수 있다. 위모 앱에 전구의 이름을 함께 등록하면 각각 다른 설정을 할 수 있다.

- **FX 루미네어** : FX 루미네어FX Luminaire는 조경과 건축 조명에 특화되어 있다. 스마트폰 앱을 통해 제어할 수 있는 다양한 LED 조명을 제공한다.

- **루트론** : 루트론Lutron은 집 안 조명, 창문 커버, 냉난방 시스템을 루트론 제어장치나 스마트폰 앱을 통해 무선으로 제어할 수 있게 하는 다양한 홈 자동화 솔루션을 제공한다.

- **필립스** : 필립스Philips는 그림 5.3에 보이는 것처럼, 스마트폰 앱을 통해 제어할 수 있는 휴Hue 전구를 제공한다. 개별 LED 전구를 켜거나 끌 수 있고 밝기를 조절하며 색상을 변경할 수 있다.

- **커넥티드 바이 TCP** : 커넥티드 바이 TCP_{Connected by TCP}는 조명 게이트웨이에 접속되었을 때 스마트폰 앱으로 제어 가능한 다양한 크기의 스마트 LED 전구를 제공한다.

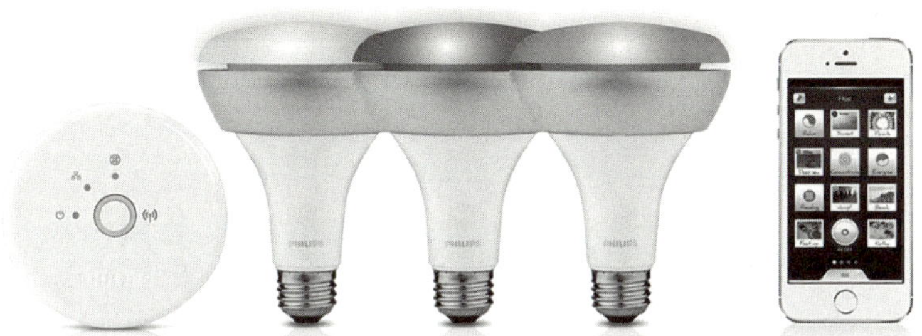

그림 5.3 필립스의 휴 전구, 브릿지 컨트롤러와 스마트폰 앱

이러한 스마트 전구와 전구 시스템은 저렴하지 않다. 예를 들어, 필립스는 세 개의 전구와 브릿지 컨트롤러가 포함된 휴 커넥티드 시스템을 약 20만 원에 판매하고 있다. TCP는 두 개의 전구와 게이트웨이를 약 8만 원에 제공한다. 개별 스마트 LED 전구는 약 3만 원이 넘게 판매된다.

스마트 윈도우와 함께하는 더 스마트한 경관

스마트 조명의 주요 회사 중 하나인 루트론은 스마트 윈도우 시장에도 진출했다. 여기서 스마트 윈도우란 윈도우 자체가 스마트하다기보다 자동으로 블라인드나 커튼이 제어되는 형태이다.

전동 윈도우 커버

스마트 윈도우는 스마트 커버에 모터가 연결되어 자동으로 열리고 닫힐 수 있다. 이 모터는 원격 조정 장치나 스마트폰 앱으로 제어한다. 이런 방식을 통해 외출 중에도 손쉽게 커튼을 열고 닫을 수 있다. 또한 방이나 집 전체에 있는 블라인드를 열고 닫는 것도 가능하다.

그림 5.4 헌터더글라스 모터가 장착된 블라인드 시스템

스마트 유리

미래에는 윈도우의 유리 자체가 스마트해지기 때문에 커튼이나 블라인드가 필요하지 않을 수도 있다. 우리가 원하면 유리 색을 조절할 수 있고, 선별적으로 빛과 채광, 그리고 심지어는 열까지도 차단시킬 수 있다.

스마트 유리는 설정이 가능한 유리를 내부나 외부에 추가로 장착하여 사용할 수 있다. 스마트 유리 기술은 아마도 시장에 선보여지기까지 10년은 더 있어야 할 것이다. 아마 가격은 지금보다 약 두 배 이상 되지 않을까 예상된다. 하지만 커튼을 구매할 필요가 없고, 에너지 절약에 도움이 되니 그 가치에 대한 판단은 직접 하길 바란다.

> **Note**
>
> 스마트 유리에 많은 관심을 기울이는 회사로는 세이지글래스SageGlass와 뷰View가 있고 최근에는 거대 유리 제조업체인 코닝Corning이 지원을 하고 있다.

스마트 온도 조절 장치와 더 스마트한 난방과 냉방

오늘날 대부분의 집에는 난방과 냉방을 조절할 수 있는 온도 조절 장치가 설치되어 있다. 이런 기기가 더 스마트할수록 냉난방도 더 효율적으로 관리할 수 있다.

네스트 학습형 온도 조절 장치

오늘날 널리 알려진 네스트Nest의 학습형 온도 조절 장치는 가족 구성원이 선호하는 냉난방 온도 정보를 수집하여 자동으로 조정한다. 더 나아가 이런 데이터를 학습하여 회사나 다른 곳에서도 이 정보를 사용할 수 있도록 그 영역이 확장되고 있다. 그림 5.5에서 볼 수 있듯이, 네스트 온도 조절 장치는 애플의 제품처럼 세련된 금속 다이얼과 둥근 LCD 화면을 가지고 있는 소형 기기이다. 난방이 되고 있을 때 화면은 오렌지색으로 변하고, 에어컨을 사용하고 있을 때는 푸른색으로 변한다. 작동법은 간편하다. 난방을 하기 위해서는 다이얼을 오른쪽으로 돌리면 되고, 냉방을 하기 위해서는 왼쪽으로 돌리면 된다.

그림 5.5 네스트의 온도 조절 장치

네스트의 온도 조절 장치의 장점은 사용자에게서 배운 내용을 익힐 수 있다는 것이다. 추운 겨울날 아침에 일어나면 온도를 올린다거나 여름날 온도가 올라가면 낮추는 것을 학습하게 된다. 한 주 정도가 지나면 기기는 스스로 사용자의 습관을 인식하고 이에 맞춰 스스로 온도를 조절한다. 심지어 사용자가 집을 나가면 스스로 에너지 절약 모드로 변경한다.

그림 5.6에서처럼 부재중일 때에도 네스트의 모바일 앱을 통해 언제, 어디서든지 온도 조절 장치를 확인하고 제어할 수 있다. 당신이 퇴근하고 집에 돌아왔을 때 집이 시원했으면 하는가? 네스트 모바일 앱을 통해 설정하면 된다.

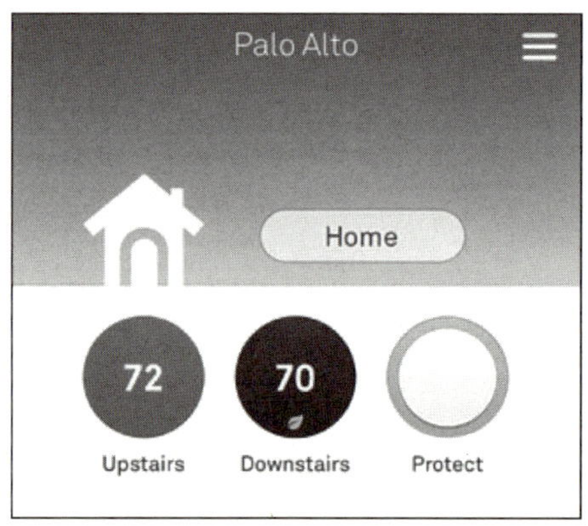

그림 5.6 네스트 모바일 앱을 통한 냉난방 조절

네스트는 홈 네트워크를 통해서 집 안의 보일러와 에어컨을 제어할 수 있다. 추후에 다양한 진단이나 기록을 위해서도 네스트를 와이파이와 연결해 놓는 것이 좋다.

네스트가 수집한 데이터를 기반으로 에너지 사용량을 컴퓨터나 태블릿을 통해 확인할 수 있다. 지난 에너지 사용량과 함께 네스트가 어느 정도의 에너지 절감 효율을 주었는지 볼 수 있다. 물론 일반 조절 장치가 약 5만 원이고, 네스트의 온도 조절 장치는 약 25만 원 정도라 가격차이가 난다. 하지만 더욱 효율적인 에너지 사용으로 인해 가격차이 만큼의 이익을 볼 수 있을 것이라고 한다.

다른 스마트 온도 조절 장치

네스트만이 터치스크린으로 된 학습형 온도 장치를 제공하는 것은 아니다. 허니웰Honeywell은 자체 와이파이 스마트 온도 조절 장치를 제공한다. 그림 5.7에서처럼, 네스트와 거의 동일한 자동화 기능을 제공한다. 또한 자신이 사는 지역의 날씨도 LCD 화면에서 볼 수 있다.

그림 5.7 허니웰의 와이파이 스마트 온도 조절 장치

허니웰은 네스트와 유사한 와이파이 온도 조절 장치인 리릭Lyric 온도 조절 장치를 제공한다. 그림 5.8에서 볼 수 있듯이 네스트와 같이 원형이며 앱을 통해 제어 가능하다. 온도 조절이 잘못되었거나 필터 교환을 해야 할 시기가 다가오면 스마트폰 앱을 통해 알려 준다.

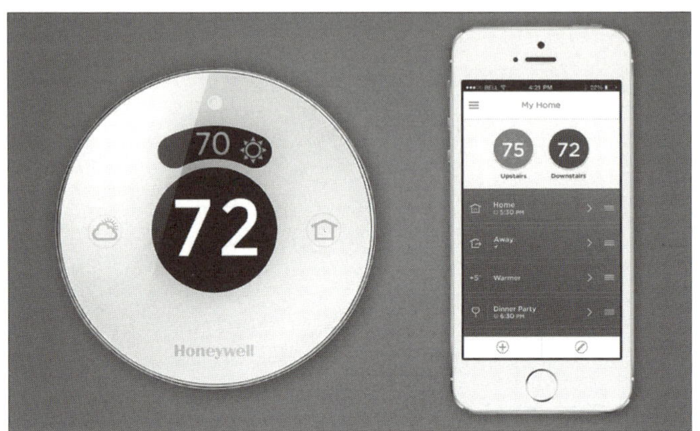

그림 5.8 허니웰의 리릭 온도 조절 장치와 스마트폰 앱

그림 5.9에서처럼 에코비Ecobee는 에코비3 스마트 온도 조절 장치를 선보였다. 이 모델은 와이파이에 연결해 스마트폰 앱으로 제어할 수 있다는 점에서 네스트 모델과 유사하다. 다른 점은 당신이 집 안에 있는지, 부재중인지 확인하기 위해 근접 센서를 사용한다는 점이다.

그림 5.9 에코비3 스마트 온도 조절 장치와 센서

Note

앞으로 온도와 습도를 무선과 원격으로 자동 통제할 수 있는 온도 조절 장치를 더 많이 발견하게 될 것이다. 더 진보된 시스템은 스마트 커버나 스마트 창문을 통제할 수 있을 것이며, 심지어 집 안 온도를 위해 자동으로 열리고 닫히는 창문이 만들어지게 될 것이다.

기타 스마트 기기와 네스트의 연동

네스트의 무선 연결 기능은 집 안의 다른 스마트 기기들과 데이터를 공유하고 함께 작동할 수 있도록 한다. 월풀은 와이파이를 통해서 네스트 온도 조절 장치와 연동되는 세탁기, 건조기를 선보여 더욱 효율적인 작동을 가능하게 한다. 그림 5.10에서처럼, 세탁기와 건조기는 에너지 절약을 위해 세탁물을 찬바람으로 장시간 건조하며, 옷이 산뜻하고 구김 없도록 하는 기능을 제공한다. 월풀의 제품들은 에너지 사용량이 많은 시간에 자동으로 세탁 시작 시간을 연기할 수 있는 정보를 네스트로부터 공유받을 수 있다.

그림 5.10 네스트 온도 조절 장치와 연동되는 월풀의 스마트 프론트 로드 세탁기와 드라이어

현재, 네스트는 다음과 같은 스마트 기기와 연동할 수 있다.

- **체임벌린** : 네스트 온도 조절 장치를 체임벌린Chamberlain차고 문 개폐기에 연결해 보자. 외출할 때 차고 문을 닫으면 차고 문 개폐기는 네스트 온도 조절 장치로 해당 정보를 송신하고 네스트 온도 조절 장치는 부재중 모드를 작동시킨다. 집에 돌아오면 같은 작업이 반대로 일어난다.

- **조본** : 그림 5.11에서처럼, 네스트 온도 조절 장치를 조본$_{Jawbone}$의 UP24 웨어러블 기기와 함께 사용하면 당신이 언제 깨어 있고 잠들었는지를 파악해 온도를 조절한다.

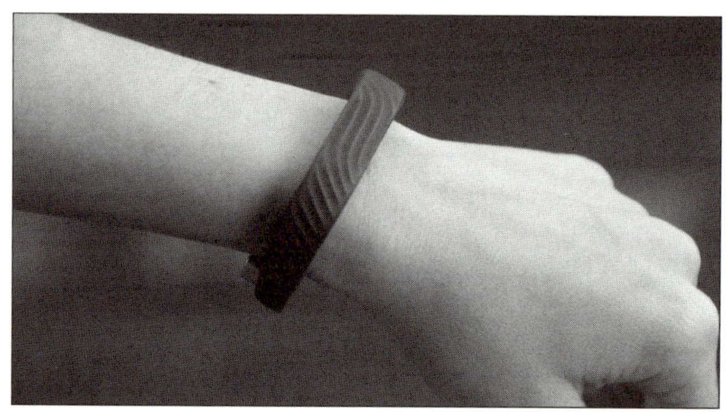

그림 5.11 조본의 UP24 활동 추적 밴드

- **라이프엑스** : 네스트 온도 조절 장치가 부재중 모드로 변경될 때, 라이프엑스$_{LIFX}$ 스마트 조명은 자동으로 집 전체의 불을 켜거나 끈다.

- **로지텍** : 네스트 온도 조절 장치의 제어 부분을 로지텍 하모니$_{Logitech\ Harmony}$ 원격 제어장치와 연결하면 영화를 보거나 음악을 들을 때 적절한 기기를 작동시킬 수 있을 뿐만 아니라 실내 온도까지 조절할 수 있다.

- **메르세데스 벤츠** : 메르세데스$_{Mercedes-Benz}$는 당신이 집 근처에 가까이 왔을 때 네스트 온도 조절 장치에 알람을 보내 원하는 온도로 조절을 가능하게 한다.

데이터 수집 및 통제

이제 네스트 온도 조절 장치가 수집하는 모든 데이터에 관한 이야기를 해보자. 가장 기본적인 것은 당신이 언제, 얼마나 많은 양의 에너지를 사용하는지에 대한 데이터이다. 네스트 랩스는 대부분의 주요 전기회사들과 '사용자에게 수집한 정보 제공'에 관한 계약을 맺었다(당신은 읽어 보지도 않고 온도 조절 장치 이용약관에 동의한다는 서명을 한다). 네스트 랩스는 전기회사에게 실제 데이터를 제공하는 것이 아니라 통합된 데이터를 보고하는 것이라고 주장한다.

네스트 랩스는 이런 기반시설 사업자들과 계약을 맺어 날씨가 덥거나 동력 부하가 심할 때 원격으로 사람들의 에어컨을 작동시킬 수 있는 선택권을 주었다(사실 당신의 온도 조절 장치를 제어하는 것은 전기회사에게 요청을 받은 네스트 랩스이다). 이는 전기회사가 전력망의 부하를 평준화하여 엄청난 비용을 절감할 수 있도록 한다. 누가 여기서 이득을 볼까? 네스트 랩스와 제휴한 전기회사는 매년 온도 조절 장치 하나당 약 2만 원에서 5만 원 정도를 네스트 랩스에게 지불한다. 당신은 거기서 동전 한 푼도 받지 못하며 또한 전기회사가 이 모든 작업에서 달성하는 절약분에 대해서도 보상받지 못한다. 하지만 네스트 랩스는 전기회사로부터 절약분에 대한 일정한 몫을 받는다. 당신이 구매한 온도 조절 장치로 전기회사가 약 1,000원 정도를 절약한다면, 그때마다 네스트 랩스는 약 500원 정도를 받아 간다.

이는 네스트 랩스에게 꽤나 남는 장사이다. 네스트 랩스는 당신이 온도 조절 장치 값을 지불할 때 푼돈을 벌고 이후로는 매달 전기회사로부터 돈을 받는다. 이를 처음 고발한 포브스 매거진에 의하면, 기반시설 사업자에게서 벌어들인 네스트 랩스의 이익은 온도 조절 장치를 판매해서 벌어들인 수익을 뛰어넘는다고 한다. 당신이 네스트 온도 조절 장치의 외관이나 성능에 만족할지는 몰라도, 네스트 랩스는 인류의 궁극적 이익을 위해 이러한 일을 하는 것이 아니다. 당신의 집에서 파랗게 빛나는 온도 조절 장치는 큰 회사가 큰돈을 당신의 비용으로 벌어들이는 또 다른 방법일 뿐이다. 당신은 전기세를 조금 아꼈을 수도 있지만, 네스트 랩스는 당신의 정보와 암묵적인 통제권을 거대 에너지 회사들에게 넘김으로써 더 큰돈을 벌고 있다. 구매 전에 이를 생각하도록 하자.

스마트 보안 시스템과 더 스마트한 보호

최근 홈 보안 시스템은 다양한 동작 센서, 근접 센서, 문/창문 센서를 포함하고 있으며, 전부 중앙 제어장치에 연결되어 있다. 시스템이 켜지고, 센서 중 하나가 이상한 점을 감지하면, 신호를 제어장치로 보낸다. 이것은 알람을 울릴 수 있고 일부 조명을 켜거나, 또 다른 신호를 시스템의 보안 회사에 보낸다. 시스템 보안 회사는 지역 경찰서에 전화를 걸고, 발생된 문제를 해결하기 시작한다.

더 스마트한 보안 시스템

더 스마트한 홈 보안 시스템은 각 방과 구역마다 시스템을 활성화시킬 수 있게 한다. 일부 시스템은 집에 화재가 발생하거나 유독성 가스가 감지되면 연기 감지기와 일산화탄소 센서를 이용해 연결된 감시 센터에 전달한다. 홈 보안 시스템을 다른 홈 자동화 시스템과 연결하면 더욱 흥미로워진다. 예를 들어, 버튼 하나를 누르면 외부 문들을 모두 닫게 하고 경보 시스템을 준비시키며, 전동 커튼을 닫고 특정 조명을 켜며, 난방기를 끌 수 있다.

스마트 잠금 장치

스마트 보안 시스템이 문을 잠글 수 있기 위해서는 일종의 스마트 잠금 장치가 필요하다. 스마트 잠금 장치는 이미 사용하고 있는 잠금 장치에 설치되고 블루투스 혹은 와이파이를 통해 홈 네트워크에 연결된다. 이후 스마트폰 앱으로 잠금 장치를 작동시킬 수 있어 문을 열기 위해 열쇠를 따로 가지고 있을 필요가 없다. 또한 부재중일 때도 스마트폰 앱으로 문을 열거나 잠글 수 있다. 미래의 스마트 잠금 장치는 집 전체의 스마트 보안 시스템과 연결될 것이다. 현재 이용 가능한 스마트 잠금 장치는 그림 5.12에서 보이는 어거스트August의 고지Goji, 퀵셋Kwikset, 락키트론Lockitron, 슈라지Schlage가 있다.

그림 5.12 고지 스마트 잠금 장치

스마트 보안 카메라

대부분 미래의 스마트 보안 시스템은 집과 다양한 가구 및 물건들에 카메라를 잔뜩 달고 있을 것이다. 카메라에 찍힌 것들은 스마트폰이나 컴퓨터를 통해 어디서든지 확인할 수 있다. 당신이 설치할 수 있는 재미있고 작은 카메라 중 하나는 그림 5.13에 나온 스카이벨SkyBell이다. 스카이벨은 내장된 비디오 카메라를 포함하고 있어, 스마트 비디오 도어벨로 사용할 수 있다. 이 도어벨은 스마트폰 앱을 통해 누가 문 앞에 있는지를 볼 수 있다.

그림 5.13 스카이벨

스마트 감지기를 이용한 스마트한 감지

홈 보안 시스템은 위험한 방문객들로부터 당신을 지켜 준다. 하지만 집 안에도 위험이 숨어 있다. 만약 수도관이 부서진다면? 집 안에 일산화탄소가 있다면? 화재가 발생한다면? 이 모든 위험과 다른 위험들로부터 보호하기 위해 다양한 스마트 모니터가 시장에 소개되고 있다. 이러한 장치들은 특정 위험을 감시하고 뭔가 안 좋은 것이 발견되면 스마트폰 앱을 통해 우리에게 알려 준다.

당신이 외출하거나 출장으로 집에 없을 때에도 스마트 모니터가 작동된다. 만약 지하실의 습도 센서가 물을 감지하고 수도관에 부착된 센서가 평소보다 강한 유수량을 감지한다고 가정해 보자. 두 센서가 수집한 정보는 중앙 모니터링 장치로 송신되고 중앙 장치는 정보를 종합해 누수가 있다고 판단한다. 중앙 장치는 스마트폰 앱을 통해 당신에게 문제가 발생했음을 알리고 지정된 배관 회사와 이웃 혹은 다른 지인에게도 이 사실을 전한다. 이웃과 배관공은 스마트 도어록을 통해 집에 들어갈 수 있는 출입 코드를 받는다. 스마트폰 앱은 그 사람들이 언제 집에 들어왔고 나갔는지에 대한 정보를 전달한다. 배관공이 일을 마치고 돌아가면 수신함에 전자 청구서가 도착한다.

스마트 연기 감지기

연기를 감지하면 삑삑거리는 오늘날의 연기 감지기와 마찬가지로, 미래의 스마트 경보기 또한 삑삑거리겠지만 동시에 관할 소방서로 연락을 취하고 스마트폰 앱을 통해 당신에게 경보를 울릴 것이다. 그림 5.14에서 이런 종류의 연기 감지기인 네스트 프로텍트_{Protect}를 볼 수 있다. 네스트 프로텍트는 연기 감지기와 일산화탄소 감지기의 결합된 형태이다. 네스트 학습형 온도 조절 장치와 마찬가지로, 네스트 프로텍트는 와이파이를 통해 스마트폰에 설치된 애플리케이션과 연동하는 스마트 감지기이다.

최초로 문제가 감지됐을 때, 스마트폰으로 주의를 받는다. 상황이 심각해지면, 네스트 프로텍트는 붉은색으로 점멸하고 경보음을 울리며, 보통의 삑삑거리는 소리 대신 녹음된 음성으로 당신과 가족들에게 무엇을 해야 하는지 알려 준다. 만약 거실에서 연기가 감지된 상황이라면, 당신은 "거실에서 연기가 감지되었습니다."라는 경보음을 들을 것이다. 네스트 프로텍트는 네스트 온도 조절 장치와 연동하여 작동하기도 한다. 만일 네스트 프로텍트가 높은 일산화탄소 수치를 감지하면, 네스트 온도 조절 장치에게 이를 알려 가스 난방로를 끈다. 제법 아닌가?

Note

일반적인 연기 감지기의 가격은 약 만 원에서 이만 원 사이이다. 네스트 프로텍트는 그보다는 비싸다. 개당 약 십만 원이라는 가격을 고려했을 때 네스트 프로텍트는 꽤나 비싸 보인다. 특히 집 곳곳에 여러 개를 설치하고자 한다면 말이다. 하지만 그게 오늘날의 스마트 기술이다. 당신이 최첨단에 서고자 하면 돈을 더 내야 하는 것 말이다.

그림 5.14 네스트 프로텍트 스마트 연기 및 일산화탄소 감지기

스마트 공기 청정도 측정기

탄광의 카나리아처럼 작동하는 스마트 공기 청정도 측정기인 버디Birdi가 있다. 일산화탄소 수치를 모니터링할 뿐만 아니라 온도, 습도, 먼지, 그을음, 꽃가루, 미세먼지 등을 측정한다. 버디는 당신에게 알레르기를 유발하거나 다른 방에서 누군가 담배를 피우고 있는지 등을 알려 줄 수 있다. 이 제품은 연기 감지기로도 쓸 수 있다. 그림 5.15에 나와 있듯이, 무슨 문제가 발생하면 스마트폰 앱을 통해 영어 메시지로 된 경고를 받을 수 있다.

심지어 버디는 토네이도나 지진 등의 자연재해를 경고하기도 한다. 또한 집에 문제가 생기면 이웃들에게도 알린다. 만약 이웃집에도 버디가 있다면 반대로 알람을 받을 수 있다. 만약 화재든 가스든 어떠한 긴급사태가 발생한다면, 버디는 이웃을 부르고 녹음된 경보음을 울린다.

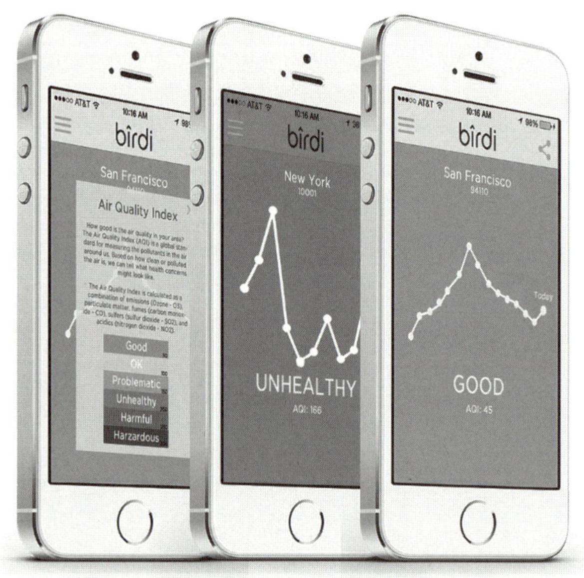

그림 5.15 공기를 감지하는 버디의 스마트폰 앱

아마존 에코와 더 스마트해진 정보

우리가 지금까지 논의했던 것과는 조금 다른 스마트 기기도 시장에 존재한다. 바로 아마존에서 서비스하는 에코Echo라는 기기이다. 에코는 마치 가정 집의 스마트한 뇌와 같은 기능을 한다. 에코의 작동원리는 아이폰 시리의 작동원리를 알고 있다면 이해하기 쉽다. 에코는 상시 가동되고 있는 장치로써 우리와 직접 소통할 수 있다. 장치에는 알렉사라는 이름이 부여되어 있으며, '알렉사'라고 이름을 부른 뒤 원하는 바를 말하면 된다. 에코는 최신 뉴스, 날씨 등과 함께 웹에 있는 최신 정보를 제공하며, 당연히 에코를 통해 아마존에서 상품을 구매하는 것도 가능하다. 예를 들어, 에코에게 "티스푼이 몇 단위 있어야 큰 술이 되니?", "내일 비가 오니?", "조지 클루니는 몇 살이니?" 등의 질문을 한다면 에코는 대답을 해 줄 것이다. 하지만 에코가 지능을 가지고 있거나 모든 정보를 알고 있는 것은 아니다. 에코는 집에 있는 무선 인터넷을 활용하여 클라우드에 접속하고, 탐색된 정보를 사용자에게 전달한다.

이외에도 알람, 쇼핑 목록과 해야 할 일 목록 등의 일상적인 일부터 내장된 스피커를 통해 아마존 뮤직, 아이하트 라디오, 튠인 라디오 등에서 음악을 듣는 것까지 다양한 기능을 제공한다. 또한 에코는 블루투스 기능을 탑재하고 있기 때문에 스포티파이, 판도라, 아이튠즈 등과 연결되어 음악을 재생할 수 있다. 에코는 그림 5.16에서 볼 수 있는 것처럼 주방 조리대 한구석에 올릴 수 있을 만큼 작다.

그림 5.16 스마트한 대답을 제공하는 아마존 에코

물론 이미 스마트폰과 태블릿을 통해 수행할 수 있는 일들에 별도의 기기가 필요한지에 대한 확신은 없다. 그럼에도 에코는 우리가 이전에 논의했던 스마트 홈 기술의 다섯 번째 단계로 가기 위한 흥미로운 첫걸음이 될 수 있는 가능성을 가지고 있다.

스마트 네트워크의 재구축

스마트 기기를 이용해 스마트 홈을 구축하기 위해서 네트워크는 반드시 필요하다. 무선인터넷이 가장 보편적으로 사용되고 있지만 기기에 따라 유선 인터넷이나 블루투스를 사용하는 경우도 있다. 최근에 자동화 홈과 관련하여 세 개의 회사가 각자 고유의 무선 네트워크 기술을 선보였다. 바로 인스테온, Z-웨이브, 그리고 지그비이다.

3개의 기술들은 모두 무선 메시 네트워크를 사용한다. 2장에서 배운 것처럼 메시 네트워크는 하나의 기기를 다른 기기로, 그리고 또 다른 기기로 연쇄적으로 연결함으로써 작동한다. 이는 네트워크의 "그물망"을 만들게 되는데, 무선인터넷이나 일반 네트워크 방식과는 다른 접근이다. 메시 네트워크 안에 있는 각각의 기기는 중계기로써 작용하며 중간에서 메시지를 받고 다른 기기로 전달하는 역할을 하게 된다. 따라서 네트워크 안에 속해 있는 기기의 수가 늘어날수록 네트워크는 더욱 견고해지게 된다.

Z-웨이브 네트워크와 호환되는 기기는 지그비에서 호환되는 기기와 연결되지 않는다. Z-웨이브와 지그비 기술을 모두 적용할 수 있는 마스터 허브 없이는 각각의 기기를 연결할 수 없을 것이다. 아래의 내용을 통해 스마트 네트워크 기술을 제공하는 회사들을 살펴보자.

인스테온

인스테온INSTEON은 홈 네트워크 서비스의 선두주자에 있는 개발 회사 중 하나이다. 인스테온 기기는 무선 주파수와 전력선 통신기술을 결합함으로써 작동한다. 이런 이중선 네트워크 기술은 하나의 회선에 문제가 생겼을 때 다른 회선으로 전환을 가능하게 함으로써 속도와 신뢰성을 동시에 높일 수 있다.

인스테온의 무선 주파수 네트워크는 메시 네트워크의 일종이다. 메시 네트워크가 작동하는 원리에 따라서, 인스테온 시스템은 중앙 제어센터가 필요하지 않다. 인스테온을 설치하는 것은 각각의 기기에 전원코드를 연결하는 것만큼이나 쉽다. 단순히 새로운 장치를 특수 전원장치에 연결하는 것만으로도 시스템에 속해 있는 기존 기기들과 연결된다. 인스테온은 네트워크 장치 이외에도 조명 스위치(조광기), 스마트 전구, 동작 감지기, 온도 조절 장치, 와이파이 카메라, 스프링클러 시스템 등 메시 네트워크에 연결할 수 있는 여러 종류의 스마트 기기를 판매하고 있다. 이러한 기기들은 인스테온에서 제조한 리모컨과 iOS 혹은 안드로이드 애플리케이션을 통해 제어할 수 있다. 하지만 Z-웨이브나 지그비와는 달리 인스테온은 다소 폐쇄적으로 다른 회사의 기기들과는 널리 호환되지 않는다.

Z-웨이브

Z-웨이브Z-Wave는 많은 자동화 홈 공급자들이 사용하는 무선 기술이다. 지금까지 Z-웨이브와 호환되는 기기들이 2천만 개가 넘게 팔렸으며, 가장 인기 있는 스마트 기기 네트워크 기술이라고 평가받고 있다. Z-웨이브 기술은 DIY 소비자와 전문 네트워크 설치자들 모두에게 인기가 있다. Z-웨이브는 900MHz 대역에서 작동하기 때문에 2.4GHz 대역에서 작동하는 와이파이와 서로 충돌하지 않는다. 또한 Z-웨이브는 저에너지 기술로 벽에서 전원을 공급받아야 하는 다른 기기들과 달리 배터리만으로도 충분히 사용 가능하다는 장점이 있다. 하나의 Z-웨이브 네트워크는 최대 232개의 기기를 제어할 수 있으며, 기기별로 최대 91m 정도 거리가 떨어져 있어도 작동한다.

지그비

지그비ZigBee는 Z-웨이브와 비슷한 방식으로 작동하며 비슷한 수의 홈 자동화 회사들에게 지지를 받고 있다. 지그비 네트워크는 915MHz 대역에서 작동하기 때문에 (이는 미국의 현황으로 각 나라별로 서로 다른 주파수를 사용한다) Z-웨이브, 와이파이와 모두 충돌하지 않는다. 지그비를 활용한 메시 네트워크는 각 기기별로 약 9m에서 18m까지 배열될 수 있다. 지그비는 많은 제조업자들에게 자사의 기술과 호환 가능한 기기가 1,000개 이상이라고 주장한다. 지그비는 산업 공급자로부터 가장 선호되고 있으며, 특히 전 세계적으로 수천만에 달하는 스마트 가스와 전기 계량 분야에서 널리 사용된다.

스마트 홈의 제어

각각의 스마트 기기들은 그 자체로도 상당히 유용하지만 진정한 의미의 스마트 홈을 만들기 위해서는 기기들이 서로 연결되어 있어야 한다. 이를 위해 몇몇 제조사들은 자사의 기기들을 작동시킬 수 있는 스마트 허브와 제어장치를 제공한다. 이러한 시스템은 다소 독점적인 경향을 띄고 있다. 즉, 시스템을 한 번 선택했다면 그 이후에는 타사 시스템으로 변경이 어렵다. 하지만 시장에는 이런 문제점들을 해결해 줄 스마트 시스템들이 많이 있다. 그중 가장 유명한 시스템들을 살펴보자.

컨트롤4

컨트롤4Control4는 전문 시스템 설치자를 주요 타깃으로 한 자동화 홈 장비 제조사이다. 이 회사는 리눅스 기반의 홈 제어장치 허브를 주력 상품군으로 삼고 있다. 이 허브는 홈 내의 모든 기기들을 제어할 수 있다. 컨트롤4의 주요 개념은 방 안에 있는 기기들을 제어하는 것이 아닌 '방' 자체를 제어하는 것이다. 여기서 '방'은 일종의 대표적 개념으로 실제의 방과는 다른 개념이다. 예를 들어, 이 기기를 통해 옆방에서도 스마트 온도 조절 장치, 오디오/비디오 시스템 등 모든 기기들을 제어할 수 있다. 조금 더 쉽게 설명하자면 방이라는 것은 컨트롤4가 제어할 수 있는 공간이다. 당신은 공간을 선택한 뒤에 그 공간에서 무엇을 할지 결정하면 된다. 예를 들어, 거실에서 DVD를 보는 상황을 가정해 보자. 당신이 "거실에 있는 DVD를 켜라"라는 지시를 내리면 컨트롤4는 먼저 TV를 켜고 DVD 모드로 화면을 변경할 것이다. 그 이후 오디오/비디오 수신기를 작동시키고, 방의 조명 밝기와 커튼을 조절하여 DVD 시청에 최적화된 모습으로 방의 모습을 바꿀 것이다. DVD 시청이 끝나고 '방' 전원 off 버튼을 누르면 모든 스위치가 꺼지고 다시 DVD를 보기 전의 상태로 돌아간다. 컨트롤4는 본인들의 상품은 물론 다른 제조사들의 스마트 기기 상당수와도 호환이 된다. 자사의 제품군으로는 터치스크린 제어, 벽 키패드, 멀티-존 오디오 앰프, 조명 스위치, 스마트 온도 조절 장치 등이 있다. 컨트롤4는 연결된 장치들과 통신하기 위해 TCP/IP 혹은 지그비의 무선 메시 네트워크 기술을 사용한다.

크레스트론

크레스트론Crestron은 홈 자동화 시장에서 강력한 위치를 차지하고 있다. 크레스트론 제품은 홈 시어터와 홈 통합관리 시스템에서 많이 사용된다. 또한 TV, 음악, 조명, 창문, 온도 조절, 도어록, 그리고 자택 보안에 이르는 다양한 스마트 기기를 제공하고 있다. 모든 기기들이 크레스트론 메인 허브에 연결되어 있는 상태라면, 리모컨 혹은 스마트폰 앱을 통해 버튼 하나로 자기가 원하는 특별한 '상황Scene'을 구현할 수 있다. 예를 들어, 아침의 '기상 상황'을 가정해 보자. 버튼을 누르면 침실의 등이 은은하게 켜질 것이고, 화장실과 옷장에 불이 들어온다. 화장실 바닥은 적당한 온도로 데워지고 거울 속에 내장되어 있는 TV는 당신이 가장 좋아하는 채널을 틀어 줄 것이다. 마지막으로 당신이 좋아하는 음악이 흘러나오면서 '기상 상황'의 구현이 완료된다. 만약 홈 시어터의 '시청 상황'을 가정한다면 어떨까? 가리개는 내려가고 조명은 어두워질 것이며, 영화는 완벽한 볼륨으로 재생되기 시작할 것이다. 이게 바로 단 하나의 버튼으로 만들어질 수 있는 세계인 것이다. 컨트롤4처럼 크레스트론 역시 스마트 홈 시장의 최첨단 상품군을 담당하고 있다. 크레스트론 제품들은 홈 통합 관리 시스템의 전문 설치자들을 위한 것으로 근처 가게에서 쉽게 살 수 있는 물건이 아니다. 하지만 정말 최첨단 시스템을 원한다면, 크레스트론은 좋은 선택이 될 것이다.

홈시어

홈시어HomeSeer는 다양한 홈 자동화 제어장치를 판매하고 있다. 홈시어의
HS3 소프트웨어는 회사에서 제공하는 모든 제어장치 안에 내장되어 있으며
플러그인을 통해 인스테온, X10, Z-웨이브 등과 함께 사용할 수 있다. 홈시
어의 제어장치, 그림 5.17에 나와 있는 탁상형 터치스크린 컨트롤 패드와 같
은 리모컨, 스마트폰 앱으로 자택의 온도, 조명, 오디오/비디오, 차고 문, 웹
캠, 보안 시설 등을 자유롭게 조절할 수 있다.

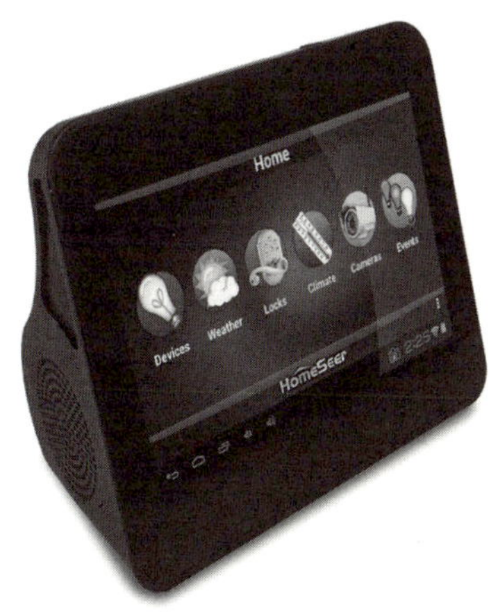

그림 5.17 홈시어 제어 패드 터치스크린

아이리스

로위스Lowes에서 출시한 자동화 제품군 중 하나인 아이리스Iris는 일반 소비
자를 염두하여 가격, 설치의 편리성을 고려하였다. 로위스는 아이리스를 통
해 컨트롤 허브, 스마트 콘센트, 접촉 감지기, 동작 감지기, 온도 조절 장치,
감시 카메라, 연기 탐지기, 누수 검출기, 도어록 등의 기능을 제공한다. 단
순히 특정 기기를 스마트 콘센트에 접촉시키는 것만으로도 해당 기기를 아
이리스 시스템을 통해 제어할 수 있다. 이 시스템은 스마트폰 앱이나 음성
명령을 통해 작동된다. 만약 알람이 울리면, 아이리스가 당신에게 전자우

편, 문자, 혹은 음성 메시지를 보낼 수 있게 설정할 수 있다. 아이리스 제품들은 와이파이 네트워크를 사용하는 중앙 허브가 관리한다. 이 허브는 Z-웨이브 기기로부터 명령을 받을 수 있으며 알람을 위한 스피커가 내장되어 있다. 아이리스의 한 가지 특별한 점은 아이리스 기능을 사용하기 위해서는 아이리스 감시 서비스에 가입해야 한다는 것이다. 해당 서비스는 월 만 원 정도의 가격으로 제공되며 기기와 사람들 사이의 모든 통신을 담당한다.

엠컨트롤

엠베디드 오토메이션스Embedded Automations는 자사 고유의 디지털 홈 제어 플랫폼인 엠컨트롤mControl을 선보였다. 이 플랫폼은 인스테온, X10, Z-웨이브 기술을 사용하는 기기들과 연결되어 조명, 온도 조절, 자택 보안, 오디오/비디오 등의 기능을 수행할 수 있다. 엠베디드 오토메이션스는 자사의 기기는 팔지 않고 다른 회사의 기기들과 호환 가능한 제어장치만 판매하고 있다.

쿼키

쿼키Quirky는 스마트 기기 발명에 초점을 맞춘 벤처회사로, 제너럴 일렉트릭과 제휴하여 스마트 기기들을 출시하고 있다. 각 기기들은 와이파이 네트워크로 연결되며 iOS 혹은 안드로이드 앱을 통해서 제어할 수 있다. 이 회사에는 몇몇 재미있는 기기들도 있다. 스포터 유니크Spotter UNIQ는 조명, 소리, 동작인식, 온도 조절 장치가 하나의 기기에 들어 있으며, 에그마인더 Egg Minder는 냉장고 안에 있는 계란의 신선도를 체크해 준다. 그 외에도 스마트 온도 조절 장치의 놈Norm, 스마트 벽 스위치인 탭트Tapt, 차고 문 열림 제어기, 누수 감지기 센서 등을 제공한다.

스마트싱스

스마트싱스SmartThings는 최근 삼성에 인수된 회사이다. 스마트싱스는 일반 소비자층을 타깃으로 제품을 생산하기 때문에 설치 및 사용이 쉽다. 스마트싱스 시스템의 모든 기기는 약 10만 원 정도의 스마트싱스 허브만 있으면 사용할 수 있으며, 그림 5.18에 나와 있는 스마트싱스 앱을 통해 제어할 수 있다. 이 회사는 온도와 습도, 수분 센서와 동작 감지기, 스마트 콘센트 등 다양한 제품군을 제공한다.

스마트싱스 허브는 지그비, Z-웨이브의 무선 기술과 모두 호환 가능하다. 이 허브는 와이파이를 사용하지 않지만, 필요할 경우 라우터를 이더넷에 연결해서 사용하는 방식이 가능하다. 만약 스마트폰을 통해 기기들을 제어하고 싶다면 이 방식을 사용해야 한다. 이처럼 스마트싱스 허브는 지그비, Z-웨이브와의 연계를 지원하기 때문에 타사의 기기들을 함께 사용할 수 있다.

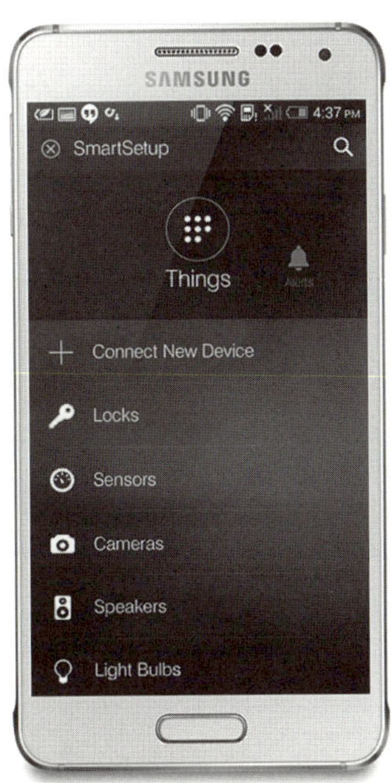

그림 5.18 스마트싱스 앱을 통한 스마트 홈 제어

베라

베라Vera 또한 일반 소비자들을 타깃으로 한 제품들을 생산한다. 베라는 다양한 스마트 제어장치를 제공하는데, 그중 어떤 것을 선택해도 모든 기기들을 제어할 수 있다. 이 제어장치는 Z-웨이브 무선 기술, 이더넷, 와이파이 네트워크 중 어떤 방식을 선택해도 다른 기기들과 연결할 수 있다. 즉, Z-웨이브와 호환 가능한 모든 기기들을 제어할 수 있으며 (당연한 얘기이지만) 자사의 비디오 카메라, 조명 조절이 가능한 램프 모듈, 동작 감지기 등도 사용할 수 있다.

비빈트

비빈트Vivint는 홈 자동화 시스템 시장에서 최고급 제품군을 생산하는 공급자 중 하나로, 일반 소비자들보다는 전문 시스템 설치자를 대상으로 하는 기업이다. 비빈트는 자택 보안, 냉난방과 제어 솔루션을 제공한다.

위모

벨킨의 위모는 DIY 사용자들 사이에서 인기 있는 시스템 중 하나이다. 제품끼리의 호환성도 좋으며, 설치도 간단하고 사용법도 쉽다. 위모 와이파이를 이용해 작동한다.

위모는 LED 전구, 전등 스위치, 전기 스위치, 웹캠 등 다양한 스마트 기기들을 선택할 수 있도록 해준다. 심지어 벨킨은 여러 회사와 제휴를 맺어 커피 메이커(미스터커피Mr. Coffee), 슬로우 쿠커(크록팟Crock-Pot), 가습기(홈즈Holmes) 등에 위모 기술을 사용하였다. 예를 들어, 그림 5.19에 보이는 위모 크록팟은 위모 스마트폰 앱을 통해 원격으로 전원을 켤 수 있게 하여 직장에 있는 동안에도 요리를 할 수 있게 만든다.

그림 5.19 위모 앱을 통해 슬로우 쿠커 제어

윙크

윙크Wink는 퀄키의 제품과 다른 회사 제품의 컨트롤러를 판매하는 퀄키의 파생 제품이다. 윙크 허브, 그림 5.20에 나와 있는 윙크 릴레이 터치스크린 컨트롤러, 윙크 스마트폰 앱 등이 있다. 윙크 허브에 연결된 장치들을 작동하려면 제어기 중 하나를 쓰면 된다. 장치들은 블루투스, 지그비, Z-웨이브 무선 기술 등을 이용해 윙크 허브에 연결할 수 있다. 또한 윙크 허브는 키드Kidde와 루트론의 기술과도 호환된다. 이렇듯 윙크 허브는 수많은 여러 회사의 스마트 기기를 제어할 수 있어 편리하다.

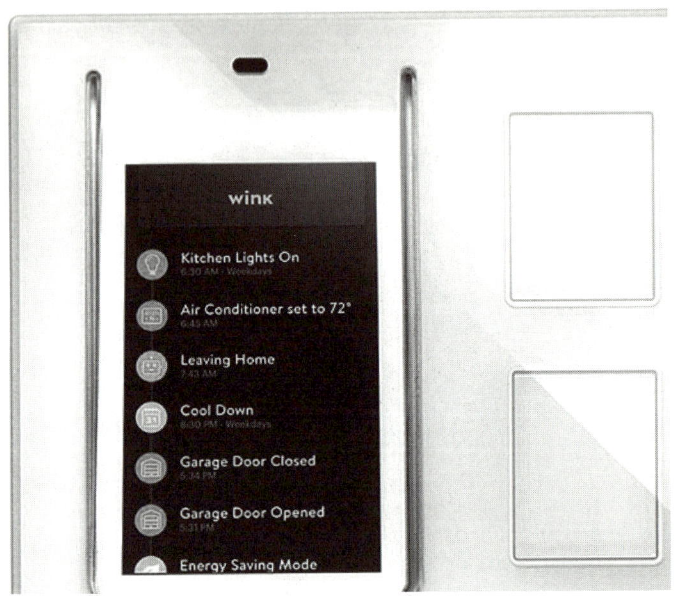

그림 5.20 타사의 스마트 기기를 제어할 수 있는 윙크 릴레이 터치스크린

X10

X10은 홈 자동화 시스템을 이야기할 때 절대 빠질 수 없다. 1970년에 출시되어 오랜 기간 동안 DIY 소비자에게 가장 선호되는 제품이었다. X10 시스템은 홈 전력선상에서 작동하는데, 아무 전자기기나 X10 기기 모듈에 연결하면 자동으로 가장 가까운 콘센트에 연결된다. X10은 오래된 기술이긴 하지만 가장 저렴한 비용으로 홈 자동화 세계에 입문할 수 있는 효과적인 방법이다.

> **Note**
>
> DIY 사용자들에게 인기 있는 오픈 소스 홈 자동화/사물인터넷 제어기도 있다. 이 제어기는 기반이 되는 코드가 모두에게 공개되어 쉽게 해킹당하거나 조작될 수 있기 때문에 각별한 주의가 필요하다. 이러한 오픈 소스 홈 자동화 제어기로는 앨러스데어 앨런 Alasdair Allan과 마샬 T. 로즈 Marshall T. Rose가 제작한 싱 Thing 시스템이 있다. 더 알아보고 싶다면 www.thethingsystem.com을 참고하자.

어디서 스마트 홈 기기를 찾을 수 있는가?

우리는 이번 장에서 많은 스마트 홈 기술과 기기에 대해 이야기했다. 만약 당신이 이러한 제품들과 회사들 중 어떤 것에라도 관심이 있다면, 아래에서 더 많은 정보를 찾을 수 있다.

- 아마존(에코)(www.amazon.com/echo)
- 어거스트 스마트 락(www.august.com)
- 발리(www.baliblinds.com)
- 벨킨(www.belkin.com)
- 위모(www.wemothat.com)
- 버디(www.getbirdi.com)
- 츄이(www.getchui.com)
- 컨트롤4(www.control4.com)
- 크레스트론(www.crestron.com)
- 에코비(www.ecobee.com)
- 엠베디드 오토메이션스(www.embeddedautomation.com)
- FX 루미네어(www.fxl.com)
- 고지(www.gojiaccess.com)
- 홈 시어(www.homeseer.com)
- 허니웰(yourhome.honeywell.com)
- 헌터더글라스(www.hunterdouglas.com)
- 아이벨(www.i-bell.co.uk)
- 인스테온(www.insteon.com)
- 아이로봇(www.irobot.com)
- 퀵셋(www.kwikset.com)
- 락키트론(www.lockitron.com)
- 로위스(www.lowes.com/iris)

- 루나(www.lunasleep.com)

- 루트론(www.lutron.com)

- 네스트(www.nest.com)

- 필립스(www2.meethue.com)

- 쿼키(www.quirky.com)

- 리스폰시브 서피스 테크놀로지(www.restperformance.com)

- 링(www.ring.com)

- 세이지글래스(www.sageglass.com)

- 슈라지(www.schlage.com)

- 세레나(www.serenashades.com)

- SK 텔레콤(www.sktelecom.com)

- 스카이벨(www.skybell.com)

- 스마트싱스(www.smartthings.com)

- 솜피(www.somfy.com)

- TCP(go.tcpi.com/GetConnected)

- 베라(www.getvera.com)

- 뷰글래스(www.viewglass.com)

- 비빈트(www.vivint.com)

- 윙크(www.wink.com)

- X10(www.x10.com)

- 지그비(www.zigbee.org)

- Z-웨이브(www.z-wave.com)

스마트 홈과 우리

서로 다른 제어 기술과 네트워크 기술을 사용하는 스마트 홈과 스마트 기기에 대한 이야기는 우리를 힘들게 한다. 만약 당신의 집에 이 기기들 중 하나를 설치해야 한다면 어떤 결정을 내릴 것인가? 가장 쉬운 방법은 스마트 조명에서 시작하는 것(저렴하기도 하다)이다. 필립스나 벨킨에서 선보인 스마트 조명을 구매하여 사용해 본 후, 맘에 든다면 다른 스마트 전구를 구입하는 것도 좋다.

더 스마트한 세상으로 나아가고 싶다면 스마트 온도 조절 장치를 구매하는 것도 나쁘지 않다. 괜찮은 제품들이 많이 나와 있지만 네스트의 제품은 정말 추천할 만하다. 이미 검증이 끝났고 다른 회사 제품과도 연동할 수 있도록 제휴도 맺어 있기 때문이다. 네스트는 약간 비싸긴 해도 성능이 뛰어나고 스마트 홈 기술이 할 수 있는 수많은 기능들을 체험해 볼 수 있다.

그 외에도 스마트 전기 스위치, 센서처럼 다른 회사의 스마트 기기를 하나씩 설치해 나가면 된다. 벨킨의 위모 시스템은 와이파이를 사용해서 편리하다. 지그비나 Z-웨이브를 사용하는 경우 호환이 되는 기기인지 꼭 확인해야 한다. 일단 한번 스마트 세상에 첫 발걸음을 들여놓는다면, 스마트 홈 기술의 놀라운 잠재성을 확인할 수 있을 것이다. 빙산의 일각이란 말처럼, 현재의 기술은 그 일부만을 선보였다. 연구가 한참 진행 중인 제품과 기술에 관심을 갖고 지켜보도록 하자.

스마트 홈 시장 동향

글로벌 가전제품 선두 업체인 삼성전자와 LG전자의 스마트 홈 서비스 일부는 현재 상용화되어 있고 다른 가전제품 또한 개발이 거의 완료되어 출시를 앞두고 있다. 삼성 스마트 홈은 가정 내 모든 기기(냉장고, 세탁기, 스마트 TV 등)에 대한 상태를 모바일 앱을 통해 확인하거나 작동시킬 수 있는 기기제어 서비스를 제공한다. 그리고 에어컨, 로봇 청소기 등에 내장된 카메라를 통해 집 안의 상황을 실시간으로 모니터링할 수 있는 홈 뷰Home View 서비스도 제공한다.

LG전자의 스마트 홈 서비스인 홈챗Home Chat은 모바일 메신저(라인, 카카오톡 등)를 통해 LG 스마트 가전제품(냉장고, 세탁기, 오븐 등)을 간편하게 제어할 수 있다. 또한 스마트 기능이 없는 가전제품에 스마트 싱큐Smart ThinQ 센서만 부착하면 원격제어가 가능해 스마트 서비스를 이용할 수 있다. 미국의 가정용 지능형 냉난방 온도 조절기인 '네스트'와도 연동되어 외출/귀가 모드에 따라 모든 집 안의 가전제품을 한 번에 제어할 수 있다.

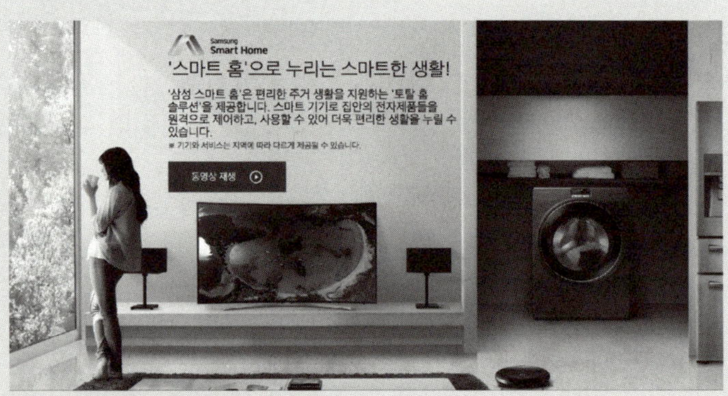

삼성 스마트 홈

출처
- http://blog.lgcns.com/731
- http://www.lgblog.co.kr/lg-story/lg-news/33296
- http://social.lge.co.kr/newsroom/ha/home_chat_1228/
- 이미지: http://www.samsung.com/sec/SmartHome/sHome.html

Chapter 06

스마트 의류 : 웨어러블 기술

우리에게는 이미 운동과 활동을 체크할 수 있도록 도와주는 기술이 있다. 애플과 여러 회사들은 스마트폰 기능의 많은 것들을 보충하고 대체하기 위해 스마트워치에 많은 노력을 기울이고 있다. 그리고 더 나아가 최첨단 기술과 의류 산업이 결합하여 "스마트"한 의류를 만들어 내고 있다. 아직은 익숙하지 않아 독특하게 여겨지는 이 기기를 앞으로 우리는 착용하게 될 것이다.

오늘과 내일의 웨어러블 기술

웨어러블 기술이란 다양한 범주의 기기들이 여러 종류의 의류나 액세서리에 내장되고 통합되는 것을 의미한다. 스마트 셔츠과 스마트 양말, 더 나아가 굉장히 작은 것일지라도 IP 주소와 블루투스 기술이 포함될 것이다.

웨어러블 기술이 남성 의류 공간을 가득 채울 정도는 아니지만 그런 날이 점점 가까워지고 있다. 웨어러블 기술의 전망은 컴퓨터나 스마트폰 앱에서 사용하던 기능들을 매일 착용하는 의류와 통합하여 개선되고 편리한 기능을 제공하는 것이다.

기술이 적용된 의류와 액세서리는 계속 소형화되고 있다. 칩, 센서, 전송기, 심지어 화면도 전보다 더 작아졌다. 이것은 상대적으로 시계, 손목밴드, 티셔츠를 구성하는 요소 안에 이 기술을 통합하기 쉽다는 것을 의미한다. 또한 비용도 계속 내려가고 있어 이 기술을 적용할 수 있는 범주가 점차 넓어지고 있다. 스마트 티셔츠는 평범한 흰색 티셔츠 한 장보다 비싸지만, 스포츠 매장에서 찾는 멋진 트레이닝 셔츠보다는 많이 비싸지 않다.

지금 이런 웨어러블 기기들이 아이폰처럼 유용한 기능들을 전부 제공해 줄 수 있는 것은 아니지만, 의류나 액세서리에 내장된 특정 앱을 통해서 스마트폰을 꺼내지 않아도 바로 기능들을 이용할 수 있다. 흥미롭게도, 이러한 웨어러블 기기를 제작하는 회사는 그 기술뿐만 아니라 패션까지 다룰 수 있어야 한다. 회사가 가지고 있는 훌륭한 기능만큼이나 좋은 디자인을 가진 기능성 스마트워치, 피트니스 밴드를 생산할 능력을 갖추기란 쉽지 않다. 또한 의류는 패션은 물론 편안함도 갖춰야 한다. 애플과 마이크로소프트(그리고 많은 창업회사)와 같은 회사들은 수많은 디자이너들을 고용해 문제를 해결하려 노력하고 있다. 전문가들은 착용기술이 다음 10년 동안 약 700억 원 정도 규모의 사업이 될 것이라고 예측하고 있다. 그중에서도 가장 큰 부분을 차지하는 것은 피트니스 추적기, 의학 기기와 같은 건강 관련 기기일 것이다. 하지만 스마트워치는 구글 글래스처럼 완전히 새로운 타입의 기기로 큰 기회를 보여 줄 것이다.

스마트워치로 본다는 것

대부분 사람들이 웨어러블 기술에 관해 생각할 때 처음으로 스마트워치를 떠올린다. 많이 팔린 제품이기 때문이 아니라 (사실 놀랍도록 많이 팔리진 않았다) 이런 제품들이 언론에 많이 언급되기 때문이다. 스마트워치는 관능적이며 모든 웨어러블 기술처럼 신흥 상품이다. 2013년에는 약 2백만 개의 스마트워치가 판매되었으며, 비즈니스 인사이더BI 예측에 의하면 2018년까지 약 9천만 개가 매년 판매될 것이다. 그 예측이 현실이 된다면, 스마트워치 하나당 약 20만 원(더 낮을 수도 있다) 정도로 판매된다고 수치화했을 때 약 180억 원 정도의 시장 규모가 될 것이다.

어떤 스마트워치는 단지 디지털 음악 플레이어를 장착한 시계라고 볼 수 있다. 다른 모델은 애플리케이션에 접근할 수 있을 뿐만 아니라 무선으로 스마트폰에 연결되어 전화와 문자를 받을 수 있다. 또한 심장박동수나 신체 활동을 감시하며 추적이 가능하거나, 디지털 사진이나 비디오를 기록할 수 있는 기능을 가진 스마트워치도 있다. 미래의 스마트워치는 완전히 진보한 형태의 컴퓨터처럼 가동할지도 모른다. 물론 가장 중요한 스마트워치의 기능 중의 하나는 시간을 알려 주는 것이다. 대부분의 스마트워치는 원하는 디스플레이로 설정이 가능하다. 일반 시계나 디지털 시계 화면은 물론, 미니 컴퓨터 화면처럼 변경할 수도 있다. 모든 사람들이 자신의 취향에 맞게 화면을 설정할 수 있다. 오늘날의 스마트워치는 대부분의 스마트폰이나 웨어러블 기기처럼 블루투스를 통해 연결된다. 미래의 스마트워치는 자체 기술력이 충분한 독립적인 기기의 형태로 스마트폰과의 연결이 필요 없을 것이다.

삼성 갤럭시 기어

애플워치가 나오기 전에 가장 잘 팔린 스마트워치는 그림 6.1에서 보는 것처럼 삼성 갤럭시 기어2Samsung Galaxy Gear2였다. 삼성 갤럭시 기어2는 삼성 갤럭시 스마트폰과 한 세트이다. 기어2는 1.63인치 디스플레이를 가지고 있으며, 화면을 터치하거나 음성 명령을 통해서 작동시킨다. 음성 명령은 기본적인 기능, 예를 들어 손을 쓸 수 없을 때 문자로 답하거나 이메일 읽기를 가능하게 한다.

그림 6.1 삼성의 갤럭시 기어2 스마트워치

기어2는 디지털 음악을 재생하기에 충분한 저장공간을 가지고 있다. 또한 적외선IR 블래스터가 포함되어 거실 TV를 원격으로 조정할 수 있다. 물론 시간도 알려 준다.

안드로이드 웨어

구글은 이에 맞서 삼성 갤럭시 폰은 물론 어떠한 안드로이드 기반의 기기라도 연결시킬 수 있는 안드로이드 웨어 컬렉션을 소개했다. 구글은 안드로이드 웨어 컬렉션을 좀 더 친근하게 착용할 수 있도록 안드로이드 운영 시스템을 개선해 왔다. 그 결과 많은 회사 및 소비자들에게 이로울 수 있는 통합 시스템이 탄생했다. 현재 출시된 안드로이드 웨어 워치들은 그림 6.2의 모토로라 모토 360, LG G워치, 그리고 삼성 갤럭시 기어 라이브 등이 있다.

그림 6.2 모토로라의 전통적인 다이얼 몸체를 가진 모토 360 안드로이드 웨어 스마트워치

다른 인기 있는 스마트워치들

오늘날 스마트워치는 스포츠나 건강 관련 활동을 추적할 수 있는 특정 기능에 초점을 맞추려는 경향이 있다. 이러한 스마트워치에는 쿠쿠 커넥티드 워치COOKOO Connected Watch, 마샨 워치Martian Watch, 노티파이어 워치Notifier Watch, 페블 스마트워치Pebble SmartWatch, 그리고 소니 스마트워치 SW2Sony SmartWatch SW2가 있다.

애플워치

애플은 MP3 플레이어를 iPod으로, 태블릿을 iPad로 큰 반향을 일으켰던 것과 동일한 방식으로 스마트워치 시장을 일깨우고 있다. 2015년에 출시된 새로운 애플워치('i'에 무슨 일이 일어났던 것일까?)는 그림 6.3에서 볼 수 있다.

대부분의 스마트워치처럼, 애플워치 또한 다양한 애플리케이션을 사용할 수 있다. 문자메시지(i 메시지를 통해서), 트위터, 페이스북, 이메일을 보내고 받을 수 있으며 날씨, 달력, 사진 애플리케이션을 사용할 수 있다. 패스북Passbook 앱은 무선지불시스템인 애플 페이Apple Pay를 포함한다. 그 뿐만 아니라 애플 지도Apple Map를 이용하여 현재 위치를 확인할 수 있다. 또한 아이튠즈에 있는 음악을 들을 수 있으며, 건강 센서와 건강과 관련된 애플리케이션이 추가되어 건강관리에 다양한 기능을 제공한다.

그림 6.3 애플워치의 다양한 디자인

선택하는 스타일과 색상에 따라 애플워치의 가격이 올라간다. 애플워치의 다양한 기능들은 가격 경쟁력에서도 시장의 선두에 서 있음을 보여 준다.

물론 애플은 애플이다. 사용자들이 원하는 최신 상품에 대한 요구가 어떻든 간에 애플워치는 며칠 동안 미리 줄을 서서 사는 것에 아무 거리낌 없는 골수팬이 있다. 앞으로 애플워치는 사용자들을 위한 맞춤형 기능을 통해 매력을 어필할 것이다.

피트니스 추적기로 운동하기

많은 스마트워치들은 피트니스 추적 기능들을 제공하지만 피트니스 전용 추적기에 비해서는 많이 부족하다. 피트니스와 활동 추적기는 웨어러블 기기로써 간편하게 신체 활동을 감시할 수 있다.

피트니스와 활동 추적기 이해하기

몇 가지 다양한 유형의 운동과 활동을 추적할 수 있는 추적기가 있다. 기본 활동 추적기는 더 건강한 라이프스타일을 즐기고 싶어 하는 사람들을 위해 고안되어 신체 활동이나 칼로리, 몸무게 등을 감시한다. 이렇게 수집된 정보는 추후 분석과 보고를 위해 스마트폰이나 컴퓨터로 동기화된다. 운동선수들을 위해 특화된 피트니스 추적기의 경우 거리, 시간, 속도, 심장박동률 등과 같은 중요한 통계 자료를 기록하고 감시하기 위해 GPS와 여러 기술들을 사용한다.

어떤 유형의 기기라도 다양한 크기의 제품들을 찾아볼 수 있다. 어떤 것들은 스마트워치처럼 디자인되어 있고, 손목밴드 형태도 있다. 또한 벨트에 끼워서 사용할 수 있는 모델과 팔찌나 목걸이로 착용 가능한 모델도 있다. 자신의 라이프스타일의 가장 적합한 모델을 고르면 된다.

추적기를 추적하기

인기 있는 피트니스 추적기

- 카시오 옴니싱크 STB1000Casio OmniSync STB1000
- 핏빗 플렉스Fitbit Flex, 원One, 집Zip
- 가민 포러너Garmin Forerunner와 비보핏Vivofit
- 아이헬스 AM3iHealth AM3
- 조본 UP24Jawbone UP24
- 마이크로소프트 밴드Microsoft Band
- 미스핏 샤인Misfit Shine
- 폴라Polar FT2, FT4, FT7, FT40, FT60, FT80과 룹Loop
- 삼성 기어 핏SamsungGear Fit
- 위딩스 펄스 O2Withings Pulse O2

그림 6.4의 가민 비보핏은 얼마나 많이 걸었고, 멀리 이동했는지를 체크한다. 또한 칼로리를 계산하고 심장박동수를 체크한다. 더 나아가 그동안 활동해 왔던 데이터를 분석하여 오랫동안 활동하지 않은 때를 알려 준다. 근사한 잔소리같지 않은가?

그림 6.4 가민 비보핏 활동 추적기

비보핏이 밴드 모양이라면, 핏빗 집은 그림 6.5에서 볼 수 있듯이 눈에 잘 띄지 않는 클립 형태로 벨트나 다른 의류에 부착하여 사람의 걸음, 거리, 연소된 칼로리를 체크할 수 있다. 이후 그 정보를 스마트폰이나 컴퓨터에 동기화시킨다. 비보핏보다 값이 저렴하며 다양한 색상들이 출시되었다.

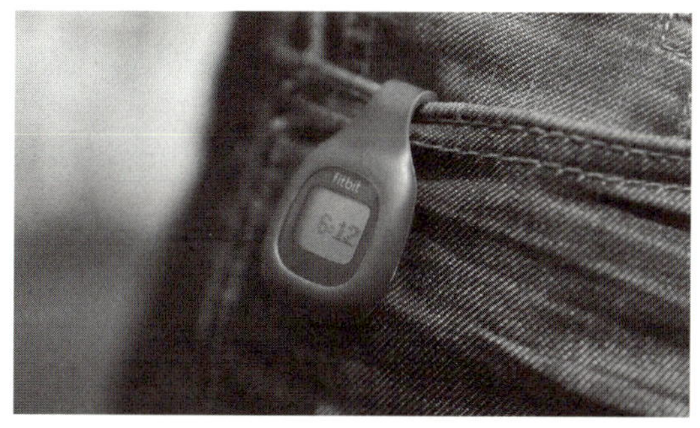

그림 6.5 핏빗 집 무선 활동 추적기

핏빗은 이름이 나타내듯이, 건강과 연결된 데이터 즉, 얼마나 멀리 달리거나 걸었는지, 심장박동수 등을 나타낸다. 또한 내장형 GPS 추적기를 포함하여 정확히 어디에 있었는지를 알 수 있다.

> **Note**
>
> 핏빗은 피트니스 밴드 시장에서 시장점유율 50%를 차지하는 매우 인기 있는 제품이다.

그림 6.6 마이크로소프트 밴드 활동 추적기

마이크로소프트 밴드는 스마트폰(아이폰, 안드로이드 혹은 윈도우폰)과 건강관리 추적에 도움이 되는 마이크로소프트 건강 앱을 연동시켜 준다. 이 밴드는 다른 장비보다 조금 높은 가격으로 판매되고 있다.

Note

나이키는 나이키 플러스 퓨얼밴드Nike+ FuelBand 활동 추적기와 나이키 플러스 스포츠워치Nike+ SportWatch 피트니스 추적기를 통해 피트니스 시장에서 가장 큰 역할을 차지했었다. 하지만 2014년 4월, 나이키는 기술 하드웨어 사업을 그만두기로 결정했고, 디지털 스포츠 부서에 있는 대부분의 직원들을 해고시켰다.

웨어러블 헬스케어 기기

건강 관련 웨어러블 기술을 살펴보았을 때 지금까지 소개된 활동과 피트니스 추적기는 빙산의 일각일 뿐이다. 웨어러블한 기기나 옷에 부착하는 형태의 기술을 통해 건강 관련 문제들을 실시간으로 감시할 수 있다는 점에서 더 많은 기능들이 선보여질 것이다.

오늘날 시장에는 다양한 종류의 의학 상황을 관찰하기 위한 웨어러블 의학 기술이 많이 있다. 예를 들어, 혈압을 계속 체크하고 싶다면, 아이헬스 BP7

이나 콰디오암Qardio Arm과 같은 무선 혈압 모니터를 사용할 수 있다. 자세를 관찰하려면 루모리프트Lumo Lift를, 자외선 빛의 노출을 감시하려면 그림 6.7에 보이는 다양한 색상의 선프렌드SunFriend를 이용하면 된다. 헬스아이디HealthID 밴드는 첨단 기술의 응급 의학 ID 팔찌로 기능한다.

그림 6.7 선프렌드 자외선 감시 기기

AiQ의 바이오맨BioMan 티셔츠는 사용자의 심장박동수, 발한 비율, 체온을 관찰하는 '스마트 소매'가 있다. 더 나아가 피부 습도, 뇌파검사, 심전도 신호를 측정하도록 개조할 수 있다.

옴시그널OMsignal은 바이오메트릭 스마트웨어를 판매한다. 이 스포츠 티셔츠는 직물에 부착된 센서인 작은 블랙박스를 통해 실시간 생체 데이터를 기록하고 스마트폰으로 전송한다.

그림 6.8 옴시그널의 스마트 티셔츠와 아이폰 앱

원거리에서 진단을 받을 수 있도록 병원이나 의사에게 증상을 전송해 주는 것은 어떠한가? 퇴원해서 집으로 향하는 환자의 상태를 계속 확인하기 위해 환자 팔에 부착한 천 조각은? 또는 사람들의 활동을 감시하여 보험회사에게 알려 주면 해당 보험회사는 건강에 방해되는 행동에 대해 가입자에게 경고하고, 보험료를 올릴 수 있는 웨어러블은 어떤가? 혹은 당뇨병 환자의 포도당 수치를 위해 눈물을 테스트하는 콘택트렌즈는? 믿거나 말거나이지만, 후자는 실제로 구글에서 개발 중이다. 모두 곧 사용할 수 있을 것이다.

> **Note**
>
> 11장 "스마트 의학 : 준비된 기술"에서 더 배우도록 하자.

웨어러블 추적기를 통한 가족 위치 확인

아내나 남편이 어디에 있는지 궁금한 적이 있는가? 아이들이 학교에서 집으로 오는 길에 길을 잃거나 안 좋은 일을 당하는 것에 대해 걱정한 적은? 그렇다면 컴퓨터나 스마트폰에서 사람의 행방을 관찰하게 해주는 웨어러블 GPS를 확인해 보라. 이러한 도구들은 코트나 셔츠 주머니 안에 넣을 수 있을 정도로 충분히 작다. 위에 설명한 것과 유사한 방식으로 작동하는 기기로는 스파이 스팟 TT8850Spy Spot TT8850 마이크로 추적기, 트랙키모Trackimo GPS 추적기, 포켓파인더PoketFinder 개인 GPS 탐지기가 있다. 손목에 매거나 모바일 수신기로 위치를 확인할 수 있는 어린이용 Lok8U('locate you'는 위치를 알 수 있다는 의미이다) 프리덤Freedom도 있다. 그림 6.9에서 볼 수 있듯이, 트랙스Trax 추적기는 굉장히 작기 때문에 어린이들의 주머니에 끼운 후 스마트폰 앱을 통해 위치를 계속 확인할 수 있다. 이것은 애완동물 추적기로도 가능하다.

그림 6.9 소형 트랙스 추적기

만약 응급 상황이 발생했을 때 빨리 조취를 취하고 싶다면, 개인용 응급 경고 기기인 V.ALRT를 사용하라. 이것은 둥근 버튼 모양으로 주머니나 목에 걸고 다닐 수 있는 작은 크기이다. V.ALRT는 버튼 한 번이면 스마트폰의 통신 상태를 확인하고 메시지와 함께 GPS 센서에서 나온 위치 정보를 미리 선택한 3개의 연락처에 전송한다.

또한 위치 추적기나 응급 전송기로 사용할 수 있는 스마트 쥬얼리 라인(팔찌와 목걸이)인 커프Cuff도 있다. 커프 위에 있는 버튼을 한 번 누르면 알람이 지정된 수신자에게 GPS 정보가 전송된다. 커프는 전형적인 위치 추적기보다 더욱 스타일리시한 점이 특징이다.

웨어러블 카메라로 기록하기

오늘날 가장 재미있는 웨어러블 기술인 웨어러블 카메라는, 1인칭 시점에서 사진이나 동영상을 통해 하고 있는 모든 것을 캡처한다. 웨어러블 카메라는 2가지 타입이 있다. 첫째, 액션 캠action cam으로 자전거, 스키, 낙하산과 같은 스포츠 활동을 포착해 주는 용도로 사용된다. 그림 6.10의 고프로GoPro, 컨투어+2Contour+2와 컨투어룸2ContourRoam2, 가민 버브 엘리트Garmin VIRB Elite, 소니 POVSony POV 액션 캠 등의 기기가 있다. 카메라는 헬멧이나 벨트에 올려두거나 손에 쥐고 사용하면 된다.

그림 6.10 고프로 웨어러블 카메라

두 번째는 스파이 캠spy cam이다. 이 카메라는 눈에 띄지 않을 정도로 조그맣다. 주머니 속에 넣거나, 옷 위에 고정시켜 아무도 알아채지 못하게 주변을 찍을 수 있다. 이 웨어러블 카메라는 그림 6.11처럼 셔츠 위에 고정하는 내러티브 클립Narrative Clip, 목 주변에 착용하도록 고안된 오토그래퍼 Autographer 등의 기기가 있다. 두 모델 모두 소위 '라이프로깅'의 반복적인 촬영에 둘 다 완벽하다.

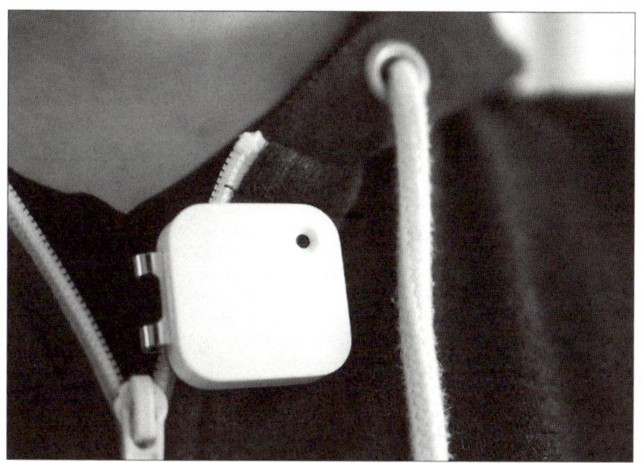

그림 6.11 내러티브 클립 카메라 미니어처

스마트 아이웨어로 주시하는 것

웨어러블 카메라에 대해서 자세히 이야기해 보자. 구글은 웨어러블 카메라를 포함해 미래적인 웨어러블 기기를 "스마트 아이웨어"라고 부른다.

구글 글래스

그림 6.12에서 볼 수 있는 구글 글래스Google Glass는 소형 컴퓨터, 스마트폰과 디지털 카메라가 내장된 안경이다. 일반 안경테보다 더 스타일리시한 구글 글래스를 쓰고 안경 위를 살짝 치면 음성 활성화 제어와 소형 스크린을 통해 바로 눈앞에서 여러 작업을 할 수 있다.

그림 6.12 트렌디하고 스타일리시한 구글 글래스

전화 통화를 하고 메시지를 보내며, 음악을 듣거나 위치를 (운전 혹은 자전거 방향을 알려주거나) 나타낼 수 있다. 또한 웹을 찾거나 보이는 모든 것을 사진과 동영상으로 찍을 수 있다.

리콘 젯

그림 6.13에서처럼 리콘 젯Recon JET은 구글 글래스와 유사한 화면을 제공하지만 선수용으로 특별 제작되었다는 점에서 차이가 있다. 리콘 젯은 GPS를 기반으로 위치, 속도, 거리, 고도와 같은 착용자 실시간 성능 척도 정보를 제공한다. 또한 스마트폰에 연결하면 전화 통화도 가능하다. 리콘 젯은 구글 글래스에 비해 특정 목적으로 제작되었지만 가격은 훨씬 저렴하다.

그림 6.13 스포츠 활동용인 리콘 젯

> **Note**
>
> 리콘 인스트루먼트Recon Instrument에서 판매하는 스노우2Snow2는 내장형 스노우 고글 형태로 겨울 스포츠를 즐기는 사람들을 위해 고안되었다.

글래스 반발

모든 사람들이 구글 글래스 등의 여러 웨어러블 글래스를 선호하는 것은 아니다. 먼저, 구글 글래스를 착용하는 그 순간 발생되는 걱정이 있다. 데이트 상대가 구글 글래스를 통해 인터넷 서핑을 하거나 게임을 하는 것을 누가 알겠는가? 메시지를 체크하거나 구글 검색을 하기 위해 재빠르게 스마트폰을 꺼내는 것이 오늘날 얼마나 구미가 당기는지를 알고 있다. 이렇듯 얘기하고 있는 상대방에게 집중하는 척하며 눈 깜빡임 한 번으로 이 모든 것을 할 수 있는 세상을 상상해 보라.

개인적인 걱정도 있다. 오디오, 비디오 등 보고 있는 것이 어떤 것인지 기록하기 위해 구글 글래스를 사용할 수 있기 때문이다. 대화를 나누고 있는 사람이 대화를 녹음하고 있다는 것을 누가 알 수 있겠는가? 또는 영화관이나 극장에서 불법으로 촬영이나 녹음을 하는 것은?

이런 이유들로 많은 사람들이 다양한 기능을 가진 구글 글래스를 사용할 수 있는 미래를 기다리고 있다. 하지만 위와 같은 점에서 보면 글래스와 같은 기술은 새로운 사생활과 사회적 문제들을 발생시킨다. 물론 해결하려는 노력들이 있겠지만 기술을 반대하는 법의 제정까지는 많은 시간이 소요될 것이다. 이런 종류의 기록 기기들의 착용이 보편화되기 시작할 때 어떤 문제들이 발생하게 될지 궁금해진다.

위와 같은 문제점들로 봤을 때 많은 팬과 얼리어답터들이 구글 글래스의 사용을 더 이상 원치 않는다는 사실은 그리 놀랄 일이 아니다. 초기 사용자들은 이베이eBay에서 자신이 구매한 가격보다 낮은 가격으로 자신들의 기기를 판매하고 있다. 개발자들이 산업용 애플리케이션은 계속 연구하는 반면, 소비자용 애플리케이션은 제공하지 않기 때문이다. 구글 글래스 부서의 리더 개발자를 포함한 주요 직원들이 회사를 떠났고, 구글은 자사의 계획이었던 2014 공식 출시를 조용히 미뤄왔다.

구글 글래스가 웨어러블 기술에 중요한 역할을 할 수 있을 가능성은 점점 줄어든다. 낮은 유용성과 높은 가격으로 인해 대중의 선택을 받는 것이 힘들 것이다. 이것이 바로 구글 글래스가 겪고 있는 현실이다. 심지어 구글 X 연구실의 총책임자인 애스트로 텔러Astro Teller는 구글 글래스가 몹시 비싸게 가격이 매겨져서 사람들이 스마트 장비를 착용하도록 설득하는 것은 (그의 단어로 말하자면) "강압 판매"라고 생각한다. 또한 소비자들의 흥미를 얻기 위해서는 현재 제일 높은 가격의 1/4이 되어야 한다고 생각한다. 그의 생각이 옳다. 약 35만 원 정도의 구글 글래스라면 약 150만 원 상당의 같은 제품보다 훨씬 큰 흥미를 줄 것이다. 하지만 수많은 고객들에게 이런 기기를 의류의 일부로 선택하도록 설득하는 것은 정말 쉽지 않은 판매인 것이다. 텔러는 "힘들고 고된 여정일 것이다"라고 말했다.

다른 스마트 의류를 착용하는 것

오늘날 다양한 웨어러블 기기들이 시장에 선보여지고 있고 삶에 혁신을 불러일으키고 있다. 예를 들어, 그림 6.14의 레이저 나부Razer Nabu는 소셜미디어용으로 고안된 웨어러블 "스마트밴드"이다. 이것은 메시지를 전달하고 활동 데이터를 기록한다. 그 뿐만 아니라 가까이에 있는 다른 나부 착용자와 상호작용할 수 있게 해준다. 개인 설정을 위해서는 제품에 대해 공부할 필요가 있다.

그림 6.14 소셜미디어용 스마트밴드 레이저 나부

다음은 일본 벤처기업인 로그바Logbar가 제작한, 반지처럼 보이는 웨어러블 입력장치 링Ring이 있다. 그림 6.15에서 볼 수 있는 이 작은 기기는 간단한 제스처로 가정용 가전제품과 앱을 조작할 수 있다. 예를 들어, 손가락으로 공중에 문자를 그리며 메시지를 보낼 수 있다. 정리되지 않은 양말이 가득

찬 서랍이 있다면 블랙삭스BlackSocks의 스마터 삭스Smarte Socks가 해결해 준다. 스마터 삭스에는 전자태그RFID 칩이 들어 있어 앱을 사용해 양말의 짝을 맞추면 된다. 그 앱은 양말이 몇 번 세탁된 것인지 추적하기도 한다.

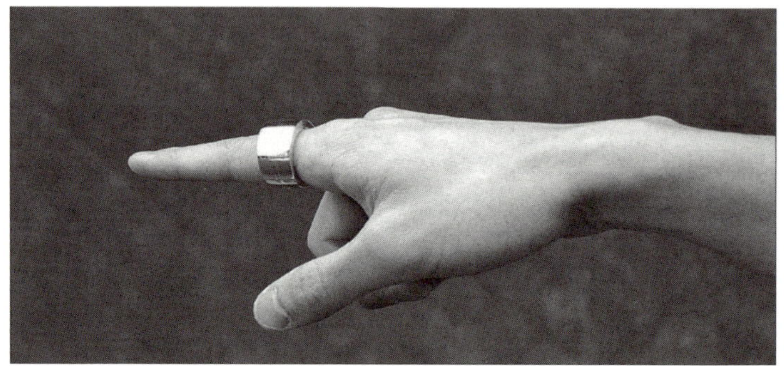

그림 6.15 로그바의 링

스마트 양말이 많이 스마트하다고 느껴지지 않는다면, 그림 6.16 픽시 사이언티픽Pixie Scientific의 스마트 기저귀를 보라. 이 유아용 기저귀는 내장형 센서와 QR코드를 포함한다. QR코드를 스마트폰 앱으로 인식시키면, 관련 애플리케이션이 수집된 데이터를 분석하고 요로 감염, 신장 문제 등과 같은 징후를 경고해 준다.

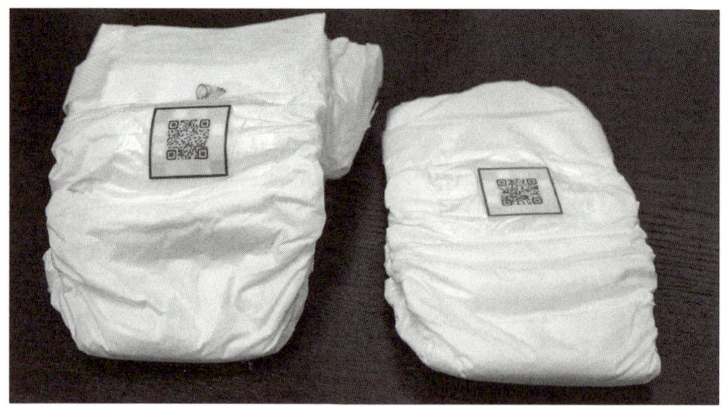

그림 6.16 아기를 위한 스마트 기저귀

개인 데이터를 다루는 것

웨어러블 기술 장비는 그 장비를 착용한 사람들에 관한 많은 개인 데이터를 수집할 수 있다. 스마트 의류가 당신의 정보를 통해 무슨 일을 할까? 미래의 웨어러블 기술을 생각해 봤을 때, 웨어러블 기기는 다른 기기와 함께 사용될 것이다. 수집된 정보가 해당 기기에 표시될 수 있도록 하거나, 대부분은 추후 분석을 위해 스마트폰, 태블릿, 컴퓨터로 전송될 것이다. 즉 활동 추적기는 매일 활동에 관한 데이터를 수집하고 전송하며, 스마트 의류는 피부온도, 심장박동수 등에 관한 데이터를 수집하고 전송시킨다. 또한 구글 글래스는 주변의 이미지나 소리를 기록하고 전송한다.

> **Note**
>
> 스마트워치는 여전히 스마트폰에 연결되지만, 단순히 전송을 위한 기능 이상으로 작동할 것이다. 스마트워치는 스마트폰에서 데이터를 전송받아 사진을 보거나 음악을 듣고 메시지를 확인한다. 몇몇 스마트워치는 저장과 분석을 위해 스마트폰으로 활동과 연관된 데이터를 재전송한다. 모든 스마트워치는 문자, 이메일, 달력 일정과 같은 것을 관리하기 위해 스마트폰을 이용하여 상호작용을 하는 방식으로 작동한다.

웨어러블 기술은 스마트폰이나 컴퓨터로 수집된 정보를 통해 상호작용하며 공유된다. 데이터 전송은 여기서 끝이 아니다. 즉, 웨어러블 기술이 수집한 데이터는 사용자의 스마트폰과 컴퓨터에서 종료되는 것이 아니다. 대부분의 경우, 개인 데이터는 가공되거나 웨어러블 기술 상품을 후원해 준 회사로 다시 전송된다. 이러한 점이 쟁점이다.

데이터의 가치

데이터는 가치를 지닌다. 수집된 데이터는 스마트 기기의 기능을 향상시키고 트렌드에 관한 중요한 정보를 제공하며, 건강과 사회적 이슈에 대한 해결책을 만들어 내는데 유익하도록 사용될 수 있다. 또한 수집된 정보는 개인의 활동이나 상황을 기반으로 한 타깃광고를 목적으로 광고주에 의해 사용될 수도 있다. 이런 데이터의 많은 부분이 개인 신체에 관한 생체 데이터라는 점을 고려해 보면, 치료 전문가들이 적절한 치료와 약을 결정하기 위해서 이 데이터를 사용할 수도 있을 것이다. 보험회사가 보험료를 설정하거나 심지어 가입자가 무슨 행동을 하는지, 혹은 얼마나 건강한지, 건강하지 않은지를 근거로 하여 보험 범위를 거절하는데 사용될 수도 있다.

여기서 이 데이터로부터 이익을 얻게 되는 가장 첫 번째가 누군지에 대한 몇 가지 논점을 낳는다. 미리 이야기하지만 사용자는 아니다. 애플, 삼성, 구글 혹은 어떤 기업체일지라도 자신이 판매하는 스마트 장치로 인해 모아진 사용자의 정보를 받으면, 어느 회사에나 그 데이터를 팔 수 있다. 여기서 중요한 단어는 '팔다'이다. 고객 정보를 파는 것은 회사들에게 또 다른 수입원을 낼 수 있도록 해주는 것이다. 수집하는 데이터가 많으면 많을수록, 수익을 낼 수 있는 기회는 더 많아진다. 하지만, 그 어디에서도 사용자의 이익은 없다. 애플과 구글은 데이터를 수집하고 팔며, 데이터로부터 산출된 모든 돈을 가진다. 불합리하게 들리지 않는가?

당신의 데이터다, 그렇지 않은가?

내 신체 전체와 체온, 내가 몇 킬로를 달려왔는지, 얼마나 오래도록 걷는지 등의 모든 데이터는 나만의 데이터이다. 의사나 병원들이 의료 기록과 개인 데이터의 열람을 제한하는 것을 생각해 보자. 이것은 법, 즉 의료법에 기반되어 있다. 이렇듯 의사와 기관들은 개인의 의료 기록을 지켜야 한다. 만약 한 병원에서 또 다른 병원으로 데이터를 옮겨야 하는 경우라 할지라도, 어떠한 추가적 사용에 대해 본인의 허락을 받아야 한다. 문제가 된 법률은 건강정보 관련 법률인 HIPAA이다. 이 법률은 환자의 데이터와 의료 기록을 보호하기 위해 제정되었다. 안타깝게도, HIPAA는 개인 웨어러블 키기나 의류에 의해서 수집된 사용자 데이터를 포함하지 않는다. 따라서 애플, 구글과 같은 회사들이 수집한 어떤 정보라도 그 데이터는 사용될(팔릴) 수 있다.

이렇게 수집된 데이터는 사생활 침해의 가능성이 항상 존재한다. 회사들은 자사의 기기를 통해 수집한 데이터로부터 이윤을 창출해낼 것이다.

데이터를 관리하는 것

2014년 9월에 처음 소개된 애플의 헬스킷HealthKit(건강관리 플랫폼)은 우리에게 많은 것을 제공하고 있다. 헬스킷은 가능한 많은 데이터를 수집할 수 있도록 디자인되었다. 이것은 애플워치 운영 및 다른 기기 제조업체나 앱 개발자에게도 필요하다.

헬스킷은 애플워치와 유사한 기기로, 수집된 건강 관련 데이터를 중앙에 저장하고 분배할 수 있도록 실행된다. 애플은 데이터를 관리하고 그 데이터를 의료진과 다른 의료관리 교수진들이 이용할 수 있도록 하기 위해서 이미 메이요 클리닉Mayo Clinic과 전자 건강 기록 선두의 기업인 에픽 시스템Epic System과 파트너가 되어 왔다.

구글 또한 웨어러블 기기에서 수집된 사용자 데이터를 위한 구글 핏Google Fit을 제공한다. 삼성은 SAMI라는 클라우드 기반의 소프트웨어 플랫폼을 개발 중이다. 자체 웨어러블 기기에서 수집한 데이터를 분석하고 관리하기 위해서이다. 그렇게 되면 웨어러블 데이터 관리 공간을 위한 서비스도 필요하게 된다. 애플, 구글, 삼성은 모두 자사의 서비스를 위한 자사 특허 소프트웨어 개발 키트SDK를 가지고 애플리케이션 개발자들에게 제공하고 있다. 모두가 자사의 기기들을 각각의 시스템으로 연동할 수 있는 다른 회사를 찾고 있다. 즉 모두가 헬스케어 지향점에 들어가기 위해 헬스케어 데이터 관리 회사를 찾고 있는 것이다. 이로 인해 개인 데이터는 제한 없이 다른 사람들에 의해 사용될 것이다.

데이터의 효율성

이렇게 수집된 모든 데이터는 어떻게 사용될까? 아마 이 데이터는 개인 사용자에게 엄청나게 가치 있는 정보가 될 수도 있을 것이다. 여러 곳에서 수집한 데이터가 함께 사용되어 분석될 때, 특히 그렇다. 예를 들어, 스마트 워치가 심장 박동에 이상을 감지하고 동시에 스마트 셔츠가 땀을 흘리고 있다는 것과 호흡을 하는데 문제를 겪고 있다는 정보를 인식했다고 가정하자. 물론 아무 의미 없는 정보일 수도 있다. 하지만 스마트 서비스는 심장마비를 일으킬 수 있다고 판단하고, 이에 대비할 수 있도록 긴급 의료센터나 주치의에게 이 정보를 알려 줄 수 있을지도 모른다. 즉, 이러한 기기들은 단순한 응급 상황 이상을 발견해낼 수 있다.

만약 피트니스 추적기가 매일 신체를 감시하고 그 데이터를 의사에게 보낸다면 의사는 혈압, 갑상선, 혹은 당뇨병 약의 복용량을 언제 변경해야 하는지 즉각적으로 알 것이다. 의사와 다음 약속을 잡거나 검진을 위해 기다릴 필요도 없다. 즉, 정기적으로 수집된 데이터는 전문가가 의학적인 진단을 내릴 때 유용하게 사용될 수 있다. 웨어러블 기술에 의해 실시간으로 수집된 엄청난 양의 데이터를 통해 당뇨병이나 고혈압에 관해 더 알아볼 수도 있을 것이다. 이런 점을 생각해 보면 웨어러블 기술은 의학적으로 유용하게 쓰일 것이다. 하지만 데이터는 다른 용도로도 사용될 수 있다. 만약 광고의 목적으로 사용되면 수많은 스팸광고에 시달리게 될 수 있다. 데이터가 피트니스 센터에 판매된다면 식단 및 건강 음료와 개인 트레이너에 대한 온라인 광고들을 받기 시작할 것이다.

보험회사와 개인 데이터

이런 웨어러블 기기로 수집된 개인 데이터에 많은 관심을 가지는 산업 분야가 있다. 바로 보험 산업이다. 보험회사들은 자신들이 유치한 모든 고객들을 통해 이윤을 내길 원한다.

보험회사가 특정 고객에게서 더 많은 돈을 벌 수 있는 하나의 방법은 그 고객에게 회사의 서비스 사용 가능성에 해당하는 보험료를 부과하는 것이다. 간단하게 설명하자면, 당신이 건강하다면 보험회사는 당신에게 낮은 요금을 청구할 것이다. 나이가 든 사람일수록 병에 걸릴 확률이 더 높기 때문에 더 많은 요금을 부과하며 젊은 사람일수록 더 적게 부과할 것이다. 만약 보험회사가 매일 당신의 건강을 확인하고 수시로 보험료를 조정했다면 어떻게 되었을까? 혈압이 올라가기 시작한다면, 보험료도 올라가기 시작할 것이다.

이것이 유나이티드 헬스United Health, 카이저 재단Kaiser Foundation Group, 휴매나 그룹Humana Group, 애트나Aetna와 같은 대형 보험회사가 웨어러블 산업에서 자리를 잡기 위해 웨어러블 기술 제조업자와 함께 하는 이유이다. 이것은 대형 보험회사들이 기술 회사와 파트너가 되기를 원한다는 것이 아니다. 대형 보험회사들은 그저 기술 회사들이 수집한 데이터에 접근할 수 있기를 원할 뿐이다. 웨어러블 기술이 우리 생활에 더 자리를 잡고 보험에 가입된 사람이 늘게 되면, 보험회사는 더 많은 정보를 얻게 되고 그 정보로 보험료를 조정하거나 심지어 보험 적용을 거절할 수도 있을 것이다.

보험회사뿐만 아니라 대기업의 고용주들도 자사의 건강 보험료를 낮추기 위해서 직원들의 데이터에 접근할 수 있기를 원한다. 오웰리안Orwellian 인사부서는 이런 기반시설을 마련하고 있다. 대기업에 판매되는 핏빗이나 다른 업체의 피트니스 추적기 판매 수량과 회사의 건강관리 프로그램을 확인해 보면, 특별 지원 할인가에 이러한 기기들이 직원들에게 판매되고 있다는 것을 알 수 있다. 왜 회사가 당신이 피트니스 밴드를 착용하길 바라고, 수집된 정보는 어떻게 쓰이게 될지 생각해 봐야 한다.

이것에 관한 사례는 이미 많다. 정유회사 BP는 일 년 이상의 기간에 걸쳐 직원들의 발걸음을 추적하도록 허용하는 대가로 14,000명의 직원들에게 공짜로 핏빗 집을 주었다. 만약 한 명의 직원이 백만 걸음 이상을 걷는다면, 그 직원은 더 낮은 건강 보험료가 측정되고 건강 포인트도 얻는다. 이렇듯 긍정적인 부분도 존재하고 오래 걷는 만큼 건강도 챙길 수 있다. 하지만 개인 데이터를 사용하고 개인의 행동 변화를 시도한다는 측면에서 바라볼 때 회사 측이 과하다고 생각된다.

회사가 이러한 방법을 사용하지 못하도록 막는 방법은 무엇일까? 만약 직원들이 특정 활동 목표를 달성하지 못한 경우, 회사가 당신의 건강 포인트를 차감한다고 생각해 보자. 직원들이 흡연을 하는 경우, 많은 고용주들은 이미 직원들의 추가 보험료를 지불해야 한다는 것을 알고 있다. 회사나 건강 보험회사가 당신에 관해 얼마나 알기를 원하는가? 그리고 회사가 가진 정보를 우린 얼마나 믿어야 할까?

어떻게 개인 정보를 보호할 수 있을까?

만약 웨어러블 기기가 수집한 개인 의학정보에 접근을 막으려면 어떻게 해야 할까? 첫 번째는 당신이 가지고 있는 웨어러블 기기의 데이터를 공유한다는 정책을 충분히 읽고 이해하고 나서 동의해야 한다. 만약 스마트워치나 피트니스 추적기가 수집한 정보를 해당 회사와 공유하고 싶지 않다면 회사 모델을 신중히 골라야 한다. 두 번째로 각 기기에 제공되는 앱과 서비스를 포함해 데이터가 가능한 제삼자에게 공유되지 않도록 환경설정을 꼭 확인해야 한다. 데이터가 공유되는 것을 방지하면서 해당 기기의 모든 기능이 유지되기를 원한다면, 최대한 많은 공유 설정을 꺼두는 방법밖에 없다. 만약 정말로 데이터가 걱정된다면 이런 종류의 웨어러블 기기 사용을 피하는 것이 좋다. 물론 최신 스마트 셔츠나 피트니스 밴드를 사용하면 많은 장점도 있다. 하지만 정보의 중요성을 고려해 볼 필요도 있다.

어디서 이런 멋진 기기들을 얻을까?

이번 장에서는 수많은 스마트 웨어러블 기기에 대해 이야기했다. 대부분은 이미 구매가 가능하다. 더 관심이 있다면 아래 목록을 참고하자.

- AiQ 스마트 의류(바디맨 셔츠), www.aiqsmartclothing.com
- 안드로이드 웨어(스마트워치), www.android.com/wear/
- 애플(애플워치), www.apple.com/watch/
- 오토그래퍼(웨어러블 카메라), www.autographer.com
- 블랙삭스(스마트 양말), www.blacksocks.com
- 시스코(옴니싱크), www.casio-usa.com
- 컨투어(컨투어+2, 킨투어롬2 웨어러블 카메라), www.contour.com
- 쿠쿠(커넥티드 워치), www.cookoowatch.com
- 커프(스마트 보석), www.cuff.io
- 핏빗(플렉스, 원, 집 액티비티 트래커), www.fitbit.com
- 가민(포러너, 비보핏, 버브엘리트), www.garmin.com
- 구글(구글 글래스), www.google.com/glass/
- 고프로(액션 카메라), www.gopro.com
- 헬스아이디(헬스아이디 밴드), www.healthid.com

- 아이헬스(AM3, BP7 모니터), www.ihealthlabs.com

- 조본(UP24 액티비티 트래커), www.jawbone.com

- 엘지(G워치), www.lg.com/gwatch/

- 로그바(링 컨트롤러), www.logbar.jp/ring/

- 로케이트유(어린이 위치 추적기), www.lok8u.com

- 루모바디테크(루모 리프트), www.lumobodytech.com

- 마샨워치(음성 제어와 노티파이어 스마트워치), www.marianwatches.com

- 마이크로소프트(마이크로소프트 밴드), www.microsoft.com/microsoft-band/

- 미스핏(선샤인 모니터), www.misfitwearables.com

- 모토로라(모토 360 스마트워치), moto360.motorola.com

- 내러티브(내러티브 클립 카메라), www.getnarrative.com

- 옴시그널(바이오메틱 스마트웨어), www.omsignal.com

- 페블(페블 스마트워치), www.getpebble.com

- 픽시 사이언티픽(스마트 기저귀), www.pixiescientific.com

- 포켓파인더(퍼스널 GPS 로케이터), www.pocketfinder.com

- 폴라(FT2, FT4, FT7, FT40, FT60, FT80, Loop), www.polar.com

- 퀄컴(토크 스마트워치), toq.qualcomm.com

- 콰디오(콰디오암 모니터), www.getqardio.com

- 레이저(레이저 나부 스마트밴드), www.razerzone.com

- 리콘(리콘 젯, 스노우2 헤드업 디스플레이), www.reconinstruments.com

- 삼성(갤럭시 기어 2, 갤럭시 기어 라이브, 기어 핏), www.samsung.com

- 소니(스마트워치 SW2, POV 액션 캠), www.sony.com

- 스파이 스팟(TT8850 마이크로 추적기), www.spy-spot.com

- 선프렌드(UV 모니터), www.sunfriend.com

- 트랙키모(GPS 추적기), www.trackimo.com

- 트랙스(트랙스 추적기), www.traxfamily.com

- VSN 모빌(V.ALRT 개인 응급 경보 기기), www.vsnmobil.com/wearables/v-alrt/

- 위딩스(펄스 O2 액티비티 추적기), www.withings.com

스마트 의류와 우리

오늘날 우리는 청바지와 티셔츠를 입은 후, 스마트폰과 자동차 열쇠를 주머니에 넣고 외출을 한다. 웨어러블 기술의 세상에서 우리는 더 많은 외출 준비를 하게 될 것이다. 만약 운동을 할 예정이라면 피트니스 추적 기능이 내장된 스포츠 밴드나 스마트워치도 착용해야 할 것이다.

만약 운동을 열심히 하는 사람이라면 일반 운동복을 벗어 버리고 하이테크 생체 활성화 기술이 적용된 셔츠를 입을 것이다. 스마트폰도 잊지 않고 꼭 챙겨야 한다. 스마트폰을 통해 실시간으로 생성된 정보를 다운로드할 수 있기 때문이다. 운동을 하지 않아도 좋다. 비록 카푸치노 한잔을 사기 위해 스타벅스로 가고 있을 지라도, 스마트워치를 착용하라. 문자 메시지를 확인하기 위해, 돌아오는 길에 음악을 듣기 위해 사용할 수 있다. 그리고 애플 페이 혹은 결제수단이 있는 여러 앱을 통해 음료 값을 지불할 수도 있을 것이다.

만약 해변으로 가는 길이라면 스마트워치 대신 자외선을 측정하는 손목밴드를 착용할 수 있다. 또한 혈압수치가 걱정된다면 웨어러블 혈압 측정기를 착용하고, 자세교정을 하고 싶다면 그것과 관련된 밴드를 착용하면 된다. 아이들의 경우에도 마찬가지이다. 아이들이 길을 잃거나 다치는 것을 확인하기 위해, 개인용 추적기를 아이들의 가방이나 셔츠에 부착할 수 있다. 강아지 목줄에 추적 기기를 부착하고 강아지를 추적하는 것 또한 가능하다.

구글 글래스와 같은 안경을 이용해 가장 최신 뉴스와 주식 정보를 확인하고, 트위터나 페이스북의 게시글을 다른 사람들이 알지 못하게 볼 수 있다. 다른 사람들은 구글 글래스의 용도만을 알고 있을 뿐, 지금 내가 무엇을 보는지 알 수 없다.

웨어러블 기기를 통해 장소마다 몇 장의 스냅 사진이나 비디오를 찍어 일상을 기록하는 것도 좋다. 집에 도착했을 때 내가 문자나 이메일을 보내느라 놓친 일상을 다시 살펴볼 수 있기 때문이다.

오늘날 다양한 용도로 웨어러블 기기가 사용되고 있다. 그러나 많은 웨어러블 기기의 기술을 실용적으로 사용하기에는 가격이 비싸긴 하다. 하지만 시간이 지나면서 점점 저렴해질 것이다.

구글 글래스가 하나당 약 150만 원 정도라고 하면 기겁할 수도 있지만 1/3 정도의 가격이라면 구매하고 싶은 생각이 들 수도 있을 것이다. 약 40만 원 정도의 비싼 스마트워치가 10만 원 정도라면 필수 액세서리가 될지도 모르겠다. 스마트 기저귀도 그 가격이 충분히 낮아지면 사람들에게 매력적인 제품이 될 것이다.

그런 것이 기술과 함께 일어나는 일이다. 기술은 시간이 지나면서 점차 가격이 낮아지고 더 강력해진다. 그것은 여러 웨어러블 상품에 다양한 스마트 기술들을 더하면서 더욱 실현 가능하게 만들 것이다. 그리고 기술이 있는 곳에서라면, 우리는 그 기술을 사용해 길을 찾을 수 있을 것이다. 어떤 웨어러블 기술은 합리적인 가격과 실용적인 가치를 이미 전달해 주고 있다. 특히, 피트니스 활동 추적기와 같은 기술이다.

만약 운동을 정말 좋아한다거나 자신의 건강상태를 살펴보고 싶다면, 앞서 소개한 다양한 기기들이 이런 일들을 할 수 있게 도와주며, 게다가 큰 비용도 들지 않는다.

스마트워치를 건강 관련 측면에서 고려해 본다면 유용한 것일 수도 있다. 그러나 스마트 셔츠와 구글 글래스 등과 같은 좀 더 미래적인 웨어러블 기기에 관해서는 좀 더 관망하는 태도를 취하는 것이 좋을 것이다. 점점 더 많은 웨어러블 기기들이 필요한 이유에 대해 증명하고 있지만 가격이 확실히 적절한 수준은 아니다. 하지만 가격은 언젠가 적정 수준으로 내려갈 것이다. 그리고 누군가는 웨어러블 기술을 이용해 우리가 생각하지 못했던 멋진 아이디어들을 실현할지도 모른다.

스마트 의류 시장 동향

제일모직에서 최근 발표한 스마트 슈트 2.0은 무선통신 모듈인 NFCNear Field Communication 태그를 상의 스마트폰 전용 포켓 안에 내장하여 문자, 이메일, 명함 전송 등과 같은 다양한 스마트 서비스를 제공한다. 스마트 포켓에 스마트폰을 넣었다 빼면 자동으로 화면 잠금이 해제되는 언락Un-lock 기능, 회의 참석 등 에티켓이 필요한 비즈니스 맨들을 위해 무음과 전화수신 차단까지 한 번에 변경되는 에티켓 모드 기능 등이 제공된다.

스마트 슈트 2.0은 패션 스타일과 기능성도 뛰어나다. 오랜 시간 슈트를 착용해야 하는 남성들의 피로도를 낮춰 주고, 어깨의 압박감을 최소화할 수 있도록 해준다. 또한 특수 가공한 발열 안감을 상의 안쪽 전체에 적용해 일반 수트를 입었을 때보다 약 3° 정도 따뜻함을 느낄 수 있게 해준다.

출처

- http://sports.chosun.com/news/ntype.htm?id=2015090401000487900003140&servicedate=20150904

Chapter 07

스마트 쇼핑 : 내가 원하는 것을 미리 알려 준다

사물인터넷이 당신의 쇼핑 방법을 변화시키고 있다. 위치 인식 기기는 마트 내에서 우리의 존재를 감지하여 상황에 맞는 이벤트나 지침을 제공한다. RFID와 NFC 기술 덕분에 앞으로 우리는 지갑을 열어 보지 않아도 돈은 지불할 수 있다. 스마트 부엌은 자동으로 쇼핑 목록을 만들어 마트에 전송하고 드론을 통해 식료품을 배달해 줄 것이다. 믿기지 않을 수도 있지만 한번 생각해 보자. 사물인터넷은 이미 공급망에 영향을 미쳐 창고와 물품 목록을 더욱 효과적으로 만들 수 있도록 도와주고 있다. 가장 합리적인 소비를 하게 인도하고, 가장 필요한 물건으로 당신을 이끌며, 쇼핑을 더욱 효율적으로 만들 것이다.

쇼핑이 필요 없는 세상

우리는 이미 스마트 부엌이 무엇인지에 대해 이야기했다. 스마트 냉장고는 당신이 무엇을 가지고 있는지, 채워 넣어야 하는 것이 무엇인지 정확하게 알고 있다. 당신이 스마트 TV로 요리 채널을 시청하다가 마음에 드는 레시피를 냉장고로 보내면 스마트 냉장고는 요리에 쓰이는 재료 중 구매가 필요한 재료 목록을 자동으로 만들 것이다.

오늘날 우리는 '직접' 쇼핑 목록을 작성하고 식료품점에서 물건을 '직접' 카트에 담는다. 하지만 멀지 않은 미래에는 쇼핑 목록이 식료품점에 전송될 것이다. 물건이 다 구매되면 차가 주차된 곳에서 픽업하거나 집으로 배달될 수 있다. 이 시나리오에서는 드론이 필요 없다. 다만 최저 임금을 받는 십대 노동자가 이 일을 대신해 줄 것이다.

이것이 현실화된다면 당신은 식료품을 사기 위해 더 이상 마트에 갈 필요가 없다. 즉 필요한 것을 주문하면 마트에 직접 가지 않아도 배달될 것이다. 여러 가지 면에서 이것은 상당히 효율적이다. 먼저, 마트에 가는데 시간을 쓸 필요가 없다. 흔들거리는 카트를 힘들게 통로 쪽으로 밀고 갈 필요가 없는 것이다. 두 번째로 당신은 필요한 것만 살 수 있다. 무엇이 전시되어 있든지 영향을 받지 않아도 되고 혹은 친절하게 설명해 주는 판매자에게 강요당할 필요도 없다. 요약하자면, 식료품 쇼핑을 자동화할 수 있다면 당신은 쇼핑하는데 시간을 줄일 수 있고 돈을 절약할 수 있을 것이다. 식료품 쇼핑은 아직 인터넷에 많은 영향을 받고 있지는 않지만 다른 물건을 쇼핑하는 방법은 이미 오랫동안 변화되어 왔다. 아마존닷컴처럼 대형 유통업체와 온라인 쇼핑의 확산은 의류, 장난감, 책과 같은 종류의 물품 구매 방법을 변화시키고 있다. 우리가 원하는 것을 컴퓨터에서 몇 번의 클릭으로, 스마트폰에서는 몇 번의 터치로 볼 수 있다. 물품은 2~3일 내로 준비되거나 배달된다.

온라인 쇼핑의 장점 중 하나는 생각한 물건을 바로 살 수 있다는 것이다. 매장까지 운전하는 것도, 수많은 사람들에게 치여 기다릴 필요도 없다. 당신은 물건을 사기만 하면 된다. 얼마나 쉬운가(물론 배달은 즉각적인 충족감을 채워 주지 않지만 점점 더 빨라질 것이다). 온라인 쇼핑은 충동구매를 줄이게 한다. 또한 원하는 것을 클릭 몇 번이면 최고의 가격으로 찾을 수 있게 한다. 만약 오프라인 매장에서 물건을 구매한다면 필요하지 않은 물건을 함께 구매할 수도 있다. 이렇듯 온라인 매장은 돈을 덜 소비하게 한다.

비식료품인 휴지, 면도날, 세탁용 세제와 같이 마트에서 살 수 있는 상품들은 이미 자동화되어 있다. 하지만 스마트 냉장고 안에는 이러한 물건들이 보관되지 않기 때문에 이 물품들을 확인할 수 있는 스마트 저장고가 필요하게 될 것이다. 옷장, 캐비닛, 욕실 세면에도 이런 센서가 필요하게 될 것이다. 스마트 저장고는 어떤 것을 가지고 있어야 하는지 알고 있으며, 자동으로 필요한 물품을 재주문할 수 있다. 이 물품은 지역 마켓이나, 아마존닷컴에서 주문하거나 비슷한 온라인 업체에서 배달시키면 된다.

이렇게 자동화된 쇼핑이 어떤 것을 더 할 수 있을지 확실치는 않다. 센서가 없다면 책을 사야 할 때나 아이들의 새 신발을 사야 할 때를 직접 알아야 한다. 이런 물품들은 온라인에서 직접 쇼핑해야 하거나 차를 몰고 나가서 사야 할 것이다. 즉 쇼핑을 위해 항상 무엇인가를 해야 할 것이다.

소매 환경의 변화

실질적인 구매의 많은 부분이 온라인으로 옮겨졌고, 곧 자동화될 것이며 소매 환경은 점차 줄어들 것이다. 사물인터넷의 출현으로 소비자의 구매 방식과 경험이 변화하고 있다. 구매자를 위한 사물인터넷은 좀 더 개인화된 구매 경험을 제공한다. 판매자를 위한 사물인터넷은 좋은 서비스 제공을 통해 소비를 유도할 수 있도록 한다.

이러한 잠재적 이익은 동전의 양면과 같다. 매장 안에 고객이 들어왔을 때 고객에 대한 개인 데이터와 구매 이력을 확인하여 매장 안에 특정 구역이나 제품 구매를 유도할 수 있는, 포인트나 프로모션을 제공할 수 있는 기술이 가능하다. 스마트 매장은 고객이 무엇을 좋아하는지 알고 있고 구매 경험에 따라 다른 서비스를 제공한다. 여기에는 작동원리가 있다. 먼저 매장은 고객의 스마트폰을 추적해 고객이 매장 안에 들어왔다는 것을 알 수 있다. 일단 매장에 당신이 들어오면, 개인 데이터와 구매 이력을 자체 데이터베이스에서 확인한다. 당신이 아파트에 혼자 사는지 혹은 배우자, 아이와 함께 교외에 살고 있는지 매장은 알고 있다. 또한 지난 달에 새로운 겨울 옷을 구매한 것과 매달 특정 브랜드의 샴푸를 구매한다는 것도 알고 있다. 매장은 이런 정보를 이용해서 우리에게 맞는 프로모션을 제공한다. 만약에 당신이 혼자 산다면 냉동 피자에 관한 프로모션 정보를 제공받을 것이다. 만약 당신이 가족과 함께 살고 있고, 현재 겨울이라면 눈을 치우는 삽이나 인도용 소금에 대한 정보를 받았을지도 모른다. 혹은 매달 같은 샴푸를 구매했다면, 그 샴푸에 대한 정보를 제공받을 것이다. 매장은 그림 7.1에서처럼 스마트폰 앱을 통해 매장에서 사용 가능한 전자 쿠폰과 메시지를 제공한다.

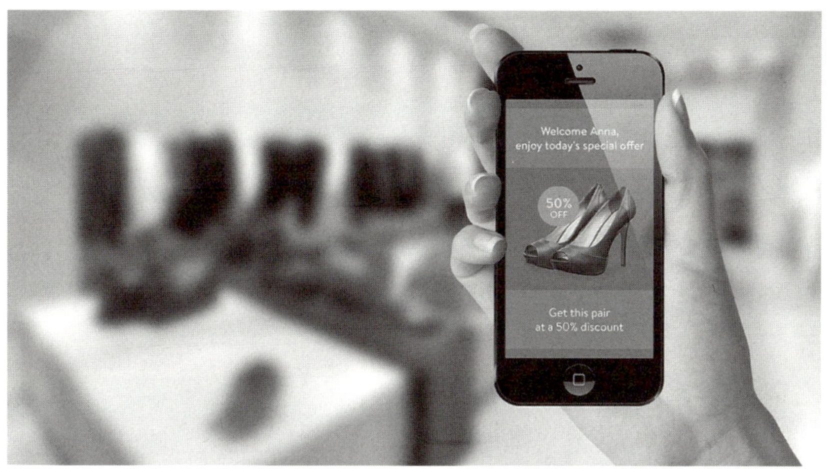

그림 7.1 매장에서 사용할 수 있는 전자 쿠폰

매장은 이런 정보를 우리에게 사용하고 있을지도 모른다. 개인 특성에 맞춰 물건을 구매할 수 있는 메시지나 애플리케이션 알람을 통해 우리를 2층 스포츠용품점으로 이끄는 것처럼 말이다. 만약 당신이 쇼핑 카트 안에 물건을 담으면 스마트 매장은 각 물건에 부착되어 있는 RFID 태그를 통해 관련 물품을 추천하거나 구매하기 원할지도 모르는 액세서리를 추천할 수 있다. 또한 카트에 셔츠를 담았다면 스마트폰 알람이나 메시지를 통해 넥타이에 대한 정보를 전자 쿠폰과 함께 보내 줄 것이다. 만약 식료품점이라면 스마트 차트는 내가 선택한 물품들을 기준으로 레시피를 확인한 후 레시피를 완성할 수 있도록 추가적인 물품에 관한 쿠폰을 우리에게 전송해 줄 것이다.

개인화된 고객 정보를 여러 가지 방법으로 사용할 수 있다. 스마트폰 ID나 비디오 카메라의 얼굴인식 기술을 통해 특정 제품 주변에 온 사람을 감시하여 스마트한 제품 광고를 할 수 있다. 이 광고는 고객별 맞춤화된 콘텐츠를 전달할 수 있다. 만약 당신이 치약 앞에 서 있다면 이웃 사람이 보는 것과는 다른 광고를 보게 될 것이다.

이 정보는 장기간 고객 관리를 할 수 있는 유용한 자료를 제공한다. 스마트 매장은 이런 추적 기술을 사용해 우리가 쇼핑을 할 때 어떤 경로로 다니는지, 어떤 물품을 눈여겨보는지 효과적으로 모니터할 수 있다. 즉 매장은 당신과 다른 고객이 어떻게 쇼핑하는지 배울 수 있다. 이 데이터는 다양한 취향의 고객을 위하여 매장 구성을 최적화하는데 사용될 수 있다.

스마트 매장 기술

오늘날 이용 가능한 여러 기술들은 미래의 스마트 매장에서 활용될 것이다. 먼저 매장 안의 각 물품에는 반드시 RFID 태그를 그림 7.2처럼 부착해야 할 것이다. 단거리 라디오 주파수 인식을 위한 RFID는 특정 제품 정보를 코드화한 특정 태그를 사용하는 기술이다. 태그의 정보는 RFID 인식기에 단 범위 라디오 신호를 통해 전달된다.

그림 7.2 매장 내 대부분 상품에 부착되어 있는 RFID 태크

오늘날 RFID 리더기는 매장의 계산대(매장 창고를 언급할 때 다시 이야기하자)에 위치해 있다. 미래에는 RFID 리더기가 쇼핑 카트나 중요 구역에 부착되어 있을 것이다.

다음으로 매장은 반드시 개별 고객을 구별할 수 있어야 하고, 고객에게 정보를 보내 줄 수 있는 방법 모두를 가지고 있어야 한다. 그리고 고객의 스마트폰에서 신호를 받을 수 있는 (전송기/수신기를 혼합한) 실내 위치 추적 시스템이 필수적으로 구축되어 있어야 한다. 현재 사용되고 있는 이런 시스템은 애플의 아이비콘iBeacon이다. 아이비콘 시스템은 그림 7.3에서 볼 수 있듯이 고객의 스마트폰과 블루투스를 통해 통신한다. 소형이기 때문에 선반 위에 잘 안보이게 올려 놓을 수 있다. 매장 곳곳에 놓여 있는 아이비콘 덕택에 매장은 각 고객이 정확히 언제, 어느 구역에 있는지 알 수 있다. 또한 아이비콘 시스템은 고객 근처에서 세일 중인 물품에 대해 스마트폰으로 알람을 줄 수 있다.

그림 7.3 고객의 스마트폰과 통신하고 매장 안에 위치를 알 수 있는 아이비콘

마지막으로 매장의 계산 시스템을 이용하려면 고객의 스마트폰과 스마트워치에서부터 NFC 신호를 받을 수 있는 장비가 반드시 필요하다. NFC는 근접 지역 통신을 위한 무선 기술이다. 전자나 마그네틱 필드를 단거리 데이터 전송에 사용한다. 고객의 스마트폰에 저장된 결제 정보는 NFC를 통해서

매장의 결제 단말기에 전송된다. 직접 신용카드를 긁을 필요 없이 스마트폰과 NFC가 무선으로 처리하기 때문에 결제가 훨씬 간편해진다.

더 간편해진 결제

판매자는 구매자들이 매장 안에서 손쉽게 물건을 구매할 수 있도록 매장을 만들고 싶어 한다. 이렇게 하면 돈을 벌기가 더 쉬워진다. 더 효과적인 결제 환경을 만들어 계산대에서 줄을 서서 기다리는데 소비하는 시간을 쇼핑하는데 보낼 수 있도록 하는 것이다. 결제하는 것이 오래 걸리고 번거로우면 쇼핑 카트에 담았던 물품들을 빼거나 포기할 수도 있기 때문이다. 가장 이상적인 것은 매장에서 원하는 물건을 담아 그대로 나가도 결제가 알아서 진행되는 것이다.

RFID, NFC, 블루투스, 와이파이와 같은 무선 기술을 통해 각 매장 안의 개별 물품들을 추적할 수 있을 것이다. 물론 우리도 스마트폰을 통해 추적당할 수 있다. 만약 모든 센서가 함께 작동해 정보가 합쳐진다면, 스마트 매장은 당신이 어떤 신발을 골랐는지 알 수 있다. 따라서 매장은 당신이 구매하려는 신발을 가지고 나갈 때 자동으로 당신의 계좌(이외의 다양한 방법을 통해)로 청구할 수 있다. 신용카드를 만지작거리며 기다릴 필요도, 점원과 이야기할 필요도 없다. 계산 과정이 보이지는 않지만 위와 같은 기술과 스마트폰의 무선 결제를 통해 간편해질 수 있다.

신용카드는 애플 페이를 통해 애플 페이 계좌에 연결할 수 있다. 결제 정보는 스마트폰이나 스마트워치의 전자지갑 안에 저장되어 있다. 그림 7.4에서 보듯이 결제할 준비가 되면 애플 페이 앱을 실행하고 사용하길 원하는 신용카드를 선택한 후 NFC(스마트폰에서 QR코드를 스캔)를 사용하여 스마트폰 안에 있는 카드 정보를 매장 결제 단말기로 전송한다. 간단해 보이지 않을 수도 있지만 신용카드를 기계에 인식하는 것보다 빠르다. 애플 페이는 단순한 전자 결제 시스템이 아니다. 구글 페이와 스퀘어Square는 오랫동안 우리 몸 안의 근육에 직접 결제 시스템을 삽입할 수 있도록 시도하고 있으며, 조금씩 성과를 보이고 있다.

그림 7.4 애플 페이를 통한 결제

애플 페이는 NFC를 사용하지만 QR코드 기반의 커런트CCurrentC는 타겟 Target, 월마트Walmart, 콜스Kohl's, 베스트바이Best Buy, 시어스Sears, CVS와 세븐일레븐과 같은 주요 유통업체에 지원을 받고 있다. 결제할 준비가 되면 그림 7.5처럼 커런트C 앱이 QR코드를 보여 준다. 이후 이 QR코드는 유통업체 계산 단말기에 내장된 QR 리더기를 통해 읽혀진다. 오래된 기술처럼 보일 수도 있지만 QR코드 작업은 안정화되어 대형 유통업체가 구매하였다.

그림 7.5 커런트C 앱에서 QR 결제 화면

드론을 이용한 배송

온라인에서 주문했을 때 어떻게 물품들이 배달되는가? 오늘날에 아마존과 같은 온라인 유통업체에서 물품을 주문하면 다양한 배달업체가 배달해 주며, 상품이 문 앞에 배달될 때까지 2일 정도가 소요된다. 만약 이 배달 시스템 자체가 사물인터넷의 일부분으로 자동화된다면? 유통업체뿐만 아니라 아마존, 구글, 도미노 피자에서도 관심을 갖고 있는 배달 드론을 살펴보도록 하겠다. 9장에서 다루게 될 "스마트 항공기: 드론의 침범"에서도 드론을 자세히 알아보도록 하겠다.

스마트한 창고 관리

매장에 있는 모든 물품에 RFID 태그가 부착되는 것이 사물인터넷이 실현된 진정한 스마트 매장이라고 할 수 있다. 물론 각 물품이 자신의 IP 주소를 가지고 있지는 않지만 식별될 수 있다. 일단 RFID에 물품이 인식되면 다양한 방법으로 사용될 수 있다.

오늘날 많은 유통업체는 RFID 기술을 사용해 더 쉽게 재고관리를 할 수 있다. 매장뿐만 아니라 전체 유통망에서도 이 기술을 이용할 수 있다. 유통업체는 물품이 각 매장에 분산되기 전에 창고에 도착했는지, 구매가 완료되어 매장에 남아 있지 않은지 개별 물품을 추적할 수 있다.

유통업체는 각 물품이 정해진 시간에, 어디에 있는지 정확히 관리할 수 있다. 즉, 유통업체는 RFID를 통해 수집한 정보를 재고관리 시스템에서 이용한다. 상품과 상품 범주가 어떻게 분류되는지, 언제 재고를 더 주문해야 하는지, 상품이 완전히 비워지기 전에 다시 채워 넣을 수도 있다.

각각의 재고관리는 물품이 크든 작든 상관없다. RFID 태그로 전부 가능하다. 미래의 상품에는 와이파이나 진보된 다른 IP 기술을 통해 더 많은 데이터를 전송할 수 있는 스마트 센서가 부착될 것이다. 어떤 경우라도 사물인터넷이 있으면 가능하다.

당신의 데이터는?

유통업체에서 사물인터넷 성공의 중요한 열쇠는 고객의 데이터 수집과 매장 내에 데이터를 전송하고 사용하는 것이다. 그러나 이것은 개인정보 문제를 야기시킬 수 있다. 유통업체는 개인 데이터를 어떻게 사용할 것인지, 어떻게 안전하게 관리할 것인지에 대한 좋은 답변을 내놓지 못했다. 유통업체는 고객 데이터의 보안이란 관점에서 좋은 이력을 보유하고 있지 않다.

먼저 어떻게 고객 데이터를 사용할지에 대해서 이야기해 보자. 대부분의 유통업체는 자세한 개인정보 정책(당신이 절대 읽지 않을 정책)을 가지고 있다. 유통업체는 수집한 개인정보를 내부적으로 사용하거나 다른 업체에 판매할 수도 있다. 오늘날 우리가 수많은 스팸메일을 받는 것도 이러한 이유 때문일 수 있다. 쇼핑 카트에 무엇을 가지고 있는지, 어떤 통로에 있는지, 혹은 과거 구매 이력을 바탕으로 우리에게 쿠폰을 보내 주는 것은 좋게 들릴 수 있다. 하지만 어떤 관점에서는 스토커처럼 보인다. 당신이 매장 통로 어디에 있는지까지 추적하길 원하는가?

유통업체는 우리에 관한 더 많은 데이터를 수집하고 있고, 사람들이 수집되지 않기를 원하는 데이터도 수집하고 있다. 시간이 지날수록 시스템은 안전해지겠지만 해커들 또한 더 스마트해질 것이다. 항상 이런 방식으로 반복되어 흘러간다. 무엇을 할 수 있을까? 쇼핑하는 동안 디지털 스토킹을 당하고 싶지 않다면 스마트폰의 전원을 항상 꺼야 할 것이다. 물론 이런 방식은 친구들에게 오는 전화나 문자도 받을 수 없고 다른 유통업체에서 판매하는 물품의 가격을 비교할 수도 없다. 이 부분은 15장에서 이야기할 "스마트 문제: 당신을 지켜보는 빅브라더"에서 더 이야기해 보도록 하자.

스마트 쇼핑과 우리

유통업체라면 이런 스마트 쇼핑은 흥미로운 과제이다. 새로운 기술과 시스템에 엄청난 투자가 필요하지만 잠재적으로는 큰 이익을 볼 수 있을 것이라고 믿는다. 고객이라면 아마 혼합된 감정을 느낄 것이다. 기술이 당신의 돈을 절약해 주고 쇼핑에 사용하는 시간을 줄일 수 있게 도와준다면 좋을 수도 있다. 하지만 이런 훌륭한 기술이 원치 않는 광고와 프로모션을 보내는데 사용될 수 있다. 당신은 스마트 쇼핑 기술을 제어할 수 있어야 한다. 만약에 전자 결제 시스템에 대한 이로운 점을 찾을 수 없다면 이런 종류의 앱을 설치하지 않으면 된다. 그 어느 누구도 애플 페이, 커런트C와 같은 시스템을 사용하도록 강요하지 못할 것이다. 유통업체는 신용카드 단말기를 가지고 있을 것이며, 당신은 결제 방법이 추적될 수 없는 현금으로 결제할 수 있다.

매장에서 추적당하는 것을 빠져나갈 수 있는 방법이 있다. 유통업체는 오늘날 이메일과 모바일 마케팅처럼 스마트폰의 모든 추적이나 광고 수신 거부 방안을 제공할 것이다.

스마트 쇼핑 시장 동향

이른 아침, 출근을 위해 급히 나오다 보니 지갑을 가지고 오지 않았다. 지갑을 가지러 다시 집으로 돌아가야만 할까? 만약 이럴 때를 대비하여 스마트폰에 모바일 결제 서비스를 등록해 놓았다면 집에 돌아가는 일은 없을 것이다.

모바일 결제 서비스란 스마트폰에 미리 등록한 신용카드나 은행계좌 정보를 이용해 온·오프라인에서 간편하게 결제하는 서비스를 말한다. 국내에서 많이 사용되는 모바일 결제 서비스로는 페이코 티머니(220만 명), 삼성페이(100만 명), 네이버페이(1,600만 명), 카카오페이(550만 명) 등이 있으며 최근에는 LG페이도 모바일 결제 시장에 참여하였다.

삼성페이는 NFC와 마그네틱 보안 전송 기술인 MST를 탑재해 기존 오프라인 상점의 카드 마그네틱 단말기에서 결제가 가능하다.

페이코 티머니 또한 NFC를 지원하고 있으며, 배터리가 없거나 스마트폰 전원이 꺼진 상태에서도 일정 시간 동안 결제가 가능한 장점이 있다.

출처

- http://it.donga.com/21972/
- http://www.hankookilbo.com/v/9805d93f9b7557304e1b2a89d531b11b

스마트 자동차 : 도로에서의 연결

사물인터넷은 자동차 산업과 운전자들에게 많은 기회를 제공한다. 최근 이슈가 된 커넥티드 카connected car는 인터넷을 통해 스트리밍 음악은 물론 교통과 기상 정보, GPS를 이용한 지도를 제공한다. 우리가 원할 때 스마트 자동차가 스스로 교통 상황을 파악하여 자동으로 여정을 변경한다고 하면 어떠한가? 여기서 끝이 아니다. 스스로 문제를 진단할 뿐만 아니라 수리도 가능하다면? 혹은 정말 기술이 발달되어 원하는 목적지까지 자동으로 주행하는 자동차를 탄다면 우리가 하는 것은 문을 열고 안전벨트를 매는 것뿐이다.

오늘과 미래의 스마트 자동차

최근 몇 년 동안 자동차는 더욱 스마트해졌다. 오늘날 자동차는 컴퓨터나 일반 기기들과 잘 호환되어 작동하도록 설계되어 있다. 이러한 전자 제어장치ECU는 브레이크, 속도 조절, 냉난방 및 엔터테인먼트 시스템과 같은 차 내부의 기능을 통제할 수 있다.

스마트한 자동차를 만드는 작업은 지난 약 30년간 진행되어 왔다. 1977년에는 올즈모빌Oldsmobile의 현대식 전륜구동차인 토로나도Toronado에 점화플러그 시간을 제어하는 컴퓨터 장치가 이미 포함되어 있었다. 1980년대 초반에는 배출가스 시스템을 향상시키기 위한 추가적인 컴퓨터들이 도입되었으며, 1980년대 후반에는 전자 제어장치가 케이블을 대체하였다. 계속 발전되어 오늘날 스마트 자동차 내부는 컴퓨터화되어 있다. 집에 있는 다양한 전자기기와 비교했을 때 주차되어 있는 스마트 자동차가 가장 스마트하다고 생각해도 과장된 표현이 아닐 것이다.

스마트 기능

우선 자동차의 기본 기능을 어떻게 컴퓨터가 제어할 수 있는지 알아보자. 많은 주요 시스템은 더욱 효율적이고 안전하게 운용되도록 마이크로프로세서에 의해 제어된다. 일부 정비공들은 오늘날의 스마트 자동차를 바퀴 달린 컴퓨터로 바라본다. 실제로, 자동차가 최상의 조건에서 운용되기 위해서는 30개, 혹은 그 이상(고급 차의 경우에는 100개에 가깝다)의 컴퓨터가 필요할 수도 있다.

일반 자동차의 어떤 기능들이 컴퓨터에 의해 제어되고 있는지 아래 목록을
살펴보자.

- 에어백 시스템
- 잠김 방지 제동장치
- 좌석 자동 조절
- 자동변속기
- 온도 제어 시스템
- 크루즈 컨트롤
- 엔터테인먼트 시스템
- 공회전 속도
- 무선도어잠금 장치
- 보안 시스템

이런 기능들은 다양한 전자 센서를 통해 작동하는데, 컴퓨터로 실시간 정보
를 전송한다. 기압 센서, 기온 센서, 엔진 온도 센서, 노크 센서, 산소 센서,
스로틀 포지션 센서 등이 이에 포함된다. 이런 센서에서 발생된 데이터는
점화플러그, 연료 분사 등 여러 핵심 요소들을 통제하는데 사용된다. 오늘
날 자동차에 사용되는 가장 최신기술의 제어장치는 그림 8.1에서 볼 수 있는
ECU와 비슷하다. ECU는 엔진의 운용, 배출 및 연료 절약을 제어하기 위
해 수십 개의 다른 센서들의 출력을 감시한다.

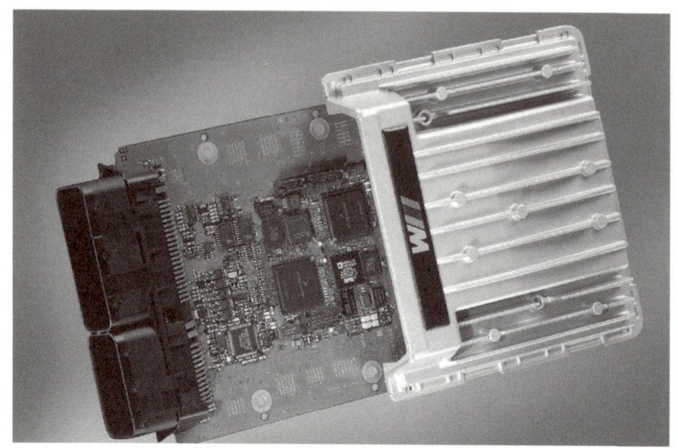

그림 8.1 BMW의 ECU

스마트 진단

자동차 센서에서 수집된 데이터는 중앙 통신 모듈Central communication module로 전송되어 데이터가 보관된다. 이런 센서는 잘못된 부분을 감지하여서 엔진 경고등을 통해 운전자에게 경고해 준다. 자동차를 서비스 센터에 가져가면 기술자들은 무엇이 잘못되었는지 간단히 진단 코드를 확인한 후 수리할 수 있다.

앞서 설명한 것처럼 많이 진보된 기술이라고 생각할 수도 있지만, 실제로는 그렇지 않다. 자동차에 내장된 컴퓨터는 실제로 아무것도 진단하지 않는다. 또한 자체적으로 그 어떠한 것도 고치지 않는다. 컴퓨터는 단지 자동차의 센서들이 보낸 에러 코드를 저장할 뿐이다. 기술자들은 스타트렉에서 보던 화려한 이미지로 설명된 안내 창을 받는 것이 아니라 간단한 숫자 코드의 목록을 받은 후 의미를 파악한다. 진단할 때 그 어떤 정보도 제공받지 않는 것보다 이러한 방법이 더 스마트하다고 생각할 수 있다.

주말이면 차를 고치기 위해 공구 상자를 꺼내고 손을 더럽히던 시절은 이미 지나간 지 오래다. 대신, 오늘날에 기술자들은 자동차 안에 내장된 최첨단 컴퓨터로 제어되는 기능들을 통해 문제를 진단하고 고치기 위한 다른 장비를 가지고 있다. 우리는 더 이상 자동차를 직접 고칠 필요가 없으며 공인 서비스센터에 가져가야 한다.

미래에는 자동차의 전자 기술이 더 스마트해질 것이기 때문에 진단은 더욱 쉬워질 것이다. 해독할 수 없는 에러 코드를 만들어 내는 대신, 스마트 자동차의 더 스마트해진 컴퓨터는 무엇이 문제인지 언어(영어나 한국어)를 보여 줄 것이다. 기존의 경고등 또한 더욱 스마트해질 것이다. 단순한 타이어 저압을 보여 주는 것 대신, 운전자는 계기판에서 어떤 타이어에 공기가 빠졌는지 상세하게 확인할 수 있다. 이런 정보는 우리의 삶을 측정할 수 없을 만큼 간편하게 만들어 줄 것이다. 기존 계기판에서는 엔진 경고등이 켜졌을 때 무엇을 의미하는지 알기 힘들었다. 아무 의미도 아닐 수 있지만 정말 심각한 것일 수도 있다. 자동차를 기술자에게 진단받기 전까지 모르고 있을 뿐이다. 스마트 시스템은 이런 광범위한 경고 대신 우리에게 어떤 것이 정말 문제인지 알려 주고, 어떤 조치를 취해야 하는지를 알려 줄 수 있는 계기판을 사용한다.

스마트 진단 시스템은 문제가 발생하기 전에 잠재적인 문제를 미리 확인할 수 있다. 또한 컴퓨터는 당신뿐만 아니라 수리센터에도 이런 문제를 공유할 것이다. 서비스 센터에 정보를 전달하기 위해 무선 기술(와이파이나 무선전화)을 사용할 것이다. 서비스 센터는 필요한 부품을 확인한 후 미리 주문을 하거나 수리 일정을 잡기 위해 당신에게 연락할 것이다. 어설픈 추측은 줄어들고 자동화된 진단이 보편화될 것이다. 이것이 미래의 스마트한 진단이다.

더 스마트한 드라이빙

스마트 드라이빙 시스템은 빠르진 않지만 일반 가정에서 사용하기에는 무리가 없다. 이것을 자율주행 자동차라고 오해할 수도 있을 것이다. 그러나 스마트 자동차는 운전자가 어렵거나 위험한 주행을 할 때 도움을 줄 수 있는 전용 시스템을 말한다.

가장 흔한 스마트 운전 시스템은 크루즈 컨트롤이다. 속도를 일정하게 유지시켜 주는 장치인 크루즈 컨트롤은 수십 년 동안 사용되어 왔다. 새로운 적응형 크루즈 컨트롤은 앞에 있는 자동차와의 거리를 감시해 필요한 만큼 속도를 조절한다. 기존에 사용하던 크루즈 컨트롤은 교통량이 많은 상황이 발생될 경우 브레이크를 밟거나 크루즈 컨트롤 시스템을 꺼야만 했다. 그러나 적응형 크루즈 컨트롤은 교통흐름에 따라 적절히 조절하여 주행을 돕는다.

오늘날의 많은 자동차들은 차선 유지 보조 시스템을 통해 차의 위치가 차선 안에 있는지를 감시하고 옆 차선으로 이탈하지 않도록 도와준다. 운전 시 차선을 이탈하면 경고를 받을 수 있고, 일부 고급 모델의 경우에는 자동차 스스로 차선을 유지하도록 조정하기도 한다. 주차 보조 시스템도 요즘 많이 보편화되었다. 이러한 시스템은 많은 사람들이 겪고 있는 평행주차의 어려움을 해결하는데 도움을 준다. 예를 들어, 폭스바겐의 주차 보조 시스템은 자동으로 가장 가까운 주차 공간을 탐지해 공간을 측정한 후 현재 위치를 파악하고 주차를 할 수 있도록 움직인다(그러나 여전히 액셀러레이터와 브레이크를 사용해야 한다). 자세한 과정은 그림 8.2에 설명되어 있다.

특히 최첨단의 자동차에는 더 많은 기능들이 포함되어 있다.

- 인피니티 Q50은 차선 유지, 크루즈 컨트롤, 충돌 방지 시스템을 위해 비디오 카메라, 레이더 등 여러 기술들을 사용한다.
- 메르세데스 S-클래스는 자율주행, 주차, 사고 방지 및 운전자 피로 감지를 위한 시스템을 제공한다.
- 일부 BMW 자동차들은 속도 제한 간판을 읽을 수 있어 자동으로 적당한 속도로 유지시킬 수 있다.

- 테슬라 모터스의 오토파일럿AutoPilot 모드는 자동차의 주행, 브레이크 및 속도를 통제한다. 또한 자동 주차 기능도 제공된다.

- 볼보의 2014년도 모델은 적응형 크루즈 컨트롤을 통해 앞 차와의 일정거리를 유지할 수 있을 뿐만 아니라 차선을 변경할 수 있게 도와준다.

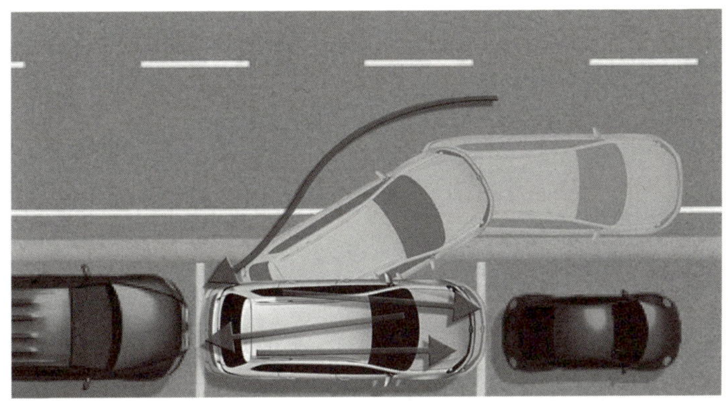

그림 8.2 폭스바겐의 주차 보조 시스템 덕택에 자동으로 주차가 가능하다

스마트 커뮤니케이션

이러한 기기는 자동차의 다른 기기들과 상호작용하여 통신한다. 오늘날의 자동차용 시스템은 유선 연결(무선이 아니다)을 통해 작동한다. 가장 많이 사용되는 통신 표준은 CANController Area Networking이다. 이 표준은 500Kbps의 속도로 통신이 가능하도록 해준다. 이 속도는 홈 네트워크 보다는 느리지만 자동차 기기 간에 간단한 데이터를 전송하기에는 충분히 빠르다.

앞으로 자동차는 서로 통신을 하며 더욱 스마트해질 것이다. 근방에 있는 자동차를 확인하기 위해 근접 센서나 레이더에 의존하는 대신, 다른 차에서 전파 신호를 받을 수 있을 것이다. 또한 자동차의 컴퓨터는 다른 자동차의 컴퓨터와 통신할 것이다. 자동차는 다른 자동차가 무엇을 할 것인지, 어디에 갈 것인지, 어떤 길로 갈 것인지, 그리고 얼마나 빨리 갈 것인지 알 수 있을 것이다. 실시간으로 이러한 정보를 공유함으로써 자동차는 통신한 차와의 접촉을 피할 수 있을 뿐만 아니라 함께, 혹은 각자 지나갈 수 있는 최적의 경로를 결정할 수 있도록 적합한 방향과 속도를 계산할 수 있게 된다.

자동차 간 통신 시스템은 자율주행 자동차의 일부이며, 더 안전한 운전을 하도록 돕는다. 전미全美 고속도로 교통 안전 위원회에 의하면, 이러한 유형의 자동차 간 통신은 80% 이상의 교통사고를 방지하는데 도움을 줄 수 있다고 한다.

스마트 엔터테인먼트

자동차에서 가장 보편화된 기술 중 하나는 지능적인 엔터테인먼트 시스템이다. 이 기능은 운전하는 동안 좋아하는 음악을 더 쉽게 들을 수 있도록 도와준다. 오늘날 최첨단 자동차용 엔터테인먼트 시스템은 AM/FM, CD 플레이어는 물론이고 USB 메모리와 연결이 가능한 USB 포트도 제공된다. 이러한 시스템은 아이폰을 통하여 계기판을 제어할 수 있고 심지어는 현재 선택한 앨범을 보여주기도 한다.

더 나아가 많은 자동차용 엔터테인먼트 시스템은 블루투스를 통해 케이블 없이 스마트폰을 연결할 수 있다. 필자의 차인 혼다 CR-V의 시동을 켜면, 자동차는 자동으로 나의 삼성 스마트폰을 인식하고 스마트폰에 저장된 음악을 틀기 시작한다. 나는 보조 입력을 선택하는 것 이외에는 아무것도 하지 않아도 되며, 노래가 마음에 들지 않으면 '다음' 버튼을 누르면 된다.

일부 자동차는 특정 스트리밍 음악 서비스를 위한 내장된 앱을 제공하여 (물론 스마트폰이 연결된) 계기판에서 직접 음악을 재생할 수 있다. 판도라 앱이 가장 보편화되어 있지만 일부 자동차는 스포티파이, 아이하트라디오 등 다른 앱도 제공한다.

애플의 카플레이CarPlay 기술은 자동차용 음악 재생을 더 쉽게 만든다. 카플레이는 애플의 시리 음성인식 기술을 사용해 선택한 몇 개의 단어만으로도 엔터테인먼트 시스템을 제어할 수 있게 도와주기 때문에 기존의 다이얼이나 터치스크린 방식보다 편리하고 안전하다. 그림 8.3은 운용 중인 카플레이 시스템을 보여 준다. 카플레이 시스템은 애플 지도 앱과 연동해 지도/길 안내, 문자 메시지, 전화 통화 등도 제어할 수 있다.

그림 8.3 애플의 카플레이 시스템

애플은 카플레이를 자동차용 엔터테인먼트 시스템에 통합시키기 위하여 주요 자동차 제조업체들과 일하고 있다. 카플레이 기술은 추후 몇 년 이내에 아우디, BMW, 쉐보레, 크라이슬러, 닷지, 포드, 혼다, 현대, 마즈다, 메르세데스, 닛산, 스즈키, 도요타, 볼보 등 더 많은 업체들의 자동차에서 볼 수 있을 것으로 예상된다.

음성 명령은 애플의 카플레이 시스템에서만 제공되는 것이 아니다. 다른 제조업체 또한 유사한 음성 제어 기술을 통해 전화를 걸거나 문자, 전자우편 메시지에 응답할 수 있도록 한다. 심지어 일부 자동차들은 문자 메시지를 읽어 주기 때문에 운전 중에도 직접 문자를 확인하지 않아도 된다.

구글은 안드로이드 오토Android auto를 개발 중이다. 이를 통해 엔터테인먼트 시스템, 지도 및 구글 지도를 통한 길 안내 등을 제어할 수 있다. 그림 8.4는 지도와 음악 정보를 담은 안드로이드 오토 화면을 보여 준다. 카플레이나 안드로이드 오토 시스템은 스마트폰, 자동차 터치스크린 화면이나 음성 명령으로 제어할 수 있다. 구글은 애플과 같이 수많은 자동차 제조업체와 파트너 관계에 있기 때문에 경쟁 관계에 놓인 이 두 시스템 중 자동차용 제어를 위한 전쟁에서 누가 승리할지는 아직 지켜봐야 한다.

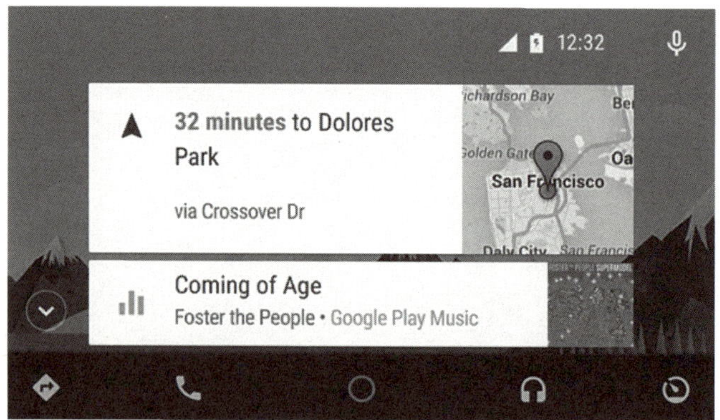

그림 8.4 구글의 안드로이드 오토 시스템

스마트 온도 조절

자동차용 온도 조절 시스템 또한 점점 스마트해지고 있다. 온도를 올리기 위해 오른쪽으로 돌리고, 바람을 내기 위해서 왼쪽으로 돌리는 예전의 히터/에어컨은 오래 전에 없어졌다. 오늘날의 시스템은 우리가 원하는 온도를 정확히 맞출 수 있으며, 계속 그 온도로 유지하도록 스스로 켜고 큰다. 또한 구획별 제어가 가능하기 때문에 운전자와 동승자가 개별적인 온도를 설정할 수 있도록 한다. 이런 기능들은 전부 컴퓨터로 제어되어 운용되고 있다. 그림 8.5는 포드의 마이포드 터치MyFord Touch 통신/조절 시스템 일부인 듀얼존dual-Zone 온도 조절 시스템을 보여 준다.

온도 조절은 앞으로 더욱 스마트해질 것이다. 자동차는 당신이 가지고 다니는 특정한 전자 열쇠로 누가 운전하고 있는지 인지하고 자동으로 내가 원하는 온도로 조정할 것이다. 또한 내가 앉기 편하도록 자동으로 좌석을 조정해 주며 운전자가 선호하는 라디오 주파수를 맞추고 듣기 좋은 볼륨으로 틀어 줄 것이다. 이 모든 것은 당신이 무엇을 좋아하는지, 좋아하지 않는지에 기반하여 이루어진다.

그림 8.5 마이포드 터치 시스템 듀얼 존 온도 조절 시스템

스마트 자동차 해킹

앞서 언급했다시피 스마트 자동차는 운전자와 동승자 모두에게 매우 편리한 기능을 제공한다. 그러나 스마트 자동차 또한 해킹을 당할 수 있는 위험을 가지고 있다.

만약 당신이 고속도로에서 시간당 약 112km의 속도로 자동차를 운전하고 있다고 가정해 보자. 운전 중 갑자기 운전대가 왼쪽으로 세게 돌아가고 당신은 옆 차선에 있는 자동차에 부딪힌다. 이러한 오작동은 왜 일어났을까? 이것은 자동차의 문제가 아니라 누군가가 당신의 자동차 컴퓨터 시스템을 해킹해서 벌어진 일일 수도 있다. 스마트 자동차가 무선, 혹은 모바일 네트워크를 통해 통신하기 시작한 지금 아주 가망성 없는 이야기는 아니다.

이는 오늘날의 자동차 제어 시스템이 원시적이며 컴퓨터나 스마트폰과 달리 보안 설정이 되어 있지 않거나 상대적으로 약하기 때문이다. 즉, 만일 누군가 그러기로 마음을 먹으면 자동차는 상대적으로 해킹하기 쉽다. 자동차 제조업자들은 이러한 위협에 대해서 인지하고 있으며 보안 시스템을 개선하기 위하여 노력하고 있다고 언급한다.

가장 큰 자동차 부품 공급업자 중 하나인 콘티넨탈은 IBM, 시스코와 협력하여 전자기기에 방화벽을 추가하려고 한다. 포드와 도요타 또한 자동차를 보호하기 위해 방화벽을 만들고 있고, 자동차용 컴퓨터에 보안 칩을 끼워 넣고 있다. 스마트 자동차가 미래에 더 안전해질 것으로 보이지만 보안 문제는 여전히 존재하고, 일부 제조업자들에게 문제가 될 수 있다.

자율주행 자동차

최근 뉴스에 의하면 전 세계 자동차 제조사들이 운전자가 운전하지 않고도 목적지까지 스스로 주행하는 자율주행 차량을 개발하고 있다고 한다. 구글, 애플 등 다양한 업체가 자율주행 차량 개발에 가세하고 있다.

자율주행 자동차는 어떻게 작동할까?

자율주행 자동차는 사람이 운전하지 않는, 스스로 운전할 수 있는 자동차를 말한다. 이 자동차는 다른 자동차나 도로를 인식하여 어디에 있는지 감지할 수 있을 뿐만 아니라 미리 설정한 좌표를 따라 길을 찾기 위한 센서, 컴퓨터 및 다른 스마트 기술들을 사용한다. 자동차가 완전히 자율적으로 운전하기 위해서는 다양한 기술들이 이용되며, 아래 사항들을 포함한다.

- 자동차의 모든 측면 확인이 가능한 360도 회전 카메라
- 교통 혼잡에서 속도 제어가 가능한 적응형 크루즈 컨트롤
- 충돌 방지를 위한 긴급제동장치 및 조향 보조 시스템
- 정확한 위치와 길 안내를 위한 GPS
- 다른 자동차 및 사물과의 일정한 거리 유지 감지를 위한 라이다LIDAR
- 보행자 및 자전거 이용자를 다른 사물로 인식하고 윤곽을 잡을 수 있는 스테레오 카메라(입체 사진 촬영용 카메라)

Note

라이다는 레이저를 목표물에 비추고 반사된 빛을 분석하여 거리를 측정하는 기술이다. 레이더는 전파를 이용한다. 자율주행 자동차는 이 모든 작업을 담당하는 컴퓨터를 가지고 있어야 한다. 자동차용 컴퓨터는 이 모든 센서와 시스템을 하나로 통합하여, 주어진 상황에 어떠한 행동을 취해야 하는지 결정해야 한다. 더 나아가 자동차용 컴퓨터는 GPS에 기반하여 필요한 모든 여정의 설정 기능을 처리하게 될 것이다.

필자는 특히 자동차가 장애물을 감지하면 도로에서 스스로 나갔다가 다시 들어오는, 회피적인 조종을 가능하게 하는 긴급제동장치와 조향 보조 시스템에 매료되었다. 그림 8.6은 콘티넨탈의 시스템 중 하나인 긴급 조향 보조 시스템Emergency Steer Assist system을 보여 준다. 그림에서처럼, 시스템은 브레이크 및 조향 보조 시스템이 작동할 수 있는 시간을 충분히 둔 상태에서 자동차나 장애물 경고가 이뤄진다. 즉, 우리가 운전하는 반응시간보다 더 빠르고 정확하게 다음 차선으로 속도를 늦춰 이동한다.

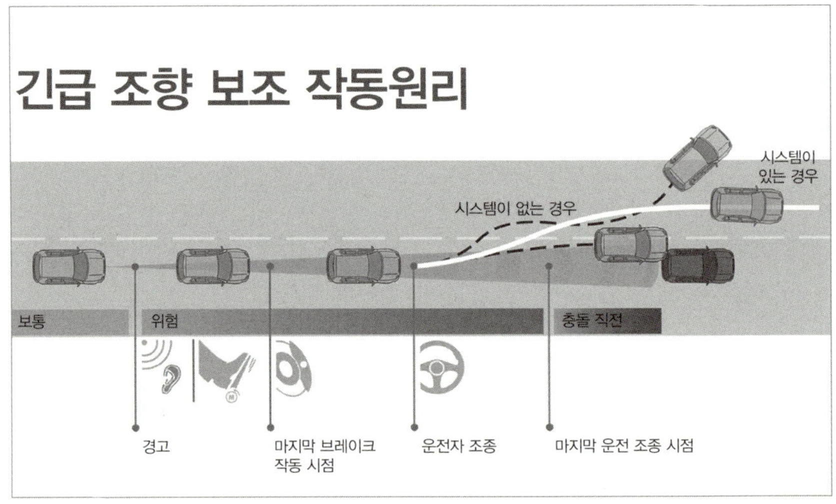

그림 8.6 콘티넨탈의 조향 보조 시스템이 작동하는 방법

이러한 유형의 충돌 방지 시스템과 적응형 크루즈 컨트롤이 합쳐져, 자동차는 이동 중에 그 어떠한 것과도 충돌하지 않고 운전할 수 있다. 정확한 길은 GPS와 내비게이션을 통해 명시된다. 운전자가 도착지를 설정하면 (혹은 그냥 말하거나) 자동차의 컴퓨터는 도착지까지 최적의 여정을 계산할 것이다. 그런 다음에 자동 시스템은 여정을 따라 운전할 것이다.

앞으로 출시될 자율주행 자동차는?

자율주행 자동차에 필요한 대부분의 자동 시스템은 이미 오늘날 존재한다. 대부분의 자동차 제조업자들은 자체 자율주행 자동차에 대한 계획을 가지고 있다. 주요 자동차 회사들이 앞으로 몇 년 안에 출시할 제품은 아래와 같다.

- 아우디는 자율주행, 가속 및 정지가 가능한 자동차를 출시할 것이다.
- 캐딜락은 자동 차선 유지, 속도 및 브레이크 제어가 가능한 모델들을 선보일 계획이다.
- 메르세데스는 다른 자동차의 추월과 함께 자율주행이 가능한 오토반 파일럿Autobahn Pilot(미국에서는 하이웨이 파일럿Highway Pilot)을 선보일 계획이다.
- 도요타는 자동화 고속도로 주행 보조, 차선 추적 컨트롤, 협력-조정형 크루즈 컨트롤이 가능한 자동차를 선보일 계획이다.

앞으로 다가올 기술을 먼저 살펴보면, 콘티넨탈은 첨단 운전자 보조 시스템을 통해 다양한 자율주행 기술을 선보이는 것에 집중하고 있다. 현재 콘티넨탈은 제한적이긴 하지만 고속도로 주행과 건설현장에서 사용 가능한 자동 보조 시스템을 선보일 수 있도록 계획하고 있다. 2017년까지 자율 저속 주행을 추가할 것으로 기대하고 있으며, 2차선 고속도로와 시골길에서 주행할 수 있는 기술을 10년 안에 선보일 것으로 전망된다. 완전한 자율주행은 2025년에 이용 가능할 것으로 예상되며, 프리미엄과 고급형 자동차들이 이 기술을 먼저 제공할 것이다.

인덕트 테크놀로지는 골프 카트와 오픈 셔틀을 합친 나비아Navia를 선보였다. 그림 8.7에서 볼 수 있듯이, 나비아는 보행자 구역에 사용되며 약 20km의 속도로 자율주행한다.

그림 8.7 나비아 전자 자동화 차량

자동화의 레벨

자율주행 자동차는 몇 단계의 단계를 거치고 나서야 완전한 형태를 갖출 것이다. 미국 도로교통안전국NHTSA에서는 자동화의 레벨에 따른 분류 시스템을 아래와 같이 정의하였다.

- 0 단계 : 운전자가 자동차를 완전히 통제한다. 오늘날의 우리가 하고 있는 것이다.
- 1 단계 : 자동 브레이크 및 전자 제어 주행 안전 시스템과 같은 기능들이 자동화된다. 우리는 이 시대에 막 진입하고 있다.
- 2 단계 : 적응형 크루즈 컨트롤과 차선 유지를 함께 적용하는 것처럼, 적어도 두 가지 제어가 동시에 자동화가 된다.
- 3 단계 : 운전자는 특정한 조건에서 시스템이 안전에 관한 기능을 제어할 수 있도록 한다. 이 단계에서 자동차는 시스템 제어가 언제 끝나는지를 파악하여 운전자에게 알려 준다.
- 4 단계 : 자동차의 전체 여정이 완료될 때까지, 시스템이 모든 안전에 대한 기능을 담당한다. 운전자는 자동차를 직접 제어하지 않아도 된다.

최종적인 자율주행 자동차는 4단계 수준의 기계이다. 이 이상에 오르기까지 적어도 10년이 걸릴 것이다.

구글의 자율주행 자동차

현재 자율주행 자동차를 상업적으로 이용할 수는 없지만 많은 주목을 받고 있다. 아마 거대 온라인 검색 회사인 구글에서 출시하여 그런 것이 아닐까 생각된다.

구글이 왜 자율주행 자동차를 개발하길 원했는지 관련 없을 수도 있지만 필자는 구글 지도 때문일 것이라고 생각한다. 아마 전 세계의 로드 뷰 사진을 제공하는 구글 지도 서비스를 위해 자율주행 자동차에 관심을 갖기 시작했을 것이다.

구글은 다양한 자동차에 장치를 장착하는 것으로 시작했다. 아우디 TT, 렉서스 RXS450 및 도요타 프리우스에 자율주행 하드웨어와 소프트웨어를 설치했다. 이런 경험을 바탕으로, 구글은 논리적인 단계를 밟아 왔고 (이들이 하는 모든 것은 정말 논리적이기 때문이다) 구글의 자율주행 자동차 시제품을 생산했다. 구글은 이러한 자동화된 주행 기계를 약 200개 가량 생산할 계획이다. 내년에 캘리포니아 주변을 주행할 만반의 준비가 되어 있다.

역자의 말

최근 뉴스에 따르면 구글 오토의 렉서스 자율주행 자동차 총 23대가 가동 중이며 시험 운행은 캘리포니아와 텍사스 등 일부 주의 일반 도로에서 이루어질 것이라고 한다. 구글이 지난 7월 8일에 밝힌 자율주행 자동차 시험운행 자료를 보면, 2009년부터 2015년 6월까지 14건의 경미한 사고를 경험한 바 있다. 자율주행 자동차가 도로를 달린 누적 거리는 약 289만6천km 수준이며, 매주 평균 1만6km씩 주행거리를 늘리고 있다고 한다.

출처: http://www.bloter.net/archives/235033

구글의 자동차(공식 이름이 없다)는 기존 자동차 업체에서 출시한 것이 아니다. 모양은 그림 8.8에서 보는 것과 같이 어릴 때 가지고 놀던 장난감 자동차와 많이 닮아 보인다.

그림 8.8 구글의 자율주행 자동차

구글 자동차는 약 40km의 최대 속도를 낼 수 있으며 배터리로 충전되는 전기 자동차이다. 구글 자동차는 멈춤/시작 버튼만 있을 뿐 핸들이나 페달이 없다. 내부는 두 사람이 들어갈 공간이 있고, 몸체는 플라스틱이다. 구글 자동차 내부에는 자동차의 주변을 감지할 수 있는 다양한 센서와 기술이 포함되어 있는데 보통 스테레오 카메라, 360° 카메라, 라이다, 레이더, 소나 sonar 기기가 있다. 이 모든 기기들은 다른 시각의 범위와 영역을 가지고 있어 물체들을 다르게 볼 수 있기 때문에 필요하다.

예를 들어, 두 개의 스테레오 카메라를 사용한다면 이 카메라들은 실시간으로 목표물의 거리를 추적할 수 있게 하는 중복된 시각 영역을 만들 수 있다. 이 카메라는 50°의 시각 영역을 가지고 있지만 30m 정도만 정확하게 확인할 수 있다.

자동차 상부에 고정되어 있는 라이다 시스템은 더 정확하게 거리를 측정한다. 이 시스템은 360° 회전할 수 있고 초당 130만 개를 판독할 수 있는 벨로다인Velodyne의 64-빔 레이저로 인해 움직인다. 라이다 시스템은 대략적으로 100m까지 정확하며, 이는 자동차 주변에 대한 실시간 지도를 형성하는 데 큰 도움을 준다.

레이더 시스템은 자동차의 앞부분과 뒤 범퍼에 들어가 있다. 이 시스템은 충격을 방지하기 위해 사용되며 필요 시에 브레이크를 활성화시킬 수 있다. 흥미롭게도 레이더 시스템은 소나 시스템과 함께 사용되는데, 이는 두 기술이 다른 거리를 확인할 수 있기 때문이다. 레이더는 최고 200m까지 작동하며, 소나는 6m 혹은 그 이하의 거리에 작동한다. 이러한 센서에서 생성되는 데이터는 초당 최대 1GB 정도이다. 이 데이터는 자동차 주변의 지도를 만드는데 사용되어 자동차가 차선을 유지하고 장애물을 피할 수 있게끔 만든다.

자율주행 자동차는 다양하고 어려운 시험을 지속해 나가면서 성장하고 있다. 어떻게 사물들이 작동하는지 알면 더 알수록, 우리의 스마트 자동차 또한 더 효과적이고 안전할 것이다.

지금까지 구글의 스마트 자동차를 통해 자전거를 타는 사람의 손짓 신호, 철도 건널목, 다른 차가 도로 한쪽으로 갑자기 이동할 때 무엇을 해야 할지 등과 같은 다양한 운전 조건에 대해 배웠다. 하지만 아직도 일반 운전자가 인식하는 것처럼 나아가기 위해서는 많은 것을 익혀야 한다.

자율주행 자동차의 찬성과 반대

자율주행이 가능할 때 수많은 이점이 생기는 것처럼 단점도 많이 발생한다.

이점

- 충돌 방지 시스템으로 인해 교통사고가 적어진다. 만약 모든 시스템들이 제대로 작동한다면, 충돌은 일어나지 않을 것이다. 이것으로 자동차 수리, 의료 비용 등의 지출이 적어질 것이다.

- 오늘날 대략적으로 35,000명의 사람이 매년 자동차 사고로 사망하며, 이중 90%를 차지하는 사고는 인적 과오로 발생한다. 스마트 자율주행 자동차는 사람이 제어하는 부분을 최소화하기 때문에 이런 사고 발생률을 줄일 수 있다.

- 사고 발생률이 감소하면 보험료는 내려갈 것이다.

- 자율 자동차들이 서로 충돌하지 않고 주행할 수 있으므로 교통 혼잡이 줄어들며, 도로 수용량은 늘어날 것이다.

- 더 빠른 속도로 주행하여 운전 시간이 줄어들 것이다.

- 자동차가 사람을 대신해 운전하기 때문에 주차가 더 쉬워질 것이다. 최종적인 자율주행 자동차는 당신을 문 앞에 내려 주고 스스로 주차하러 갈 것이다.

- 장거리 운행 시 운전자의 피로 때문에 운전을 멈추는 일이 없을 것이다.

- 스트레스도 줄고, 더욱 생산적일 것이다. 사용자들은 운전에 더 이상 집중할 필요가 없을 것이다. 따라서 책을 읽거나 웹 서핑을 하거나, 일하거나, 혹은 이동 중에 낮잠을 잘 수 있을 것이다.

- 운전자에 대한 제약이 사라질 것이다. 자동차가 직접 운전을 하니, 운전자가 미성년자이거나 노인, 만취를 했건 혹은 시각 장애가 있는 것은 아무런 문제가 되지 않는다.

- 모든 시스템이 교통법을 준수하고 사고를 줄인다고 가정한다면 교통 경찰과 자동차 보험의 필요성이 기존보다 줄어들 것이다.

- 누군가 자동차를 훔치려고 하면 바로 스스로 그 자리를 벗어날 수 있을 것이다. 자연스럽게 자동차 절도가 줄어들 것이다.

- 운전자를 고용했던 회사들은 비용을 줄일 수 있을 것이다. 예를 들어, 도미노는 엄청난 양의 배달 비용을 절약할 수 있다.

좋은 생각이지 않는가? 사고는 더 줄어들고 부상과 사망 또한 감소하며, 비용도 줄며, 운전은 더 쉬어진다.

단점

물론, 자율주행 자동차의 모든 것이 이로운 것은 아니다. 당신과 주변 사람들 모두 자율주행 자동차를 가지고 있다면 불편한 점들도 많이 있을 것이다. 아래와 같은 사항들이 이에 해당된다.

- **법적 책임** : 당신의 자율주행 자동차가 사고에 휘말린다면, 누구에게 책임이 있는가? 당신 혹은 자동차? 자동차의 제조업자? 시스템 프로그래머? 아직 그 누구도 모른다.

- **신뢰도** : 만약 자동차가 데스크톱 컴퓨터처럼 구동한다면, 우리는 어려움을 겪게 될 것이다. 출근길 도로 한 가운데에서 자동차를 재시동해야 한다는 것을 상상할 수 있는가?

- **사생활** : 스마트 자동차는 당신에 대하여 많은 정보를 수집할 것이다. 당신이 어디에 가는지, 얼마나 빠른 속도로 운전하는지 등의 대한 정보를 말이다. 누가 이 데이터에 접근할 것이며, 이 데이터로 무엇을 할 것인지 생각해 본 적 있는가?

- **보안:** 자동차를 제어하는 컴퓨터가 해킹당한다면, 어떻게 해야 할까? 자동차 해커는 자율주행 자동차를 완전히 제어하여 이상한 장소로 운전하게 만들거나 혹은 완전히 작동하지 않게 만들 수 있다. 이런 문제들도 심각하지만 또 다른 해커들은 운전 데이터를 이용하여 특정한 광고를 보내는데 사용할 수도 있다. 지금·데스크톱 컴퓨터를 사용할 때 받는 것처럼 말이다.

- **테러리즘:** 사이버 테러리스트들은 폭탄으로 가득 찬 자율주행 자동차를 프로그래밍해 공격할 수 있다.

- **운전자 저항:** 몇몇 사람들은 직접 운전하는 것을 선호하며 컴퓨터 시스템을 원하지 않을 수도 있다. 자율주행 자동차가 운전의 즐거움을 가져가지는 않을지 생각해 보자.

- **경험의 손실:** 만약 당신이 직접 운전을 해야 할 상황에 놓이면 어떻게 될까? 운전을 대신해 주는 자동차로 인해 우리는 운전에 미숙해질 수 있다.

- **일자리 소실:** 자율주행 자동차는 고용주에게 좋은 측면을 가져다 줄 수 있지만 최저임금 운전자들을 실직 상태에 빠뜨릴 수도 있다. 도미노의 배달부와 공항의 택시 운전자들과는 작별 인사를 해야 할지도 모른다. 새로운 환경은 서비스 경제의 전체적인 모습을 바꿔 놓을 수 있다.

윤리적 문제점

윤리적인 부분에 대한 질문이 있다. 만약 자율주행 자동차가 다른 자동차와 부딪치는 것을 감지해, 방향을 바꾸는 순간 보행자와 충돌하는 결과를 야기한다면, 어떻게 해야 할까? 충돌 시에 자동차의 승객과 다른 자동차의 승객 중에 누구를 먼저 보호해야 할지에 대한 결정은 어떻게 내릴까? 어떤 수준까지 자동차가 당신을 보호하게 할 것인가? 만약 당신을 보호하는 것이 다른 운전자를 해치는 것을 의미한다면? 이런 어려운 선택도 알고리즘과 프로그래밍에 포함되어 있다면 그렇게 어렵지 않게 결정될 수도 있다. 어쩌면 당신은 이런 문제에 대해 자동차 제조업체들과는 다른 생각을 가지고 있을 수도 있다. 윤리적인 측면에서, 선택할 수 있는 여러 가지 접근 방법들이 있다. 당신의 자동차는 다음과 같이 프로그램화될 수 있다.

- **민주주의적** : 주어진 시나리오에서 모든 사람이 동등한 가치를 지닌다고 추정한다.
- **실용적** : 특정한 사람이 다른 사람보다 더 중요하다고 판단한다. 예를 들어, 자동차는 어린이 보호구역의 아이나 보행자에게 우선순위를 두도록 프로그램화될 수 있다.
- **자기 중심적** : 자동차의 승객인 당신이 항시 우선순위에 들도록 한다.
- **물질주의적** : 최소한의 재산 피해 혹은 법적 책임이 가해지도록 한다.

제조업체들이 정한 윤리적인 시각들이 프로그램화되어 있더라도 자동차 주인이 어떤 결과를 선택할지 결정할 수 있도록 할 수 있다. 자동차의 주인인 당신은 사고에서 다른 자동차의 승객이나 보행자에 비해 스스로를 얼마만큼 보호할지도 설정할 수 있다. 이렇게 되면 제조업체에서 당신에게로 윤리적인 책임이 전가되는 것이다.

하지만 얼마나 많은 사람들이 아직 일어나지 않은 사고에 대해 생각하고 싶어 할까? 많은 사람들은 제조업체가 기본으로 제공한 윤리 설정을 받아들일까? 대부분의 사람들이 의무적, 법적 권리 포기 각서를 읽어 보기나 할까? 아마 그렇지 않을 것이다. 우리는 사용하고 있는 소프트웨어의 사용 조건도 제대로 읽지 않고 있다. 이것은 윤리적 딜레마를 넘어 법적인 문제로 이어진다. 만약에 자동차 제조업체가 윤리적인 "만약에 그러하다면" 프로그래밍이 수행되도록 자율주행 자동차를 설정한다면, 회사는 이런 프로그램의 실행으로 인해 발생한 부상이나 죽음에 대한 책임이 있을까? 단순한 상상만으로도 얼마나 복잡해질지 느껴진다.

법적인 측면

법적 책임에 대한 질문의 답은 (그리고 윤리적인 질문 또한) 결국 법정과 입법자가 결정할 것이다. 현재 입법자들이 일하는 속도를 고려해 봤을 때, 법이 기술을 따라잡지는 못할 것이다. 상황은 이렇다. 만약 당신의 자율주행 자동차가 자율 운전 모드에 있는 와중에 사건에 휘말린다면 누가 책임을 지게 될까? 물리적으로 운전하지 않았음에도, 차량의 주인인 당신인가 아니면 자동차 제조업자인가? 그들도 아니면 자동 운전 소프트웨어의 개발자인가? 누가 최종적인 책임을 지게 되는 것일까?

만약 운전자인 당신이 특정 상황에 반응하도록 자동차를 직접 설정했다면 법적 책임이 바뀔까? 아니면 제조업자가 윤리적인 반응을 프로그램화했다면 (자동차의 승객을 먼저 구하고, 보행자와의 충돌을 방지하는 것 등), 자동차 회사에게 법적 책임이 있을까? 그리고 우리가 이런 환경에 놓이기 전에 근처 도로에서 자율주행 자동차를 주행하는 것이 얼마나 합법적인 것일까? 지금 우리는 자율주행 자동차를 사용 가능한가, 아닌가?

대부분의 도시, 나라의 자동차 법에는 자율주행 자동차와 관련된 법안이 포함되어 있지 않다. 이것은 법적인 틈을 만든다. 현존하는 법들은 자율 자동차를 금하지도 확실하게 허용하지도 않는다. 오늘날의 법은 사람이 운전한다고 가정하고 이에 따라 사람이 자동차의 움직임에 책임을 져야 한다고 추정한다. 자율주행 자동차의 등장으로, 이러한 법들은 바뀌어야 할 필요가 있다.

현재까지, 캘리포니아, 플로리다, 미시간, 네바다, 그리고 컬럼비아 특별구를 포함한 일부 주에서만 자율주행 자동차의 사용을 합법화하는 법을 제정하였고 다른 많은 주들 또한 유사한 법률을 제정하고 있는 중이다. 향후 몇 년 이내에 대부분의 관할권에서 자율주행 자동차가 허용될 것으로 보인다.

하지만 이러한 법들은 여전히 끊임없이 변화하고 논쟁이 벌어지고 있는 법적 책임 문제를 다루지 않는다. 미국의 자동차 부서와 입법자들은 현재 이 문제에 대해서 논의하고 있고 법률의 초안을 작성하고 있다. 자동차 제조업체, 보험회사, 그리고 다른 산업들은 도움이 되는 조언을 주고 있다. 앞으로 당신과 나와 같은 운전자들은 이에 관해 의견을 밝힐 기회가 있을 것이다. 요점은, 자율주행 자동차가 성공적이고, 판매되기 위해서는 법적인 문제가 먼저 해결되어야 한다는 것이다.

도로에서 일어날 수 있는 모든 일에 대한 해결책을 마련하지 않은 채 자동차를 시장에 선보이지는 않을 것이다. 법이 제정되면 누가, 언제, 무엇을 했는지에 대한 책임이 결정되고 판단될 것이며 이에 따라 자동차 보험 산업은 보장 정책이나 보험 상품의 비율을 재조정할 것이다. 아마 신상품이 발표될 때쯤이면 이러한 문제들의 일부는 해결되었을 것이다. 많은 기업들이 문제 해결을 위해 발 벗고 뛰고 있으니 우리는 너무 걱정하지 않아도 된다.

스마트 자동차와 우리

현재 자율주행 자동차인 스마트 자동차를 이용할 수는 없다. 향후 몇 년 이내에 볼 수 없을 지도 모른다. 그렇기 때문에 적어도 몇 년 동안은 자율주행 자동차의 윤리나 법적 책임에 대해서 걱정할 필요가 없다. 자동차들이 시장에 선보이게 되면 포드나 쉐보레, 혼다나 도요타가 아닌 아마 고급 자동차 제조업체인 아우디, BMW, 메르세데스 등에서 처음 출시될 것으로 생각된다.

대부분의 자동차 기술처럼, 자율주행 시스템 또한 고가에서 저가로 내려올 것이며 이는 몇 년간의 여정을 거칠 것이다. 그러므로 1,800만 원 상당의 자율주행 자동차 시대는 수십 년 뒤의 이야기일 것이다. 그렇긴 하지만, 만약 당신이 지금 새로운 자동차를 보러 간다고 하면, 고려해 볼 만한 스마트 기술이 있다. 일부 고급 자동차 모델에는 이미 많은 스마트 기능들이 제공되고 있다. 최근에는 약 2,400만 원 정도의 모델에도 이런 스마트 기능들이 선보여지고 있다.

예를 들어, 필자의 아내 차인 2014년 혼다 어코드는 차선 이탈 경고, 백업과 사각 지대 카메라, 블루투스를 이용할 수 있는 엔터테인먼트를 가지고 있다. 이 기술이 더 보편화되면 많은 자동차에서 이용할 수 있게 될 것이다. 더 스마트한 진단 시스템은 몇 년 안에 선보여질 것이다. 그러나 수리 일정을 잡는 능력을 갖춘 자율 진단 자동차는 아직은 이르다. 앞으로 이러한 기능은 점차 발전해 빠른 시일 내에 출시될 것이다.

결국 중요한 것은 다가오는 스마트 기술에 대해 주의하고 당신의 선택권을 인식하며, 새로운 자동차를 구입하기 위해 시장을 둘러보았을 때 어떤 것을 이용할 수 있는지를 확인하고 혜택을 누려야 한다는 것이다. 일부 제조업체들은 다른 제조업체보다 기술면에서 앞서 나갈 수 있지만, 아직은 모두 시작 단계일 뿐이다. 당신이 기다리고 있는 스마트 기술들이 무엇이든 간에 결국 우리 앞에 나타날 것이다. 침착하게 기다려 보자.

스마트 자동차 시장 동향

앞서 설명한 구글의 무인자동차 외에도 수많은 회사들이 이미 무인자동차 개발에 성공했거나 마지막 테스트를 진행 중에 있다. 세계 최초로 운전면허를 취득한 무인 트레일러인 독일의 다임러 트럭은 미국 네바다에서 공공도로를 주행할 수 있다.

이 트럭에는 주행과 감속을 돕는 액티브 크루즈 컨트롤Active Cruise Control과 액티브 브레이크 어시스트Active Brake Assist를 제공할 수 있는 레이더가 있다. 또한 차선 표시를 인식해 무인 차선 인도를 위한 조타 장치인 하이웨이 파일럿Highway Pilot과 커뮤니케이션할 수 있는 입체 카메라, 고속도로에서 속도 유지를 위해 자동차 간의 거리를 자동으로 조절할 수 있는 적응형 순항 제어 기술이 탑재되어 있다. 다임러의 하이웨이 파일럿 컴퓨터 시스템은 카메라와 레이더 기술을 연결해 차선 유지, 충돌 회피, 속도 제어, 감속, 조정 등의 기능을 제공한다.

독일 다임러 트럭

출처
- http://www.itworld.co.kr/news/93288
- 이미지: FREIGHTLINER

Chapter 09

스마트 항공기 : 드론의 침범

스마트 항공기란 크지 않아도 되고, 승객을 실을 필요도 없이 스스로 비행이 가능한 항공기이다. 여기서 설명하려는 스마트한 항공기는 이미 당신이 알고 있듯이, 바로 '드론'이다.

오늘날 드론은 다양한 곳에서 쓰이고 있다. 이미 전쟁이 발생한 곳에서 드론을 사용하고 있으며 지구대는 드론으로 사람들을 감시하기도 한다. 피자 가게에서는 드론을 이용하여 피자를 배달할 수도 있을 것이다.

앞으로 드론은 점점 더 많이 늘어날 것이다. 이 스마트한 로봇 항공기를 하늘로 띄워 할 수 있는 일들은 아주 많다.

무엇이 드론이고 무엇이 드론이 아닌가?

드론은 흔히 무인항공기라고 언급되는 것일 뿐, 그 이상도 이하도 아니다. 단지 탑승한 조종사라든지 승객이 없는 상태에서 어떠한 크기나 형태에 구애받지 않고 스스로 날 수 있는 비행기이다. 그저 자동으로 혹은 원격으로 조종할 수 있는 로봇 비행기라고 생각해 보자.

무인항공기의 이해

최근 드론은 큰 이슈가 되고 있지만, 무인항공기는 더 이상 새로운 것이 아니다. 사실 오늘날의 드론은 어린 시절에 날리던 무선조종 비행기나 헬리콥터 같은 것과 다름없다.

그림 9.1처럼, 무인항공기는 항공기 몸체, 엔진(가솔린이나 전기 혹은 가스), 그리고 무선 원격 조종기로 구성되며 프로펠러로 가동된다(소형 제트 엔진으로 작동되기도 한다). 모델은 소형이면서 값이 비싸지 않은 것부터 대형이면서(날개 범위가 약 2.1m 정도) 값비싼 것까지 다양하다.

그림 9.1 이륙 준비 중인 이플라이트E-flite의 UMX F4U 코르세어Corsair

이륙시키기에 살짝 어려움이 있지만, 더욱 다용도로 사용되는 무선조종 헬리콥터가 있다. 그림 9.2에서 볼 수 있는 이 무선 헬리콥터는 디지털 카메라나 비디오 카메라를 부착시키고 스마트폰으로 조종하면 원거리에서도 동영상을 찍을 수 있다. 이것이 무선조종 헬리콥터가 일반 대중들 사이에서 인기를 얻고 있는 비결일 것이다. 쿼드로터 헬리콥터quadrotor helicopter는 가장 최신의 무인항공기이며 아마 가장 손쉽게 날릴 수 있는 제품일 것이다. 이 헬리콥터는 일반적으로 쿼드콥터Quadcopter라고 불린다.

그림 9.2 m11 FHM 코브라 미니 무선조종 헬리콥터

쿼드콥터는 그림 9.3에서 보듯이 네 개의 흰 고정 회전날개를 가진다. 두 개는 시계 방향(오른쪽)으로, 나머지 두 개는 시계 반대 방향(왼쪽)으로 돌면서 운항 안정성을 준다. 쿼드콥터는 드론처럼 현재 민간 분야에서도 이용되고 있다.

그림 9.3 패럴랙스Parallax의 ELEV-8 V2 쿼드콥터

그림 9.4에서 보이는 조종기 하나로 무인항공기를 조종한다. 자체 조종기가 함께 나오기도 하고 무선수신기가 포함되어 있어 본인만의 조종기를 제작할 수도 있다. 모든 신호는 무선 주파수 신호(72MHz 혹은 2.4GHz)를 통해 보내지며, 이 신호를 통해 항공기의 러더(rudder, 좌우 방향키), 엘리베이터(elevator, 상승하강 방향키), 스로틀(throttle, 연료 조절판), 에일러론(aileron, 보조날개 방향키) 등을 제어할 수 있다.

그림 9.4 스펙트럼_{Spektrum}의 DX6 조종기

무엇이 드론을 드론으로 만드는가?

드론은 무인항공기 형태이기 때문에 무선조종 쿼드콥터를 갖고 싶은 사람들은 드론을 사게 된다. 이런 점 때문에 드론 사업은 점차 확장되고 있다. 많은 무인항공기 제조업체들이 드론의 인기에 편승하여 취미용 항공기(특히 내장형 카메라가 장착된 것)에 드론이란 이름을 붙이고 있다.

그림 9.5에 나온 패럿 비밥_{Parrot bebop} 드론을 살펴보도록 하자. 물론 여기서 '드론'이라는 단어는 정확히 상품 자체의 이름이다. 이 작고 인기 있는 쿼드콥터에는 비행 시 출발 위치로 자동으로 돌아와서 맴돌게 하는 귀환 내장형 GPS가 포함되어 있다. 또한 고화질 카메라를 실을 수 있고 자체의 와아파이존을 만들어낸다. 따라서 사용자의 스마트폰이나 태블릿, 혹은 조종기로 쿼드콥터를 작동시킬 수 있다. 패럿에서 제공하는 FPV_{first-person view}

기능을 통해 쿼드콥터가 비행하는 동안 보는 것을 사용자도 볼 수 있다.

그림 9.5 비행 중인 패럿 비밥의 드론: 비행기의 코(앞) 부분에 장착된 카메라를 참조

오늘날 가장 진보된 드론은 여러 가지 기능적인 면에서 취미용 항공기와 상
당한 차이를 보인다. 먼저, 가장 진보된 드론은 자동 혹은 반자동으로 작동
될 수 있다. 자동화 시스템은 비행하는 동안 기체를 이착륙시키거나 단순
작동을 수행하는데 점차 더 많이 사용되고 있다. 자동 조종을 가능하게 하
기 위해서 GPS 기술을 사용하는 드론도 있다. 두 번째로 상업용과 군사용
으로 제공되는 드론은 일반 드론에 비해 크기가 더 큰 편이다. 적을 겨냥해
서 미사일을 발사시킬 수 있는 군사용 드론은 취미용 항공기보다 훨씬 멀리

비행할 수 있다. 또한 일반 드론보다 사정거리가 훨씬 길다. 한 번의 충전이나 가스 한 통이면 더 멀리 날아갈 수 있을 뿐만 아니라 먼 거리에서도 제어할 수 있다. 대부분의 무인항공기는 비행 거리의 제약이 있지만 상업용와 군사용 드론은 위성과 자동제어 기술의 결합으로 수천 킬로미터를 날아갈 수 있다. 심지어는 도시 전체, 나라, 대륙 전역을 가로지를 수 있도록 원격 제어가 가능하다.

다양한 종류의 드론

전문가들에 따르면 드론의 제어 범위는 드론이 출발지로부터 얼마나 멀리 날 수 있고, 얼마나 높이 날 수 있는지에 관한 기준으로 정의를 내린다. 이러한 분류는 표 9.1에서 상세히 볼 수 있다.

분류	고도	제어범위(최대)
일반용 Handheld	600m(2,000ft)	2km
근거리용	1,500m(5,000ft)	10km
북대서양 조약기구 NATO 타입의 군사용	3,000m(10,000ft)	500km
군사용	5,500m(18,000ft)	160km
중고도용	9,000m(30,000ft)	200km
고고도용	9,100m(30,000ft)	무제한
극초음속 Hypersonic	15,200m(50,000ft—준궤도 고도)	200km

표 9.1 드론 범위 분류

이러한 분류에 덧붙여, 전문가들은 드론을 6가지 기능적 범주로 분류한다. 표 9.2를 참고해 자세히 알아보도록 하자(몇몇 드론의 경우, 동시에 두 개나 그 이상의 기능을 가지고 있다).

범주	기능
상업	비 군사용 작동을 위한 기능 제공
군사	적군 기반시설 공격 가능
물류	화물 수송 및 다른 물류 기능 수행
정찰	유용한 정보 제공
연구 개발	미래의 개발될 드론 기술 기능 테스트용
기만용Target and Decoy 기술	지상 및 항공 사격술을 위한 타깃 식별

표 9.2 드론 기능 분류

오늘날 어떻게 드론이 사용되는가

오늘날 드론을 이용하는 곳은 굉장히 많다. 다양한 단체들이 드론을 고용하고 있다. 미국, 중국, 이란을 포함한 50개 이상의 나라들은 주 정부와 지방 정부, 경찰이 사용할 수 있도록 자국의 드론 프로그램을 가지고 있다. 또한 점점 많은 수의 기업들이 특정 경영 목적을 위해서 드론을 사용하고 있다.

> **Note**
>
> 드론 사업은 이윤에 많이 굶주린 기업에 인기가 많다. 거대한 군산복합체부터 소규모 업체까지 1,000 개 이상의 기업이 드론 산업에 속해 있다.

군사용 드론

군대는 드론을 특수한 목적으로 사용한다. 미국 군대는 드론의 큰 지지자 중에 하나이며 지금까지 11,000개 이상의 드론을 배치시킨 상태이다. 군사용 드론은 공중 정찰부터 논란이 많은 원거리 제어 전투까지 다양한 의무를 수행한다. 군사용 드론 중에 정찰 드론은 고화질 카메라가 장착되고 전투 드론은 미사일과 폭탄이 갖춰진다. 어떤 전문가들은 드론이 유인 비행기를 대체하여 조종사의 목숨을 구할 수도 있다고 생각한다.

군사용 드론을 선호하는 것에는 수많은 이유가 있다. 첫 번째, 드론은 기존 항공기에 비해 훨씬 값이 저렴하다. 두 번째, 드론은 사람이 조종하는 항공기보다 한 번에, 며칠을 높이, 더 오래 머무를 수 있다. 세 번째, 추락해도 다치거나 목숨을 잃게 되거나, 적군에게 포위되지 않는다.

군대 무기고에서 가장 인기 있는 드론은 그림 9.6에 보이는 제너럴 아토믹스General Atomics의 MQ-1 프레데터이다. 약 8.2m의 날개를 가진 이 프레데터는 AGM-114 헬파이어Hellfire 공대지 미사일을 포함한다. 이것은 특히 적을 폭파시키는데 효과적이라고 전해진다.

그림 9.6 미사일 장비를 갖추고 작동하는 프레데터 드론

분쟁 지역 근처의 요원들은 프레데터가 발사되고 나면 지휘권을 약 12,000km 떨어진 미 자치주인 넬리스와 네바다의 크리치 공군기지로 넘긴다. 각각의 드론에는 3인 1조의 조종 요원들이 있는데, 길게 늘어진 비디오 화면 앞에 다닥다닥 모여 있다. 한 사람은 드론을 날리고, 다른 한 명은 드론의 카메라와 센서를 감시하고 운영하며, 나머지 사람은 분쟁지역의 지휘자들과 군대들의 무선 접속을 담당한다. 모든 공격 결정은 자동이 아닌 수동으로 이루어진다.

그림 9.7에서 보이는 에어로바이런먼트AeroVironment의 레이번Raven 드론(날개 길이 약 1.3m) 또한 인기가 많다. 레이번은 원거리 정찰에 쓰이며 프레데터보다 더 자동화되어 있다. 레이번은 발사된 후 GPS 기술을 통해 방향을 지시받고 비디오 자료를 보고한다. 더 작은 크기의 드론은 인간과 상호작용을 많이 하지 않아도 한 번에 며칠을 날 수 있다.

그림 9.7 레이번 정찰 드론 발사

지능 드론

미국 중앙정보국도 드론 기술을 사용하고 있다. 군대는 군부대가 있는 어디라도 드론을 사용할 수 있으며, 드론 사용의 목적이 분명하다. CIA는 레이더 감시가 있는 상황에서 무인항공기를 사용한다.

CIA는 911 테러 사건이 발생되고 난 후 드론 사업에 개입하게 되었다. 아프가니스탄, 파키스탄, 예멘, 소말리아 등의 나라에 있는 CIA는 드론으로 테러리스트 조직을 염탐한다. CIA 요원은 작전마다 등급을 나누고 그에 상응하는, 군사 등급별로 분류된 드론을 사용한다.

CIA는 테러리스트 리더를 암살하는 목적으로 중동과 그 밖의 지역에서 드론을 사용한다. 그러나 드론 공격을 할 때 사용하는 헬파이어 미사일은 목표 대상을 조준할 때 정확성이 떨어지기 때문에 표적 근방에 있는 누구나 목표 대상이 될 수 있는 단점이 있다. 브루킹스 연구소는 한 명의 목표 대상을 죽이기 위해 드론 공격을 할 때 열 명의 시민이 죽을 수 있다고 보고했다. 어떤 이들은 이러한 표적 살해를 국제법 위반으로 본다. 그러나 또 다른 사람들은 현대식 전투의 당연한 결과라고 생각한다. 드론은 실제 군인들이 전투를 하다가 죽는 경우를 예방할 수 있기 때문이다.

> **Note**
>
> 원거리 조종자들이 폭력적이 될지는 의문이다. 왜냐면 그들은 전투로부터 멀리 떨어져 있기 때문이다. 반대로 원거리 조종자들이 전통적인 전투부대처럼 전투가 끝나고 외상 후 스트레스 장애PTSD에 시달리는 점도 문제이다.

감시 드론

CIA 기관 이외에도 미국 국경 순찰대 또한 불법 이민자들이나 불법 마약 거래 상인들을 검거하기 위해 남쪽 경계선을 정찰하는 드론을 사용한다.

CIA는 드론 중 프레데터나 레이번을 선호하고, 항공 감시에 약 453억 원의 예산을 소모한다. 경찰이 범죄 혐의자를 염탐하거나, 특별 무기나 적의 동태를 감시하고 심지어 교통 문제를 살피기 위해 드론을 사용하는 것은 가능한 일이다. 드론은 일반적인 경찰 헬리콥터보다 훨씬 적은 비용이 들며 헬리콥터가 갈 수 없는 곳까지도 이동할 수 있다.

드론은 연료를 재공급하거나 재충전 없이도 더 오래 지상에 머무를 수 있다. 좋아하지 않을 이유가 무엇인가? 지방 정부나 주 정부 경찰 기관들이 관할구역에 드론을 배치하기 위해서 미연방항공국FAA에 의견을 받아들인 사실은 놀랍지 않다. 그러나 드론 사용에 대한 반발 또한 증가하고 있다. 나라 전역의 지방과 주 입법자들은 언제, 어떻게 드론을 사용해야 하는지에 관한 법의 시행을 제한하는 법령을 통과시켰다. 예를 들어, 드론 사용을 제한한 첫 번째 도시인 버지니아주 샬러츠빌에서 경찰은 드론으로 얻게 된 어떤 정보든지 간에 사용을 금지시킨다. 다른 지역에서는 영장 없이 개인 감시 목적으로 드론을 사용하는 것을 금지시키는 제정법을 소개했다.

민간용 드론

드론 사용은 정부, 지방, 국가에 제한되지 않는다. 많은 기관과 회사들이 드론을 어떻게 이용할지 살펴보는 중이다. 예를 들어, 에너지 회사는 오일과 가스 파이프라인을 조사하는 드론을 사용하기 위한 방법을 모색하고 있다. 또한 전기회사는 드론을 송전선 감시용으로 사용하고 싶어 한다. 목장주인은 가축을 감시하는데, 산림국은 불이 난 곳을 찾거나 수색에 도움을 주고 황무지 운영을 돕기 위한 용도로 드론을 고려 중이다. 이처럼 드론은 유인 비행기나 개인 사찰을 통해 위험한 일을 처리하는데 훌륭하게 사용될 수 있다.

부동산은 판매하고 있는 집을 찍기 위해 이미 쿼드콥터를 사용한다. 소매업자들부터 아마존이나 도미노까지 배달을 위해 드론을 평가하고 사용하고 싶어 한다.

할리우드는 영화의 장면을 촬영하기 위해 드론을 사용하고 있고 대형 광고대행사도 광고의 장면을 위해 이를 이용하고 있다. 드론은 2014 소치 동계올림픽을 포함하여 스포츠 경기 보도를 위해서도 사용되고 있다.

드론은 과학적인 용도로도 사용된다. 현재 미국해양대기관리처NOAA는 드론을 허리케인 등과 같은 기상 문제를 살펴보기 위해 사용하고 있다. 몇몇 정부와 조사기관은 과학적 조사를 위해, 특히 남극과 같은 혹심한 기후에서 드론을 사용한다. 앞으로 생길 드론의 사용처는 더욱 많아질 전망이다.

드론의 미래

10년 전에 드론이 무엇인지 아는 사람은 거의 없었다. 그러나 오늘날 드론은 정부와 시민 기관에서 다양한 목적으로 사용되고 있다. 앞으로 드론의 사용처는 얼마나 다양해질까?

더 스마트한 드론

오늘날 많은 드론은 진정한 "스마트" 항공기라고 하기 어렵다. 앞서 언급한 대로 오늘날의 드론은 무선항공기로서 가깝거나 멀리에서도 조종이 가능하지만 많이 자동화되어 있지 않다. 반면 감시 드론은 많이 자동화되어 있다. 레이번과 같은 감시 드론은 스스로 잘 작동한다. 감시 드론은 GPS 기술과 전산화된 지도를 가지고 목표 위치를 찾거나 표적의 가까운 곳에서 맴돈다. 그러면서 동시에 자동으로 사진이나 비디오 자료를 내보낸다. 드론을 원격 조종하는 팀들은 드론으로 전송된 사진, 동영상이나 다른 데이터를 분석하는 일만 하면 된다. 만약 드론이 다른 위치로 이동해야 한다면, 조종팀은 단지 새로운 좌표를 자판에 두드리면 된다.

드론 기술은 앞으로 더 진보해 점점 더 많은 운항의 작동이 자동화가 될 것이다. 더 스마트한 드론은 감시나 공격을 위해 자체의 목표물을 찾을 뿐만 아니라 드론을 내보내고 착륙시키게 될 것이다. 더 나아가 내장형 감지기가 실시간 장애물에 스스로 대처하고 적을 사격하거나 심지어 다른 비행기를 다루는 것을 가능하게 할 것이다.

또한 전투 드론은 자동으로 공격 결정을 할 수 있게 될 것이다. 현재 드론은 드론을 조종하는 누군가가 수치를 보고 직접 공격을 해야 한다. 하지만 미래의 드론은 인간의 상호작용 없이도 스스로의 결정을 내릴 수 있을 것이다. 드론은 중요 목표물이나 일반 사람들, 지역의 자산을 구별하거나 부차적인 피해에 대한 허용 범위를 확인하고 미사일을 발사할 시간을 계산하기 위해 안면 인식 소프트웨어를 사용할 것이다. 이러한 어려운 결정에 사람이 시달릴 필요가 없게 된다. 그저 로봇이 인간을 위해 살해하도록 내버려 두면 된다. 이스라엘의 하피Harpy 무인전투기는 어떠한 레이더 신호든지 그것을 인식하면 공격하도록 프로그램화되어 있다. 이것은 어떠한 인간도 관여되지 않은 채로 결정을 내리는 사례에 해당한다.

> **Note**
> 기술이라는 것은 기술을 만들어 낸 나라에만 국한되는 것이 아니다. 이스라엘은 이미 중국, 인도, 한국 등의 국가들에게 하피 드론을 팔고 있다.

자동화된 모든 종류의 무기들은 골칫거리가 될 수도 있다. 인간을 위해 로봇 군대가 전쟁을 하는 것을 정말로 원하는가? 로봇 군대가 전쟁을 하는 것은 사상자들을 줄여 줄 수도 있을 것이다. 하지만, 우리가 걱정해야 하는 것은 바로 터미네이터(인공지능)와 같은 것이다. 비록 실시간 통신 감시 프로그램인 스카이넷이 결코 탄생하지 않을지라도, 전투에서 벌어지는 자동화 살인의 도덕성은 의문스럽다. 로봇 전쟁이 골칫거리이거나 흥미로울 수 있든지 간에 이 부분은 추후 토론이 더 필요하다. 이 문제를 자세히 논의하기 위해 "10장의 스마트 전쟁 : 기계들의 반란"에서 더 살펴보자.

배송 드론

드론은 단지 군사용으로만 쓰이지 않는다. 드론이 방향과 비행에 있어서 더 지능적이게 될수록 민간 분야에서도 유용하게 사용될 수 있다.

아마 가장 많이 언급되는 스마트 드론의 상업용 사용은 물건 배송일 것이다. 기업 입장에서 배송이란 온라인이나 전화상으로 물건을 판매하는데 큰 비중을 차지한다. 또한 음식 배달 업계에서는 주된 비용이기도 하다. 그렇기 때문에 기업들은 배달 비용을 더 낮추고 싶어 하고, 자동화 배송은 그것을 실현시킬 수 있는 하나의 방법이다.

위와 같은 이유에서 봤을 때 아마존이나 도미노와 같은 다양한 기업들이 물건을 배송하는 드론의 잠재적 사용을 평가하고 있다는 사실은 놀랍지 않다. 상대적으로 저비용의 드론은 현재 배송뿐만 아니라 회사 내의 배송 트럭을 대체할 가능성이 있을지도 모른다. 또한 드론은 뒷좌석에 피자를 가득 실은 어린 배달부보다 더 빠르고 정확하게 배달할 수도 있다.

드론이 배달 운송 수단으로써 효과적이기 위해서, 오늘의 모습보다 더 스마트해져야 한다. 기업은 시스템에 배송 주소를 입력하면 상품을 실은 드론이 알아서 배달해주길 원한다. 만약 저임금의 배달부를 높은 임금의 드론 조종사로 대체해야 한다면 드론을 사용하는 의미가 없을 것이다. 드론은 배달할 곳이 어디에 (가장 최적의 길) 있는지, 그 길에 어떠한 방해물이 있는지를 알아야 한다. 다행히도, 이러한 기술은 모두 사용 가능하다. 피자 배송 드론 사례를 통해 알아보자. 피자 주문을 전화로 하든지 온라인으로 하든지, 주문이 들어오면 피자가게의 시스템으로 입력된다. 피자가 오븐에서 나온 후 포장이 된 피자는 드론 출발 지역으로 보내진다. 피자는 일렬로 늘어선 다음 드론 바닥에 고정된다. 이후 피자가게의 시스템에서 배송 주소를 받는다. 버튼이 눌려지고 드론은 시간과 장소에 구애받지 않고 배달을 시작한다.

배송 좌표는 그 지역의 항공지도에 따라 컴퓨터에 저장되어 있다. 비록 높은 빌딩과 송전선이 길을 가로막을지라도, 드론은 배달한 사람의 주소를 향해 날아갈 수 있다. 또한 드론은 충돌방지 시스템 장비를 갖추고 있기 때문에 만약 다른 드론(새 혹은 낮은 높이의 비행기)이 있을지라도, 필요한만큼 비행 경로를 조정할 것이다.

드론이 배달 장소에 도착했을 때, 착륙하거나 그렇지 않다면 피자를 현관 앞에 놓고 주문자에게 주문완료가 됐음을 알리는 메시지를 보낸다. 주문자는 신용카드를 통해 이미 비용을 지불했기 때문에 문을 열고 피자를 찾은 후 다시 가게로 돌아가는 드론을 향해 인사를 해주면 된다. 만약 이 시나리오가 믿기지 않는다면 2013년, 영국의 도미노에서 자체적으로 도미콥터 Domicopter(도미노가 그것을 부른 대로)를 시험했다는 사실을 떠올려 보자. 그림 9.8에서 볼 수 있듯이, 이것은 6개의 날개를 가진 무인항공기인데 도미노의 피자 상자를 나르도록 채택되었다. 지금 도미콥터는 드론 매니아라는 곳에서 사람들의 구매를 유도하는 홍보용으로 전락하고 말았다. 그러나 도미콥터는 드론 배송이라는 개념을 보여 준 괜찮은 아이디어이다.

그림 9.8 테스트 비행 중인 도미노의 도미콥터

드론 배송을 테스트하는 또 하나의 기업은 아마존이다. 아마존은 프라임 에어Prime Air라고 부르는 드론을 발전시키고 있다. 드론 배송 서비스는 선택한 위치에서 30분 안에 배송을 약속한다. 그림 9.9에서 보이는 것처럼, 프라임 에어는 8개의 날개를 가진 무인항공기인데(옥토콥터) 작은 소포를 나를 수 있는 충분한 양력을 가진다. 이 드론은 배터리 충전식이며 공중 충돌을 피할 수 있는 센서와 시스템을 가지고 2kg 정도 탑재 화물을 약 80km의 속도로 날아갈 수 있다. 비록 아마 FAA의 규제 때문에 실현되지 못하겠지만, 아마존은 내년이나 또는 그 즈음에 프라임 에어를 실행시키려 한다. 아마존에 따르면 86%의 물품 목록이 2kg 이하이기에 그 물건들을 프라임 에어 드론 배송을 위한 후보 목록으로 생각하고 있다.

그림 9.9 테스트 물건을 나르는 아마존의 프라임 에어 드론

그 다음에 구글의 프로젝트 윙Project Wing이 있다. 구글의 연구소인 'Google X Lab'에서 개발된 프로젝트 윙은 유일하게 수직으로 이착륙이 가능한 무인 배달 드론이다. 이 드론은 아래에 꼬리가 있고 네 개의 회전자(날개의 모서리 방향으로 아래쪽에 두 개, 바깥쪽에 두 개)를 가진다. 그것은 헬리콥터도 아니고 날개가 고정된 비행기도 아니다. 위 두 요소를 결합한 독특한 하이브리드 기체이다.

공기역학을 이용한 디자인은 물론 구글은 어떻게 비행기가 탑재 화물을 배송할지에 많은 관심을 기울여 왔다. 도시나 거주지역에 드론을 착륙시키는 것은 많은 장애물(건축물이나 인간)의 문제를 가지고 있다. 구글은 위쪽에서 포장물건을 떨어뜨리고 도르래를 사용하여 현관문 앞에 물건을 내려 주는 방식 등의 방법을 고안해 왔다. 그림 9.10에서 보이는 것처럼 줄 하나가 풀리면서 땅으로 물건이 내려가는 동안 드론은 고정된 위치에서 맴돈다. 물건이 땅에 도달하면, 밧줄은 물건을 놓고 비행기 안으로 감아 올려진다. 이

를 통해 사람이 해야 할 일을 아예 없었다(구글은 드론이 착륙하면서 물건을
내릴 때, 많은 사람들이 물건에 의해 부상을 당했다는 것에서 윙 프로젝트
를 착안했다).

그림 9.10 포장 물건을 내리는 구글의 독특한 프로젝트 윙

드론의 규제

드론을 다양한 상업에서 사용할 때, 드론의 기술적인 문제 이외에도 여러
가지 문제가 존재한다. 드론이 비행할 때 어떤 방법으로, 어떻게 사용해야
할지에 관한 규제 방안이 필요하다. 미국에서 상공의 규제는 FAA의 소관이
다. FAA는 국가 항로를 통해 비행하는 개인과 상업적인 항공기를 관리한

다. 하지만 드론은 비행기와 동일한 항로를 비행할 수 없기 때문에 마찰이 생긴다.

현재 FAA는 드론을 조사나 여러 분야의 발달 목적을 위해 상업적으로 사용한다 하더라도 엄격하게 제한한다. 아마존과 도미노는 FAA의 승인 없이는 드론을 날릴 수 없다. FAA는 대도시 전역을 지그재그로 날아가는 수만 개의 상업적 드론의 비행을 전적으로 허락하고 싶어 하지 않는다. 현재 FAA는 드론 애호가들이나 무선항공기 사용자들이 드론을 사용할 때 오직 약 120m이하로, 가시선 내에서 날리는 경우에만 허용한다. 또한 공항 근처나 항공교통량이 많은 지역에서는 날릴 수 없다.

이러한 규제들이 드론 애호가들을 막을 수는 없다. FAA는 규제에 어긋나는 드론들의 사례를 매달 약 25개 정도 공지한다. 이러한 사례를 살펴보면 상업적으로 이용되는 드론 비행에 규제가 필요하며, 위협적일 수 있다고 보여진다. FAA는 이러한 위협에 어떻게 대응해야 할까? 아마 교육 프로그램을 증가시키는 것이 그 방법일 것이다. FAA는 많은 사람들이 공항을 비롯한 다른 곳에서 드론을 너무 높이 날려서는 안 된다고 알려야 할 것이다. 그러면 이러한 문제들이 점차 해결될 것이다.

Note

FAA는 인식 수준을 도모하기 위해 모형 항공협회와 모형 항공기 커뮤니티 그룹, 클럽들과 활발하게 협력하고 있다.

여전히 기업은 드론을 사용하고 싶어 하지만 전문 항공 단체와 FAA는 부정적인 입장이다. 특히 조종사들은 이러한 작은 무인항공기를 발견하기 어렵고, 드론 조종사들은 드론을 날릴 때, 함께 상공에 있는 다른 비행기와 부딪혔을 경우 어떠한 조치를 취해야 하는지 알고 있지 않다. 비행기 조종사들은 "물체가 보이면 피하라"라는 원칙을 가지고 비행한다. 드론은 주변에 다른 비행기가 있는지 보기 어려울 것이고, 비행기는 작은 드론을 보기 힘들 수도 있을 것이다. 하지만 드론 기술의 다양한 이점에서 볼 때, FAA는 드론의 상업적 사용을 허용하도록 하는 압박을 받게 될 것이다. 그러나 발생되는 다양한 문제를 어떻게 규제할지는 우리가 모르는 문제이다.

FAA는 경계심을 버리고 특정한 사이즈나 무게 이하의 항공기 비행에 대한 규제를 철폐할 수도 있다. 하지만 그것은 가능할 것 같지 않고, 아마존과 도미노와 같은 업계가 지지하려는 접근법일 것이다. 아니면 드론 전용 항공층을 지정하는 것이다. 이것을 통해 드론이 어디로 날아가고 있는 중인지 알 수 있고 다른 비행기들은 본래 길을 유지할 수 있다. FAA는 상업용 드론에 신호 장치나 응답기를 부착하도록 요청할 수도 있다. 이것은 드론이 어디로 날아가고 있는지 추적하도록 도와줄 수 있을 것이다. 하지만 당분간 드론 배송은 FAA 승인을 기다려야 한다. 아마 FAA로부터 내년이나 그쯤에 몇 가지 조치가 있을 것이다. 아마존과 다른 큰 로비스트들이 그렇게 하도록 FAA를 압박할 것이다.

하늘의 무법자: 드론의 문제점들

무인항공기를 사용하는 것에는 분명한 이점이 따르지만 위험 요소 역시 많다.

충돌과 책임 문제

상업용 비행기부터 개인용 비행기, 새, 풍선, 불꽃놀이 등 하늘의 영역을 공유할 수 있는 것들은 많다. 이런 것들로 인해 충돌의 위험이 증가하고 있다.

또한 아이들이 꽉 찬 학교 운동장에 드론이 추락하는 아찔한 사건도 벌어질 수 있다.

드론 제조업자와 운영자들은 대기 중 충돌의 위험성을 최소화하는 것을 원한다. 따라서 레이더를 부착하고 공중에 있는 장애물을 식별하기 위한 기술을 사용하며, 더 나아가 스마트 충돌 방지 시스템을 사용하여 위험성을 최소화하고 있는 중이다. 이렇듯 공중에서의 충돌을 최소화시킬 수 있는 방안을 마련하고 있긴 하지만 전적으로 일어나지 않게 할 수는 없다. 기계적 고장이나 날씨와 관련된 상황에서 예측할 수 없는 문제점이 발생될 수 있기 때문이다. 아마존의 배달용 드론이 지붕을 뚫는다면, 이 피해에 대한 보상은 누가 할 것인가? 아마존, 드론 제조업자, 드론을 조종한 사람 또는 누가 될 것인가? 이것들은 FAA와 (불가피하게) 보험회사가 함께 다루어야 하는 이슈이다. 확실한 것은 드론과 관련한 사고가 있을 것이고 이러한 사고들은 언론에서 크게 다루어질 것이며, 공중에서 위협적인 존재가 늘어나는 것에 대해 어떤 조치를 취하는 것에 대한 요청이 있을 것이다.

보안 문제

사물인터넷 환경에서 대부분의 스마트 기기들이 갖는 이슈가 있다. 드론 또한 고유의 컴퓨터가 탑재되면서부터 해킹에 의한 범죄적, 혹은 해를 끼칠 만한 요소들이 발생할 수 있는 것이다. 악의적인 목적을 가진 해커가 아마존이나 도미노 피자의 배달용 드론을 조종하는 것을 막을 수 있는 방법은 무엇이 있을까? 이러한 위험이 생길 가능성들은 끝없이 많다. 테러리스트가 드론을 납치할 수 있고, 납치한 드론을 일반 시민을 대상으로 사용할 수도 있다.

해커는 배달용 드론을 납치할 수 있고 배달 중인 물품은 훔칠 수도 있다. 여기서 생각할 수 있는 것은 드론의 보안 문제는 컴퓨터 보안 문제와 같은 수준으로 다루어져야 할 필요가 있다는 것이다. 어떤 기업이나 조직도 자기 소유의 드론이 해킹당하거나 납치되는 것을 원하지 않는다. 이러한 위험을 줄이기 위해서는 사전에 예방대책을 세워야만 한다. 사람 없이 자체적으로 운영되는 비행은 안전해야만 하며 그렇지 않으면 모두가 위험에 빠질 수 있다.

사생활 보호 문제

군사용 드론을 도시나 경찰, 정부를 대상으로 확대할 방법을 모색하는 것은 놀랄만한 일이 아니다. 감시 드론은 현재 사용하고 있는 방법보다 더 낮은 가격과 더 높은 효율성을 갖고 있기 때문에 지방당국 또한 드론을 사용해 일손을 줄이고 싶어 한다.

그러나 모두가 머리 위에서 감시하는 눈이 많아지는 것을 환영하지 않는다. 사생활 보호론자들은 지방당국, 주, 국가 정부가 그들의 입맛에 맞게 누군가를 몰래 감시하는 감시 환경이 확장되는 것을 두려워한다.

감시 드론에 의해 모든 정보가 한곳에 모인다고 생각해 보자. 우리가 주목하는 것은 특정 사람에 대한 식별이 가능하고, 자동차 번호판을 읽기에 충분한 고해상도의 사진이다. 고해상도의 비디오는 어떤 대상의 행위를 찍고 그 정보를 활용할 수 있을 만큼 긴 시간 동안 축적한다. 적외선과 무선주파수 센서는 나뭇잎을 투시해서 볼 수 있고 심지어 건물 내부의 사람들을 감시할 수도 있다.

간단히 말해 드론은 감시당하는 사람이 그것을 전혀 알 수 없게 충분히 먼 거리에서, 어디서나, 누구라도 감시할 수 있다. 물론, 정부는 감시가 필요한 사람들을 추적하기 위해서만 감시 드론을 사용할 것이다. 그러나 만약 정부가 우리를 감시가 필요한 사람이라고 여기는 실수를 하게 되면 어떨까? 또는 당신을 진짜 범죄자라고 여긴다면 어떨까? 사람들의 모든 일상이 머리 위에 있는 드론에게 감시당해도 괜찮다고 생각하는가? 사생활 침해는 사생활 보호론자들이 관여할 만큼 충분히 중요하다. 예를 들어, 미국시민자유연맹ACLU은 드론이 더 값싸지고 더 널리 사용된다면 사법당국은 아마 시민들을 감시하고 싶은 유혹에 빠지게 될 것이라고 걱정한다. 이것은 중요하게 걱정되어야 할 문제이다. 사회에서 얼마나 많은 감시를 우리가 수용해야 할까?

다른 스마트 비행 기술

드론만이 스마트 기술을 사용한 비행 개체는 아니다. 사물인터넷 관련 기술은 군사용과 상업용 모두를 위한, 많은 종류의 모양과 크기의 비행체를 만드는데 사용되고 있다.

스마트 구조물

또 하나 등장하는 스마트 기술은 스마트 구조물이다. 스마트 구조물은 주변의 환경을 감지하고 스스로 진단하며, 현재 상황에 따라 맞춰 나간다. 이 같은 기능을 가능하도록 하기 위해, 스마트 구조물은 기술과 재료 과학, 센서 기술, 구동 장치, 나노기술, 인공 두뇌학, 인공지능, 생체모방기술이라 불리는 학문영역과 조합된다.

> **Note**
> 생체모방기술은 자연이 가진 다양한 기능을 모방하는 기술을 말한다.

항공기 제조회사가 스마트 구조 기술을 이용해 자신들이 만드는 항공기의 총 무게, 생산 비용을 낮추고 다양한 시스템을 통합한다면, 운영 비용 또한 낮출 수 있을 것이다. 스마트 구조 기술을 이용하면 항공기(혹은 항공기의 일부분)의 모형이 비행 항로에 따라 변경될 수 있다. 스마트 구조물 기술이 적용된 날개는 이착륙 시에 소음을 줄이기 위해 스스로 날개 모양을 변화시킬지도 모른다. 이후 변형된 날개는 높은 고도에서 비행할 때 마찰을 줄이기 위해 다시 변형되어 비행 속도를 올리고 동시에 유류를 절약할 수 있을 것이다.

스마트 스킨

스마트 스킨의 개념은 스마트 구조물과 비슷하다. 이것은 항공기 표면에 삽입된 (수천 개의 모래알보다 작은) 아주 작은 센서를 사용해 주변의 환경을 감지하여 비행하는 것을 가능하도록 하는, 항공기의 외형에 적용되는 외형막이다. 스마트 스킨 기술은 온도, 풍속 등 다른 것들의 변화를 감지하여 얻은 정보를 항공기의 메인 컴퓨터에 보낸다. 스마트 스킨 기술을 가진 항공기는 스킨으로부터 받은 정보들을 사용해 비행 속도, 고도, 비행 시간과 연료 사용을 최소화시키는데 이용할 수 있다.

스마트 유지 기술

스마트 스킨 기술은 또한 항공기가 스스로의 상태를 관찰하고 필요한 유지를 작동하게끔 도와준다. 스마트 스킨은 문제점을 엔지니어와 유지 보수 직원에게 보고할 것이고, 그들은 이러한 문제들을 고치기 위해서 필요한 조취를 취할 수 있다. 미래의 항공기는 지금보다 더 적절하게 기체에 생긴 문제점들을 전달하고 점검과 수리비용을 낮출 수 있는 통합 구조 관리 시스템 SHM을 이용할 수 있을 것이다.

스마트 객실

스마트 기술은 상업용 항공기의 객실 안에도 적용될 것이다. 항공기 자리의 모형이 다양한 사람들의 체형에 맞춰서 제공되고(더 많은 금액을 지불하는 승객을 위해 공간을 확보해 주는 등) 소음으로부터 승객들을 보호하는 "사운드 샤워Sound shower" 기술, 그리고 새로운 엔터테인먼트와 커뮤니케이션 부가 서비스를 제공할 것이다.

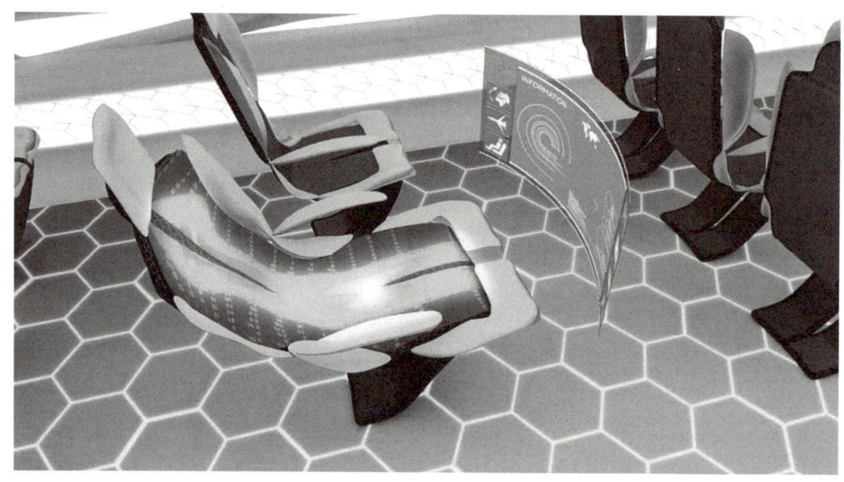

그림 9.11 미래 에어버스의 객실 개념도인 생체 변화 좌석

이러한 스마트 객실 기술의 가치를 높게 평가한 회사는 비행 제조사 에어버스Airbus이다. 에어버스는 일반적인 이코노미, 비즈니스, 일등석 자리를 벗어나 그림 9.11과 같이 비행기 내부에서 휴식을 취하고 일하며, 비즈니스 회의를 하고 게임을 하는 등 구체적인 고객의 요구사항을 반영한 공간을 만들어 객실의 개념을 새로 정리했다.

그림 9.11은 각 개인의 신체 모형과 크기에 맞춰 스스로 변형하는 생체 변화 좌석을 보여 준다. 이러한 좌석들은 다리 부분에 더 많은 공간을 확보하고

객실에 머무는 승객들에게 맞춰진, 더 가볍고 얇은 물질로 만들어질 것이
다. 현재 항공사들이 많은 승객들을 더 작고 불편한 객실로 밀어 넣고 있는
상황에서 위 개념은 매우 듣기 좋은 이야기이다.

스마트 항공기 그리고 우리

스마트 항공기의 발전은 어떻게 시작되었을까? 드론과 여러 스마트 기체들은 앞으로도 기술 발전과 함께 더욱 스마트해질 것이다. 물론 당신의 머리 위에 언제 추락할지 모르는 드론으로 인한 위험이 존재하기도 하지만 우리가 드론을 직접 사용하는데 있어 불편한 점은 많지 않을 것이다.

배달에 사용되는 드론은 어떠할지 생각해 보자. FAA가 걱정하는 많은 문제점들을 뒤로하고, 우리가 드론을 배달 목적으로 사용하면서 겪을 문제, 안전, 이점 등은 더 빠르게 현실로 다가올 것이다. 가까운 미래에 우리는 샌드위치를 배달시킨 후 10분도 채 안돼서 드론이 가져온 샌드위치를 먹을 수도 있다.

적어도 대도시에서는 아마존이나 여러 마켓에서 주문한 기본적인 상품들은 드론을 통해 배달될 것이다. 가벼운 물건들은 친한 이웃 주민의 드론을 통해 배달되기도 할 것이다.

이것은 무조건 환영할 일이다. 원하는 것을 더 빨리, 아마도 더 낮은 가격을 지불하고도 얻을 수 있을 것이다. 드론의 비용은 사람이 직접 배달하는 비용보다 낮다. 10년 혹은 15년이 지난 어느 순간에는 드론을 이용한 배송 없이 어떻게 지낼 수 있는지 의아해 할 것이다.

물론 피자나 사소한 것들을 배달하는 드론들 때문에 하늘은 붐빌 수도 있을 것이다. 만약 이러한 일이 가능하다면 도시에서는 전자 드론의 윙윙거리는 소리와 머리 위에 십자 형태의 작은 드론에 익숙해져야만 할 것이다.

또한 배달 지점을 잘못 판단하여 빌딩에 부딪혀서 보도 위에 놓여져 있는 드론에 익숙해져야 할 것이다. 또한 집 앞에서 문을 두드리는 배달부의 모습이 보이지 않는 것에 익숙해져야 할 것이다. 그 시대에는 더 이상 배달부가 존재하지 않는다. 혹은 아주 소수의 배달부가 있을 것이다. 이것이 자동화가 이루어지는 방식이다.

익숙해져야만 하는 또 다른 것은 드론이 군사력과 전투 작전에 영향을 끼치는 방식이다. 다음 장에서 우리가 논의하는 것처럼 드론과 다른 로봇 수단은 사람으로 이루어진 군대에 대한 수요를 감소시키고, 전투에서 죽음이 발생되는 것을 줄일 것이다. 또한 이것은 전쟁을 하기 쉽게 만들지도 모른다. 제1차 세계대전 동안 기계화된 수단이 전쟁을 변화시켰던 것과 같이 스마트 기술은 전쟁을 변화시킬 예정이다. 기술은 특히나 공격하기 위해 지구상의 전쟁터를 빠르게 지나간다.

스마트 항공기 시장 동향

아시아에서 처음으로 한국 시장에 선보여진 3D로보틱스의 스마트 드론 솔로 SOLO는 퀄컴의 1GHz가 두 개 탑재된 세계 최초의 스마트 드론이다.

버튼 하나로 이착륙이 가능하며, 긴급 에어브레이크 및 세이프티 넷 등의 안전 기능을 제공해 초보자도 쉽게 조작할 수 있다.

고프로의 공식 인증을 받은 솔로는 자연스러운 영상 촬영이 가능한 스마트 샷 기능을 지원한다. 케이블 캠cable cam 기능은 두 지점 사이의 가상 케이블 라인을 따라 촬영이 가능하고, 팔로우 미follow me 기능을 통해 사용자를 따라다니면서 촬영도 가능하다. 또한 촬영한 영상은 모바일 기기에서도 볼 수 있다.

3D로보틱스의 스마트 드론 솔로

출처

- http://post.mk.co.kr/archives/10035
- http://review.chosun.com/site/data/html_dir/2015/09/10/2015091002839.html
- 이미지: 3D 로보틱스

Chapter 10
스마트 전쟁 : 기계들의 반란

우리가 SF영화에서만 상상했던 미사일 장착 드론, 스마트 총알, 레이저 총, 로봇 군인이 점차 현실화되면서 전투의 양상을 변화시키고 있다. 우리는 이런 상황을 사물인터넷에 감사해야 하는가, 아니면 기술의 발전을 탓해야만 하는가?

기술 기반 전쟁의 과거, 현재, 그리고 미래

공상과학은 다양한 반 이상향적인 미래를 상상해 왔고 이것은 하나의 장르로 인식되어 왔다. 나쁜 로봇, 거대한 살인 기계, 입자빔무기와 같은 것들 말이다. 로봇 무기를 지휘하는 또 다른 로봇과 인간의 싸움을 다룬 터미네이터나 스타워즈 같은 영화들이 생각나는가? 기술은 항상 전쟁에 영향을 미쳐 왔고, 전쟁 또한 기술에 영향을 미쳐 왔다. 즉, 전쟁을 하면서 기술이 점점 더 발전해 왔다. 투석기에서 대포와 제트 전투기, 그리고 원자폭탄에 이르기까지 기술과 전쟁은 함께 걸어왔다.

전쟁의 3세대

군사 전문가들은 네 번째 세대가 곧 다가오는 가운데, 그 동안 전쟁의 각 세대를 정의했다. 각 세대는 그 당시에 이용된 기술과 전략으로 구분된다. 전쟁의 첫 번째 세대는 종대−횡대 유형의 전투이다. 이는 나폴레옹 유형의 전투를 말하며, 전투에 참여하는 양측의 군인들이 종대와 횡대로 줄을 서서 서로를 향해 행군하고 무기를 사용해 서로 싸운다. 초기에 사용된 기술은 막대기와 돌이었다. 그 이후 검과 메이스에서 머스킷 총과 총검으로 점차 발전되었다. 잔혹하고 피비린내 나는 전쟁에서 그 당시 전투 기술은 그렇게 큰 도움이 되지 않았다.

두 번째 세대는 더욱 정확하게 맞출 수 있는 총과 대포의 개발로 인해 장거리 전투가 가능하게 되었다. 이러한 전투의 유형은 제1차 세계대전에서 나타났다. 첫 번째 세대처럼 군인들은 종대와 횡대로 줄을 섰지만, 서로를 향해 행진하는 것 대신에 해자에 몸을 숨기고 발전된 무기들을 사용하여 전투를 했다. 최전선에선, 자동 소총과 기관총이 구식 기술보다 훨씬 더 많은 사람의 목숨을 빼앗아 갔다. 또한 기관포와 대포로 인해 수많은 사람들이 목숨을 잃었다. 전투용 항공기로 머스터드 가스를 투하하면, 이전에는 상상할 수 없을 정도의 대량학살도 발생했다.

탱크와 항공기의 도입으로 속도가 빨라지고 기습 공격이 가능해졌다. 이러한 유형의 전투는 제2차 세계대전과 그 이후의 전쟁에 이용되었으며, 2003년 미국의 이라크 침공에도 사용되었다. 더 멀리서 전투가 벌어졌고 더 많은 폭격과 포격들이 이루어졌다. 직접 마주치는 전투는 줄어들었으며, 히로시마나 나가사키에서 벌어졌던 것처럼 폭탄을 사용하기 시작했다. 최근 전투는 더 비인격적이 되어 가고 있다. 직접 싸우기보다는 단순히 미사일이나 폭탄의 발사 버튼을 누르기만 하면 되는 것으로 바뀌어 가고 있기 때문일 것이다.

네 번째 세대

지금까지와는 다른 전쟁의 네 번째 세대가 다가올 것이다. 스마트 무기들을 이용한 원격 조정으로 이뤄지는 공격은 공격 목표가 좀 더 명확하게 설정될 것이다. 드론과 스마트 무기들은 감시 기기로부터 수집한 데이터를 통해 목표물을 확인할 것이다. 지휘관들 또한 스마트 기기들이 수집한 많은 정보를 이용해 결정할 수 있을 것이다. 그리고 짐작하건대, 대량 민간인 사상자는 줄어들 것이다. 군인들이 직접 전투에 참여해야 한다면, 군인들을 더 안전하게 보호해 줄 군복과 더 스마트한 무기를 소지할 것이다.

첨단 기술 재료를 사용하면 적군의 사격을 막을 수 있는 군복이나 보호용 외투를 제작할 수 있으며 지휘관들도 더 스마트해지고, 더 쉽게 결정을 내릴 수 있을 것이다.

스마트 무기들은 안전거리를 유지한 채 정확한 목표 지정을 가능하게 한다. 최첨단의 통신 시스템은 지휘와 현장과의 즉각적인 통신을 가능하게 하고,

영상 자료는 지휘관이 실시간으로 군인들의 전투 장면을 확인할 수 있게 한다. 물론 이 모든 군사 기술에는 비용이 발생한다. 항상 그래왔듯이 이런 기술의 비용을 감당할 수 없는 나라에게는 불리한 조건일 것이다. 기술의 가격이 줄어들지 않는 한 공평한 전투는 보기 힘들 것이다.

적당한 크기의 화물을 운반할 수 있는 드론은 최첨단 스텔스 폭격기보다 비용이 저렴하다. 아마 반군들도 실시간 대응과 장거리 통신을 위해 드론을 사용하여 모든 정보에 접근할 수 있을 것이다. 로봇 군인은 과도하게 비싸서 많은 국가들이 사용하기에는 힘들 수도 있지만 상대적으로 저렴한 스마트 무기는 적의 손에서도 사용될 수 있을 것이다.

스마트 항공기

현재 드론은 그 어떤 전투 기술보다도 오늘날 전쟁의 양상을 변화시키고 있다. 우리는 드론에 대해 9장에서 심도 있게 다루었다. 여기서는 프레데터, 레이번, 그리고 군대에서 사용되는 다른 드론 항공기에 대하여 알아보도록 하겠다.

세계적으로 각 나라의 군사시설에서는 드론 기술을 미래 전쟁의 중요한 부분으로 보고 있다. 현재 약 70개의 국가에서 드론을 보유하고 있으며, 정찰과 전투 임무에 사용되고 있다.

9/11 이후 시대에 프레데터 MQ-1과 좀 더 진보된 MQ-9 리퍼 드론이 알카에다, 파키스탄, 아프가니스탄, 소말리아 등 분쟁이 있는 다른 지역의 테러리스트를 살해하는데 이용되었다. 또한 영국과 이스라엘은 반군을 표적으로 삼기 위해 무기를 소지한 드론을 사용하였고, 터키는 쿠르드 분리주의자와 전투를 벌이기 위해 드론을 구매하고 싶어 한다. 이라크는 석유 굴착기를 보호하기 위하여 (미국에서 만들어진) 드론에 투자하고 있다.

오늘날 최악의 무기를 소지한 드론은 샌디에이고에 있는 방위산업체인 제너럴 아토믹에서 나온 MQ-9 리퍼이다. 그림 10.1에서 보이는 이 리퍼는 "헌터 킬러" 드론이라 불리며, 목표물을 파악하고 섬멸하는 이중 임무를 수행한다. 리퍼는 약 20m의 날개를 지니고 있어 일반 항공기처럼 보이며, 헬파이어 미사일이나 레이저 유도 폭탄이 탑재되어 있어 멀리서도 치명적인 공격을 할 수 있다.

그림 10.1 MQ-9 리퍼 헌터 킬러 드론

드론은 많은 이들에게 여러 미사일이나 폭격기보다 더 인도적이라고 여겨진다. 아마 드론이 추가 피해를 줄일 수 있다는 점에서일 것이다. 물론 마지막 요점은 논란의 여지가 있다.

일부는 드론을 군사 분쟁의 미래라고 본다. 상대 지도자, 특정 건물이나 장비 등의 정밀한 표적화를 통해 대규모의 군사작전은 축소되거나 필요 없어질 것이다. 또한 적지에서 피격당할 조종사도 없을 것이다. 만약 드론이 분쟁이나 전쟁이 더 커지기 전에 멈출 수 있는 역할을 한다면, 사상자는 분명 상당히 줄어들 것이다.

다른 이들은 드론이 전투의 책임을 전투 현장에서 본부, 그리고 사람에서 기계의 탓으로 돌리는 것에 지나지 않는다고 생각한다. 만약 전쟁의 공포가 없어진다면 전쟁은 더 자주 발생할 수도 있다.

만약 군대 지도자들이 위험한 곳에 어린 남자아이들과 여성을 보내는 것을 아무렇지 않게 생각한다면 호전적인 정치인들은 얼마든지 우리를 더 많은 전쟁으로 이끌 수도 있다. 어쩌면 단순한 버튼 조작만으로 누군가를 죽일 수 있다는 것은 너무 가벼운 일이 되는 것이 아닌가 싶다. 이런 결정은 단순히 버튼을 누르는 것 이상의 어려운 책임이 함께 해야 할 것이다.

> **Note**
> 드론 타격은 생각만큼 정확하지 않다. 영국의 비영리 단체인 리프리브Reprieve는 중동에서 드론으로 인해 평균 28명이 살해당한다고 말한다. 알카에다 두목인 아이만 알자와히리Ayman al-Zawahiri를 죽이려고 했을 때는 105명의 무고한 사람들이 죽임을 당했다. 그중 76명은 어린 아이었다. "선별"적인 공격이 가능하다는 드론 타격에서도 무고한 사람들이 죽어가는 형태의 피해는 여전히 존재한다.

스마트 폭탄

스마트 군용기에 지능적이고 강력한 미사일이 더해지면 더욱 위험해진다. 오늘날의 가장 큰 드론인 MQ-9 리퍼는 헬파이어 미사일과 약 230kg 레이저 유도 폭탄 등을 싣기에 충분하다. 만약 작은 드론이 동일한 용량에 폭발력이 두 배인 나노 폭발물을 적재하고 있다면? 나노 폭발물은 표면적이 넓은 나노입자를 사용해 더 빠르고 강력한 폭발을 초래할 수 있다. 그 결과 같은 크기의 폭탄을 두 배 더 강력하게 만들 수 있다. 혹은 동일한 폭발력을 가진 폭탄을 작게 만들어 드론에서 사용할 수 있을 것이다.

우리의 세금은 폭탄 연구에도 사용된다. 유도 폭탄이라고도 불리는 스마트 폭탄은 목표로 삼은 목표물을 타격하기 위해 정밀 유도 시스템을 사용한다. 이론적으로 이러한 무기들은 자동으로 혹은 원격 조종으로 유도되는 것이 가능하고 목표물을 향해 직접적으로 유도되기 때문에 부수적 피해는 적어지지만 더 효과적으로 작동한다. 보잉Boeing의 GPU-31 합동직격탄JDAM과 레이시온Raytheon의 GBU-39 소구경 폭탄SDB 같은 탄약은 무인이며, 목표물을 유도하기 위해 지능적인 시스템을 이용한다는 점에서 드론과 유사하다. 그림 10.2에서 볼 수 있는 SDB는 유도를 위하여 레이더, 적외선, 레이저 신호를 조합해 사용하며, JDAM은 더 정밀하게 표적을 맞추기 위하여 GPS 기술을 이용한다.

그림 10.2 레이시온의 SDB 스마트 폭탄

JDAM과 SDB와 같은 스마트 폭탄은 매우 정밀하게 목표물을 조준하여 타격할 수 있다. 아마 다들 첫 이라크 전쟁 때 스마트 폭탄을 사용하여 목표로 삼은 건물을 무너뜨리는 영상을 봤을 것이다. 이처럼 스마트 폭탄은 목표를 타격하는데 더 높은 성공률을 준다.

스마트 무기

스마트 개인 전투 무기인 스마트 총이나 스마트 탄약은 이미 시중에 있거나, 곧 선보여질 것이다. 그림 10.3에 보이는 스마트 유탄 발사기인 XM25 CDTE는 설정된 거리에 도달하면 폭발하도록 프로그램된 스마트 총알을 사용하는 스마트 소총이다. 얼라이언트 테크 시스템Alliant Tech System과 헤클러&코흐Heckler&Koch가 설계했다.

그림 10.3 스마트 유탄 발사기 XM25 CDTE

레이저 거리 측정기를 이용해 다음 목표물까지의 거리를 계산한다. 총알은 목표물을 직접 타격하거나 목표물의 위나 옆에서 폭발하도록 프로그램화될 수 있다. 각각의 총알은 시한 신관이 있으며, 지구의 자기장과 상호작용하는 소형 자기 변환기를 가지고 있다. 이 자기 변환기는 돌 때마다 자그마한 교류를 형성하며, 총알 내부의 소형 컴퓨터는 회전 숫자를 계산한다. 총알이 지정된 거리로 날아가면, 컴퓨터는 폭발하라는 명령을 보내고, 파편이 폭발하게 한다.

시한 신관: 시계를 장착하고 있어 폭탄이 터지는 시간을 조절할 수 있는 신관

미래의 무기는 군인이 특별한 훈련 없이도 최고 900m 너머의 적을 타격할 수 있도록 될 것이다. 미국의 벤처 회사인 트래킹포인트TrackingPoint는 리눅스 기반의 기기와 유도 방아쇠를 함께 이용한다. 이것은 멀리 있는 목표물에 조정할 수 있을 뿐만 아니라 총을 쏘는 사람이 보는 화면을 실시간으로 지휘관에게 전달할 수 있다. 이 기술이 얼마나 효과적이냐면, 일반적인 군인은 900m 이상 멀리 있는 목표물에 20%의 정확도를 가지지만 트래킹포인트 기술은 정확도를 70%까지 올릴 수 있다. 이러한 스마트 총이 있다면 우리는 사람의 목숨을 빼앗기 위해서 숙련된 저격수가 필요 없을 것이다.

또한 레일건railgun이라는 새로운 유형의 무기도 있다. 이것은 무거운 발사체를 극초음속의 속도로 가속할 수 있는 전자투사포이다. 레일건은 기존 미사일보다 많은 장점을 가지고 있다. 첫 번째로, 어떤 추진체도 필요로 하지 않는다. 미사일이 레일을 벗어나면 전자 펄스에 의해 추진된다. 두 번째로, 미사일을 고성능 폭탄으로 채울 필요가 없다. 고속으로 이동하기 때문에 속도(마하 7까지, 음속의 7배)만으로도 치명적인 성능을 낸다. 세 번째로, 유도 발사기를 이용하기 때문에 정확도가 높다.

그림 10.4에 보이는 제너럴 아토믹의 블리처 레일건Blitzer railgun은 2016년
까지 생산 준비가 완료될 것으로 예상된다. 이 레일건은 지상과 해양 모두
에서 적의 군함을 쓰러뜨리기 위해 사용될 수 있다. 이외에도 미군은 입자
빔 형태의 레이저 총과 적의 전자시스템에 큰 피해를 줄 수 있는 전자기 펄
스 무기에 공을 들이고 있다.

그림 10.4 블리처 레일건

로봇 군인

로봇을 전장에 투입하면 전투에 필요한 군인의 수를 줄일 수 있을 것이며,
군인들의 생존률이 높아질 것이다. 육군교육사령부 사령관인 로버트 콘
Robert Cone 장군은 부대의 크기가 4,000명에서 3,000명으로 줄어들 것으로
예상하며, 그 빈자리를 로봇으로 채우려고 한다.

> **Note**
>
> 전문가들은 인간 군인을 로봇으로 대체하는 것이 생명을 구하는 것이라고 말한다. 하지
> 만 동기가 모두 인도주의적이진 않다. 장기적으로 보면 로봇 군인를 만드는 것이 인간
> 군인를 훈련시키고 밥을 먹이며, 보살피는 것보다 비용이 저렴할 것이다. 이것은 경제적
> 선택인 동시에 전략적 선택이다.

오늘날의 군용 로봇들

미군이 오늘날 사용하는 로봇들을 통해 군용 로봇들이 어느 정도 수준까지 왔는지 알아보도록 하겠다. 로봇의 숫자는 많아졌지만 로봇의 기능은 여전히 부족한 부분이 많다.

첫 번째로, 폭탄 처리반 로봇이 있다. 이 자그마한 로봇 기기들은 이라크와 아프가니스탄 길가에 있는 급조 폭발물IEDs을 처리하기 위하여 사용된다. 사람이 직접 폭발물을 제거하다가 사고가 나는 것보다 로봇이 폭발물을 제거하다가 폭파당하는 편이 낫다.

미군은 원격 조종과 기관총 발사가 가능한 로봇을 시험했다. 가장 기대되는 로봇 중 하나는 HDT 글로벌 다이나믹스의 프로텍터Protector이다. 그림 10.5에서 볼 수 있듯이, 프로텍터의 상부에 M240 기관총이 부착된 소형(폭이 약 1m) 탱크와 유사하다. 모든 작동 메커니즘은 약 612kg의 기어를 운반할 수 있는 탱크 안에서 보호된다. 디젤을 이용하는 32마력의 엔진은 손쉽게 45° 각도의 경사면을 오를 수 있게 한다.

그림 10.5 HDT의 프로텍터 기관총을 발사하는 로봇

프로텍터는 최대 약 1km의 거리에서도 원격 조종이 가능하다. 조종자는 비디오 게임기와 매우 비슷한 두 개의 버튼과 엄지 스틱을 가진 조종 장치를 사용한다. 여기에는 로봇이 현재 속도와 방향을 유지한 채 자율주행이 가능한 "자동주행 속도 유지 장치" 버튼이 있다. 이외에도 굴착기와 지뢰제거 장비를 포함하는 임무를 위하여 다양한 부가 장치를 추가할 수 있다.

구글이 인수한 회사인 보스턴 다이내믹스Boston Dynamics의 보행 분대 지원 시스템 LS3도 있다. 그림 10.6에서 볼 수 있듯이 LS3는 스타워즈 영화의 AT-AT와 닮았지만, 크기가 작다. LS3는 네 개의 다리를 지니고 있으며 개처럼 걷는다(유튜브를 통해 직접 볼 수 있다. 섬뜩하게 흥미롭다). LS3는 약 180kg 가량의 물자를 옮길 수 있고 바위가 많은 지형을 뚫고 분대원을 따라가며, 조련사와 상호작용하는 훈련된 동물처럼 반자동적인 방식으로 병력과 상호작용한다.

그림 10.6 LS3의 작동

LS3가 어떻게 분대를 따라갈 수 있는지에 대한 프로그램화된 설정이 있다. 예를 들어, 지도자-팔로어 고정 모드Leader-Follower Tight에선, LS3는 리더와 최대한 가까이 따라가려고 시도한다. 지도자-팔로워-회랑

Leader-Follower Corridor 모드에선, LS3는 리더 옆에 붙지만 이동 방향 결정을 내릴 자유가 주어진다. 경로-이동 Go-to-Waypoint 모드에선, LS3는 지도자를 무시하고 지정된 좌표로 가는 길에 있는 장애물을 피하기 위하여 센서를 사용한다. LS3 시스템은 물자 운반의 부담을 경감시켜 병력이동이 더욱 신속하게 이뤄지도록 돕는다.

로봇 방어구와 초병

사람들은 쉽게 지치고 매일 8시간 정도의 휴식을 취해야 한다. 또한 총알, 수류탄, 폭탄과 같은 공격에 쉽게 죽는다. 이는 전투에서 많은 사상자를 만든다. 부상을 입거나 사망한 자들에게 나쁜 일일 뿐만 아니라, 새로운 병력을 보충해야 하는 지휘관들에게도 좋지 않은 일이다. 만약에 인간을 덜 취약하게 만들 수 있는 방법이 있다면 어떻겠는가? 생존 가능성뿐만 아니라 능력을 향상시킨다면? 휴식 없이 더 멀리 행군할 수 있는 초병들의 군대를 만들 수 있는 기술을 우리가 사용할 수 있다면?

미국 정부는 바로 이런 작업을 하고 있으며, 그 기술은 거의 완성되었다. 가장 단순한 방법은 군인을 로봇으로 둘러싸는 것이다. 그 다음으로 웨어러블 기기, 통신 기기, 스마트 무기 등이 결합된 기계 모양의 동력형 외골격장치을 이용하는 방법이 있다.

이 동력형 외골격장치는 착용자의 힘을 향상시킬 수 있는 시스템을 가지고 있다. 이를 통해 더 무거운 짐을 전투 안팎으로 운반할 수 있도록 한다. 또한 장치 착용자가 위험한 환경에서 살아남을 수 있도록 도와주며, 총알이나 폭발의 충격도 흡수할 수 있게 한다. 마치 토니 스타크가 입었던 아이언맨 복장과 비슷하다.

록히드마틴Lockheed Martin에서 출시한 헐크HULC와 레이시온의 XOS 등 여러 개의 동력형 외골격장치들이 있다. 그림 10.7에 나와 있는 레이시온의 XOS는 대략적으로 약 90kg 정도의 무게를 지니고, 고강도 알루미늄과 강철로 만들어졌으며, 필요한 업무를 수행하기 위하여 다양한 조종 장치, 센서, 작동기를 사용한다. 전동 팔다리는 착용자로 하여금 90kg이 넘는 무게를 들 수 있게 한다.

그림 10.7 레이시온의 XOS 군사용 동력형 외골격장치

동력형 외골격장치는 군인의 보호와 향상된 힘을 위해 사용된다. 앞으로 출시될 동력형 외골격장치는 아마 가상 디스플레이, 무선 헤드셋과 마이크 등이 포함된 헬멧도 제공되며, 군인은 화면을 통해 목표물을 보면서 추적하며 사격할 수 있을 것이다.

신경과학, 나노의학, 로봇 공학, 컴퓨터 기술 등이 결합되면 심각한 일이 발생할 수 있다. 기계 시스템을 생물학적 시스템과 결합해 초인적인 힘을 가진 군인을 만들어 내기 때문이다. 이런 군인은 시베리아의 추위에서부터 이라크 사막의 더위에 이르기까지, 극심한 환경에서도 전투를 할 수 있다. 내장된 나노 센서는 군인의 건강 상태를 감시하고 나노 바늘은 필요 시에 약물을 투여하며, 나노 로봇은 상처를 빠르게 회복시킬 것이다. 또한 적외선을 통해 어두운 밤에도 적군을 볼 수 있고, 특정 물질은 시야를 수천 킬로미터 이상 확장시킬 것이다. 정말 슈퍼맨이 현실이 되는 것이다.

미래 군인은 더욱 진보되고 스마트한 무기 시스템이 탑재된 방어구를 착용하게 될 것이다. 한쪽 팔에는 기관총이, 다른 팔에는 장거리 저격총이나 레이저 총이 합쳐진 형태가 장착될 수도 있을 것이다. 스마트 총알과 스마트 미사일이 자동으로 재장전 준비를 할 것이며 헬멧에는 필요한 통신 시스템이 내장될 것이다. 전투 현장에서 필요한 모든 것이 방어구에 장착되며 이는 한 사람의 군인이 1인 전투 기계가 될 수 있음을 의미한다.

믿기지는 않지만 이 모든 것은 오늘날 개발 중이다. 그림 10.8에 나와 있는, 위험 감지 시스템CT2WS이 장착된 헬멧을 살펴보자. 이 시스템은 세 부분으로 구성되어 있다. 첫 번째 부분은 잠재의식이 눈에 보이는 위협을 감지하면 나오는 특정한 뇌파를 찾기 위해 두뇌의 전기적 활동을 감지하는데 사용하는 뇌전도EEG 헤드셋이다. 두 번째 부분은 주변을 정밀하게 검사할 수 있는 120°의 시야를 가진 전자 광학 비디오 카메라이다. 마지막 세 번째 부분은 EEG와 카메라가 연결되어 있는 컴퓨터 시스템이다. 이 시스템은 위협 정도를 평가하고 잠재적 목표를 식별하기 위하여 전용 알고리즘을 사용한다. 초기 실험에서 목표물을 식별하는데, 인간은 약 41%를, 시스템은 약 91%를 보여 줬다. 시스템이 계속 보강되면 더 많은 기능들이 제공될 것이다.

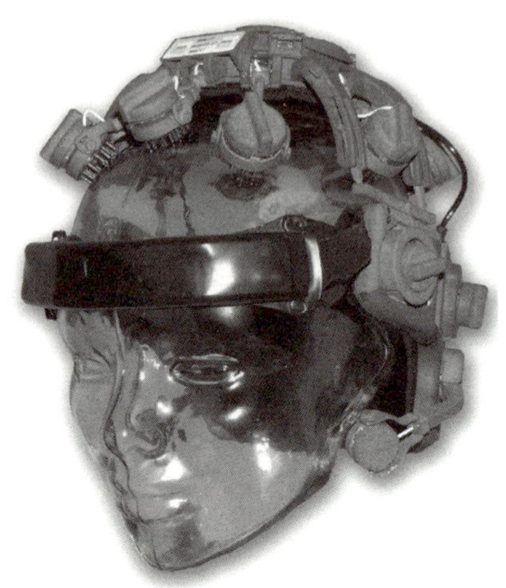

그림 10.8 위험 감지 헤드셋인 CT2WS

거기, 군대에 입대할 지원자 있는가?

자율 전투 로봇

국방 첨단과학기술 연구소의 지원에도 우리를 대신해 전투를 치룰 미래 군인이 현실화되기까지는 많은 시간이 걸릴 듯하다. 시스템 보강, 휴대용 전력, 신경생물학적 문제 등 우리가 넘어야 할 온갖 종류의 장애물들이 있다. 심지어 우리가 초인적인 슈퍼맨을 만들어 냈을 지라도 여전히 인간은 인간이다. 궁극적으로 우리가 만들어 내고 싶은 것은 로봇 군인 형태일 것이다. 국방 첨단과학기술 연구소에서는 전투가 가능한 로봇 군단을 만드는 목표를 가지고 수년 동안 로봇 연구에 투자해 왔다.

그림 10.9는 보스턴 다이내믹스가 제작한 아틀라스_{Atlas} 로봇을 보여 준다. 아틀라스는 약 188cm 크기이며 인간과 유사한 모습이고 이족보행한다. 즉 우리처럼 두 발로 걸을 수 있다. 자유롭게 물건을 들고 운반할 수 있는 팔과

다른 업무를 수행할 수 있는 손도 가지고 있다.

그림 10.9 아틀라스 로봇

아틀라스는 재난 대응을 위해 고안되어 무기 시스템이 내장되어 있지 않다. 하지만 미래 전투 용도로 개조되는 것은 어렵지 않으며, 국방 첨단과학기술 연구소에서 시도하고 있기도 하다.

로봇이 효과적인 전투원이 되기 위해서 현재 기술은 아직 부족하다. 특히 자율적으로 임무를 수행하기 위해서는 더 스마트해져야 한다. 4,000개의 로봇을 조정하기 위해 4,000명의 사람이 필요하다고 상상하기란 쉽지 않다. 로봇은 스스로 '생각'해야 하고, 계속해서 변화하는 전투 조건에 적응해야 한다.

하지만 우리는 로봇들이 너무 스마트해지는 것을 원하지 않는다. 자각 있는 로봇은 터미네이터 영화의 스카이넷처럼 공상과학의 이야기이지만 가능성이 있는 이야기이다. 영화에서만 보던 살인 머신이 자체 의식이 있어 우리에게 전쟁을 선포하는 것과 같은 일을 누구도 바라지 않을 것이다. 이는 인공지능 기술을 제어할 수 있는 시스템이 내장되어야 한다는 것을 의미한다.

스마트 전략

스마트 무기와 미래 군인보다 더 중요한 것은 아마도 모든 전투의 주요 "의사결정"일 것이다. 군 사령관에게 더 많은 정보가 있을수록, 그들은 더 나은 결정을 내릴 것이다. 전투 병력이 전장에서 자신이 경험한 모든 것을 실시간으로 본부에 전송하고, 인공위성 또한 고화질 영상을 실시간으로 전송하는 것을 상상해 보자. 그리고 정보 수집 드론과 지상 로봇이 본부에 데이터를 보내는 것과 벌레 크기의 작은 기기들이 적지로 감시망을 피해 날아가서 적군 정보 데이터를 본부로 보낸다고 생각해 보자. 마지막으로 이 모든 데이터를 받고 분석하여 필요한 행동을 취할 수 있는 지능적인 시스템을 떠올려 보자. 지휘관이 지시한 행동을 수행하는데 필요한 데이터를 확인할 수 있는 시스템 말이다. 이것은 지휘관이 행동을 취하는데 필요한 데이터를 확인하고 요약하는 시스템이다. 심지어는 그 데이터에 따라 행동하여 사람의 개입 없이 결정을 내릴 수 있는 시스템이기도 하다. 인간의 감정보다는 데이터와 논리에 기반하여 전투가 수행될 것이다. 일종의 컴퓨터 전쟁 게임처럼 보일 수도 있을 것이다. 인간은 전혀 관여할 필요가 없으며 우리의 컴퓨터 시스템과 상대의 컴퓨터 시스템은 아마 가상공간에서 전투를 벌일 지도 모른다. 누가 승리했는지에 문자 메시지를 받을 수도 있다. 아닐 것 같은가? 오늘날 우리가 벌이는 전쟁보다는 더 나을 것이다.

스마트 전투와 우리

다행스럽게도 스마트 전투의 발전은 우리에게 조금 더 안전한 생활을 보장해 주는 것 외에 거의 영향을 미치지 않을 것이다. 하지만 군대에 있는 사람들에게는 엄청난 영향을 미칠 것이다. 미군과 방위산업 전체는 사물인터넷이 그 이름을 가지기 전부터 관심을 기울이고 있었다. 군대는 모든 공중, 해상, 지상의 교통수단과 무기 시스템, 부대의 전술 정보 등을 공유하여 그 정보를 기반으로 행동할 수 있도록 연결되어 있다.

이런 군대의 "연결된 전장 (혹은 사물인터넷 전투)"에 대한 개념은 더 많은 새로운 기술이 나타나면서 더 확대되어 가고 있다. 자율주행 자동차는 군대의 부담을 줄여 주고 전투 효과를 진전시키는 새로운 가능성을 보여 준다. 내구성이 향상된 컴퓨터는 군사 장비가 더 스마트해지도록 돕는다. 센서는 전투와 관련된 대량의 데이터를 수집하고 처리하는데 도움을 준다. 라우터, 스위치 등의 현 네트워크 시스템은 연결에 필요한 기반을 제공하여 지휘관이 더 많은 정보를 이용해 더 나은 전략을 결정할 수 있도록 돕는다.

이는 군인, 차량, 무기, 기기 등과 같은 전쟁에 필요한 모든 자산을 연결하는 것이다. 또한 효과적인 의사결정과 운용을 위해 사용될 것이다. 1990년대 국방부에서는 미래의 연결된 전장에서 필요한 4가지의 핵심 요소를 발표했다.

- 향상된 정보를 공유하는 네트워크화된 군대
- 상황 인식을 향상시키는 정보 공유와 협력
- 자체 동기화(전쟁의 부대를 조정하는 과정)를 가능하게 하는 공유된 상황 인식
- 임무 효과를 향상시키기 위한 위 세 요소의 조합

오늘날 이러한 예측의 대부분이 현실화되었다. 군대는 핵심 정보 공유를 통해 상황 인식을 향상시킨다. 이는 모든 진행 중인 군 임무의 효과를 향상시

키기 위해 협력할 것이다. 전장에서는 실시간의 결정으로 인하여 더 빠른 전략 결정과 신속하고 효율적인 결과를 가져올 것이다.

요약하면, 늘 그래왔듯이 기술 발전은 전쟁을 유리하게 만들 것이다. 하지만 사물인터넷과 관련된 기술의 진보는 잠재적인 문제도 동반한다. 만약 살인에 대한 결정이 인간의 통제에서 벗어난다면 정말 심각한 문제가 될 것이다.

이외에도 문제는 다양하게 나타날 것이다. 군인이 자율 로봇과 함께 일하고자 하겠는가? 군인이 대의명분을 위하여 자신의 신체를 개조하는 것에 동의하겠는가? 언제 로봇이 인간 군인과 인간이 운용하는 시스템을 완전히 대체할 것인가? 지휘관은 자신들이 통제하는 기계를 완전히 신뢰할 것인가? 전쟁에서 사용하는 모든 기기들이 신뢰할 수 있는 데이터를 보낼 것인가? 그리고 컴퓨터가 그 데이터에 따라 우리가 원하는 대로 행동할 것이라고 믿을수 있는가? 마지막으로, 우리가 만든 스마트 시스템이 등을 돌리지 않을 것이라고 확신할 수 있는가? 인공지능 시스템이 예상하지 못한 방식으로 발전할 수 있는 가능성은 충분히 있다. 만약 지능을 가진 전투 로봇이 임무 달성을 위해 아군에게 미사일을 발사해야 한다고 결정하면 어찌할 것인가? 혹은 인간이 불필요하다거나 전쟁 자체가 비논리적이라는 결정을 내린다면 어떻게 하겠는가? 이런 특이성이 발생한다면 무슨 일이 일어날지 누가 알겠는가?

우리는 사물인터넷으로 인해 직접적인 영향을 받을 가능성은 없다. 하지만 그 이후의 결정들에 간접적으로 영향을 받을 수 있다. 우리는 새로운 기술과 군이 이러한 기술을 사용할 계획에 대해서 파악하고 있어야 한다. 이들이 하는 모든 것이 전쟁을 더 쉽게 만드는 것이라고 해도 우리가 사회에서 원하는 것은 아닐 수도 있다.

스마트 전쟁 시장 동향

영국 국방부는 '퓨쳐 솔저 비전Future Soldier Vision, 이하 FSV' 프로젝트의 일환인 스마트 장비로 무장한 미래의 보병 모습을 공개했다. 실제 연구 중인 기술이며, 실현 가능성도 높다.

왼쪽 이미지는 주변 지도, 전술 숙지사항, 적의 위치, 드론 정찰기의 관측 영상 등 정보 전송이 가능한 스마트 글래스이다. 병사들은 글래스를 통해 필요한 전투 정보를 즉시 확인할 수 있다.

오른쪽의 고해상도 카메라가 장착된 헬멧은 동료에게 촬영되는 영상을 공유하여 함정이나 기습과 같은 위급 사항이 발생했을 때 빠르게 대처할 수 있게 한다. 또한 헬멧은 골전도 방식(고막이 아닌 뼈를 울려 소리를 전달)을 사용하여 전장 소음에서도 명확하게 메시지를 청취할 수 있게 한다.

병사들이 착용한 전투복 상·하의에는 심장박동수, 혈압, 산소 흡입량 등을 체크하는 첨단 센서가 있다. 첨단 센서에서 수집된 정보는 스마트워치를 통해 볼 수 있기 때문에 건강상태를 빠르게 확인하여 효과적인 치료를 받을 수 있다.

출처
- http://nownews.seoul.co.kr/news/newsView.php?id=20150918601047
- 이미지: 영국 국방부

Chapter 11

스마트 의학 :
준비된 기술

자가측정 의료기기, 바코드 처방전과 클라우드 기반의 의료 기록 관리가 가능한 지금 1974년에 방영되었던, 최첨단 생체 공학으로 다시 태어난 남자의 활약을 그린 육백만 달러의 사나이가 그리 먼 미래의 이야기는 아니다.

사물인터넷이 의료 서비스를 바꿀 것이라는 것은 기정사실화된 이야기다. 현재 사용 중인 다양한 의료기기들이 연결되면, 의료 서비스는 더욱 신속하고 스마트하게 된다. 진단 또한 더욱 빠르고 정확해지면서 실수는 줄어들어 환자들은 더 효과적이고 나은 치료를 받게 된다. 의료 서비스의 꿈이 현실화되는 것이다.

의료 사물인터넷의 세계

사물인터넷이 혁신을 일으킬 모든 분야 중에서, 가장 돋보이는 것은 아마 의료분야일 것이다. 스마트 기술과 의료의 통합은 우리가 병에 걸리거나 부상을 입었을 때 더 나은 치료를 제공한다.

기기의 연결

대부분의 변화는 집중 치료실ICU, 응급실ER, 그리고 수술실OR과 같은 병동의 여러 의료기기들이 서로 연결되었을 때 발생한다. 더 나아가 직접 가지고 있는 홈 웨어러블home-wearable 기기, 혈압 모니터, 심박수 모니터, 심지어 심박 조율기까지 해당된다. 이 모든 기기들은 중앙 데이터베이스나 모니터링 시스템에 무선으로 연결된다. 각각의 기기는 실시간으로 데이터를 분석하고 그에 따른 새로운 약을 처방하는 것과 같은 조치를 취하거나 자동화된, 혹은 의사가 모니터링하는 서비스에 데이터를 보낼 수 있다.

다시 말해서 당신은 의사에게 몸이 아프다고 말하거나 피를 뽑아서 필요한 검사를 진행하고, 새로운 처방전을 받을 때까지 의사를 만나기 위해 기다릴 필요가 없다. 사물인터넷 덕분에 이 모든 정보는 머지 않아 즉시 분석되어 바로 이용할 수 있게 될 것이다. 이것이 바로 의료 서비스가 혁신이 되는 방식이다.

> **Note**
> 어떤 사람들은 의료용 애플리케이션을 종종 의료기기를 위한 사물인터넷이나 IoT-MD 라고 한다.

기록의 중앙 집중화

사물인터넷이 주도하는 추가적인 변화는 의료 기록의 중앙 집중화에서 시작된다. 현재, 진료 기록은 수기로 입력되며 의사의 진료실에 (아마 종이에 기록되어) 보관된다. 만약 당신이 다른 상황에서 두 명 이상의 의사에게 진료를 받게 된다면, 그들이 기록을 공유하지 않았거나 심지어는 당신의 병에 대해 이야기하지 않았을 가능성이 크다. 또한 긴급한 진료가 필요해 응급실에 가게 되었을 때에는 다른 의사가 알지 못하는 또 다른 기록이 생길 수 있다.

사물인터넷은 이 모든 것을 변화시킨다. 기존에 물리적인 기록들은 디지털화되고 새로운 기록들은 중앙 컴퓨터의 데이터베이스로 입력된다. 데이터는 단순히 한 병원 안에 저장되는 것이 아니라 클라우드에 저장된다. 그러므로 당신을 진료하는 의사, 진료소 및 병원 모두 당신의 기록을 확인할 수 있다. 의사들은 다른 의사가 처방한 것을 확인할 수 있어 교차 진단이 가능하며, 같이 먹었을 때 위험한 약들을 처방하지 않을 수 있다. 따라서 더 조직화되고 효과적이며, 효율적인 치료가 결과로 나타날 것이다. 이것은 장기적인 관점에서 보면 의료 비용을 최소한으로 줄일 수 있을 것이다. 기존 진료 방식보다 더 빠른 진단이 나오게 된다면 시스템 낭비도 줄 것이다. 게다가 사물인터넷은 예방 의학을 더 보편화시키며, 장기적인 치료를 줄일 수 있을 것이다. 요약하자면, 우리는 의료 서비스의 진정한 혁신을 지켜보고 있는 것이다. 그 결과는 스마트 TV나 스마트 냉장고보다 훨씬 더 유용할 것이다.

의료 서비스의 혜택

왜 의료기기를 위한 사물인터넷에 관심을 기울이는가? 그 이유가 바로 여기 있다.

- **치료 비용의 감소:** 사물인터넷은 우리가 필요로 하는 의료 서비스의 비용을 낮춰 줄 것이다.

- **향상된 환자 진료 결과:** 의료 과실이 줄어들고, 병에 걸렸을 때 쉽게 나을 수 있을 것이다.

- **실시간 질병 관리:** 혈당이나 갑상선 상태를 확인하기 위해 매번 예약을 하고 기다리는 대신, 매일 모니터링되는 결과를 통해 의사가 바로 치료나 약에 대한 결정을 내릴 수 있도록 도와준다. 사물인터넷을 통해 제공되는 실시간 모니터링은 의사가 직접 방문하는 시간을 줄여 준다.

- **향상된 삶의 질:** 더 효과적인 치료와 예방적인 치료는 일시적이거나 만성적인 질환을 가지고 있는 사람들에게 좀 더 나은 삶을 살 수 있도록 도와줄 것이다.

- **향상된 의료 경험:** 사물인터넷은 단순히 환자만이 아닌 의료 서비스를 제공해 주는 모두를 위한 것이다. 매일 힘든 일을 하는 의사와 간호사들, 그리고 그 밖에 사람들이 좀 더 쉽고 편리한 환경에서 일할 수 있도록 도와준다. 만약 사물인터넷 기반의 시스템이 업무량을 줄이거나 의사결정을 쉽게 할 수 있도록 도와주는 등 특정 작업들을 수행한다면 다들 환영할 것이다.

스마트 의료기기와 모니터링

더 스마트한 첫 단계이자 가장 중요한 단계는 원격 조종 기기의 사용이다. 원격 조종 기기들은 예방 치료와 재입원 방지에 대한 높아진 관심으로 이미 인기를 얻고 있다. 우리는 "6장 스마트 의류 : 웨어러블 기술"에서 피트니스 밴드, 심박동 수 모니터 등의 기기들에 대하여 얘기했었다.

이러한 스마트 의료기기들은 환자들이 병원이나 여러 의료시설에서만 누릴 수 있었던 모니터링을 집에서도 가능하게 해준다. 이런 모니터링은 무선통신을 이용해 의사나 의료시설이 환자의 건강 상태, 신체 활동, 약물 복용을 실시간으로 확인할 수 있게 할 뿐만 아니라 응급 상황이 발생했을 때 필요한 사람들에게 알릴 수 있게 해준다.

스마트 의료기기

어떤 종류의 커넥티드 의학 기기들을 이야기하는 것일까? 아래 목록을 참고하라.

- 혈당 모니터를 통한 혈당 수치 측정
- 혈압 모니터를 통한 실시간 혈압 기록 제공
- 호흡 모니터를 통한 폐환기를 추적
- 심전도 모니터를 통한 심전도 활동 추적
- 뇌전도 헤드셋을 통한 뇌 활동 감시
- 주변 환경에 따라 성능이 조절되는 보청기는 블루투스를 통하여 스마트폰에 연결해 헤드셋처럼 사용 가능
- 그림 11.1에서 볼 수 있는 것처럼, 미오 링크 손목형 심박계Mio Link Heart Rate 는 분당 박동수를 측정

그림 11.1 미오 링크 손목형 심박계와 스마트폰 앱을 통해 심장박동 모니터링

- 근육 수축 센서를 사용한 근피로도 감시
- 수집한 심장박동과 상태의 정보를 보낼 수 있는 심박 조절기
- 아직 태어나지 않은 아기의 심박수와 여러 중요 건강 상태를 측정할 수 있는 임산부들을 위한 모니터

- 펄스 옥시미터Pulse oximeters는 손끝을 통해 혈중 산소 상태와 맥박 감시

- 수면 모니터를 통해 수면 패턴과 무호흡 감시

- 그림 11.2에서 볼 수 있듯이 스파이어Spire와 같은 스트레스 측정기는 움직임과 호흡 패턴을 추적하여 사람이 스트레스를 받고 있는 상태인지 멍한 상태인지 확인

그림 11.2 스파이어 스트레스 모니터

이러한 개별 기기에서 측정된 데이터는 더 큰 시스템으로 통합될 수 있거나 (이 부분에 대해서 곧 이야기하겠다) PC/스마트폰 앱을 통하여 확인할 수 있다. 예를 들어, 인도의 마니팔 헬스Manipal Health 서비스는 임산부가 스마트폰 앱을 통해 태아를 확인할 수 있는 시스템을 제공한다. 이 시스템은 임산부에게 태아의 심박동 수 패턴, 자궁 활동, 그리고 분만 진행에 대해서 실시간 데이터를 제공한다. 또한 이 데이터는 의사의 스마트폰이나 태블릿으

로 전송되며 어떤 진찰을 해야 할지 빠른 결정을 내릴 수 있게 한다. 이 시스템은 분만 과정에서 더욱 많은 도움을 준다.

더 나아가 수술을 하지 않아도 의사가 원격으로 몸 안의 상태를 볼 수 있는 알약 모양의 소형 카메라는 어떠한가? 혹은 의사가 파킨슨 병의 증상을 확인하는 데 사용할 수 있는 내장된 동작 탐지기는? 심장, 뇌, 근육 활동을 감시하거나, 혹은 원격으로 일부 근육을 자극하는, 그림 11.3에 보이는 것과 같이 신축성이 있고 구부러지며, 피부 패치인 전자 센서는 어떠한가?

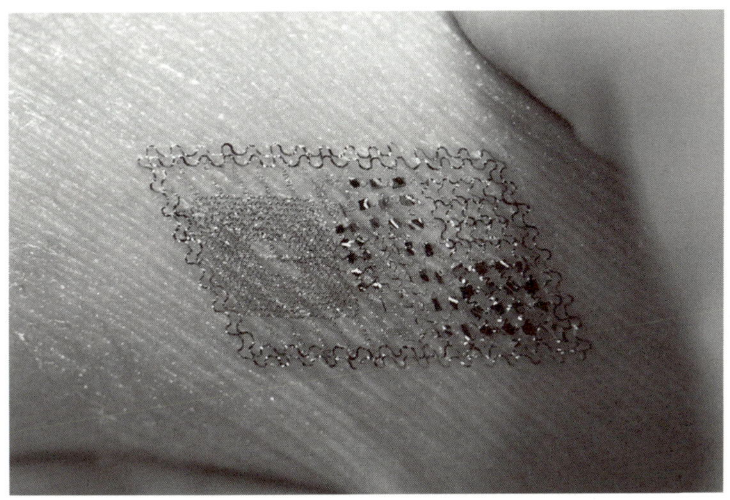

그림 11.3 일리노이 주립대학에서 개발된 마이크로 전자 피부 패치

이 모든 기기들이 중앙 감시 시스템으로 연결되면 의사들은 더 신속하고 손쉽게 과거와 현재의 환자 정보에 접속할 수 있게 될 것이다. 이 데이터는 환자 건강에 대해 더 자세한 내용을 제공하기 위하여, 스마트 체중계, 피트니스 밴드, 스마트워치와 같은 여러 스마트 기기에서 수집된 정보와 결합된다. 이 모든 것은 가까운 미래의 일처럼 보일 것이다. 이는 우리가 사물인터넷이 지배하는 세계로 진입하고 있기 때문이다.

모니터 감시하기

의료 데이터가 수집되면, 환자 상태의 동향을 볼 수 있는 소프트웨어가 필요하다. 이 소프트웨어는 이상 징후를 쉽게 발견하고 경고를 할 것이다. 또한, 환자 건강의 장기적인 변화를 감지할 수 있을 것이다. 이것은 단순히 확인하는 것만이 아닌 데이터가 건강과 관련된 결정과 행동을 알리는 방식이다. 이 분석은 응급한 상황을 예방할 수 있다. 예를 들어 만약 당신이 심장병이 있다면 이러한 원격 시스템은 심장병이 약화되기 전에 알맞은 약을 제공할 것이다.

여기서 문제는 막대한 양의 수집된 데이터를 처리하는 것에 있다. 수집된 데이터는 다수의 기기에서, 다양한 시간대에서 등록되는 모든 사람들의 정보이다. 만약 모든 것이 연결되고 데이터가 적절한 시스템과 서비스에 전달된다면, 이 막대한 양의 데이터를 통해 의미 있는 데이터를 추출해내는 것은 경탄할만한 일일 것이다.

이처럼 데이터의 의미를 파악할 수 있다는 것은 병원과 의료 관련 회사에게 사업적으로도 큰 기회를 제공한다. 프리스케일 세미컨덕터Freescale Semiconductor라는 회사는 이미 이런 작업을 진행 중이다. 프리스케일 앱 개발자는 환자의 데이터를 수집하고 공유할 수 있는 "원격 의료" 앱인 홈 헬스 허브Home Health Hub라는 참조 플랫폼을 개발했다. 그림 11.4에서 볼 수 있듯이, 홈 헬스 허브는 의료기기들(혈압, 모니터, 온도계, 펄스 옥시미터, 체중계, 혈당 모니터 등)과 협력하며, 수집된 데이터를 PC, 스마트폰, 태블릿 등과 같은 원격 스마트 기기에 제공한다. 이것은 의사, 의료 종사자 등 여러 관련있는 사람들에게 환자의 현재 건강 상태를 확인할 수 있도록 하며, 알람과 약을 복용할 시간을 제공한다.

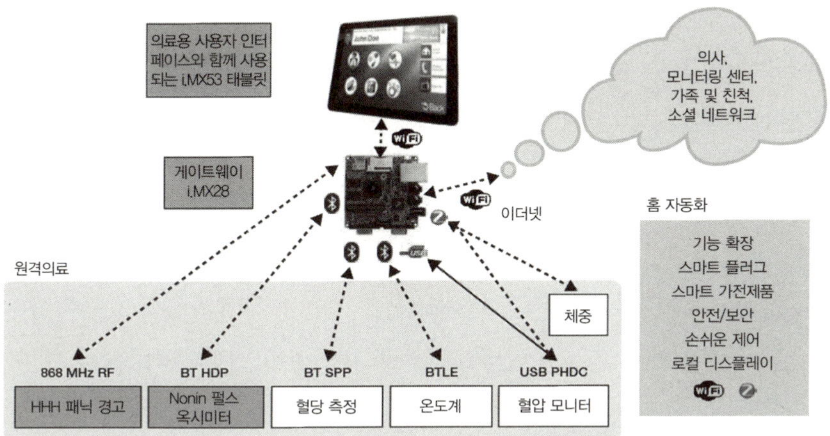

그림 11.4 프리스케일의 홈 헬스 허브 참조 플랫폼은 여러 개의 의학 기기를 함께 사용할 수 있도록 도와주며 스마트폰 앱으로 결과를 확인할 수 있도록 한다(프리스케일 반도체 무료 다이어그램)

컨티뉴아 헬스 얼라이언스Continua Health Alliance는 의료와 기술 회사의 연합체로 상호 정보 교환이 가능한 개인 건강 솔루션에 대한 지침을 수립하였다. 이는 대부분의 의료기기가 데이터를 공유하는데 협력하도록 하기 위함이다. 이것은 데이터를 공유, 전달하기 위해 기기들이 블루투스, 와이파이 및 지그비를 모두 사용할 수 있게 한다. 이는 의료 앱 분야에서 사물인터넷을 이루기 위해 중요하다.

> **Note**
>
> 미국 식품의약국FDA는 의료기기의 정보 처리 상호 운용을 지원하는 24개의 기준을 공인하였다.

노인들을 위한 스마트 기기

의료용 사물인터넷은 오늘날 병원이나 노인요양시설에서 특정 감시가 필요한 노인들에게 필요한 기능을 제공한다. 새로운 무선 모니터와 보고 시스템은 노인들이 집에 머무르면서도 그들이 필요로 하는 서비스를 받을 수 있게 도와준다. 이런 모니터링의 일부는 웨어러블 기기들의 도움으로 가능하다. 더 나아가 의료와 관련된 다양한 센서를 노인 환자의 건강과 신체 활동 감지를 위해 집이나 아파트에 설치할 수 있다.

미래의 일처럼 들릴 수 있겠지만 많은 의료 기능들은 오늘날 이용 가능하다. 헬스센스Healthsense는 노인들을 위한 이네이버 모니터링eNeighbor monitoring 시스템을 제공한다. 이 시스템은 관절이 약한 노인들이 넘어지지 않았는지 확인하고 환자가 일정한 장소를 벗어나면 알려 준다. 또한 약 복용 시간을 놓치는 경우에 간병인에게 보고한다. 이는 집 전체에 설치된 센서와 웨어러블 기기를 통해 가능하다. 또한 이 시스템은 노인들이 필요로 할 경우에 도움을 요청할 수 있도록 응급 전화 펜던트도 제공한다.

이와 비슷한 비클로즈Beclose 시스템은 환자가 일상적인 생활을 하는지 확인하기 위해 그림 11.5에 보이는 것처럼, 스마트 센서를 환자의 집 주변에 설치한다. 예를 들어, 장기간의 부재나 식사를 하지 않는 것과 같이 무엇인가 잘못되었을 때 간병인이나 지정된 가족에게 문자 메시지, 이메일 혹은 전화로 알려 준다. 만약 이 시스템이 노인 요양 시설에 설치된다면 직원들은 각 환자의 활동을 모니터를 통해 쉽게 모니터링할 수 있을 것이다.

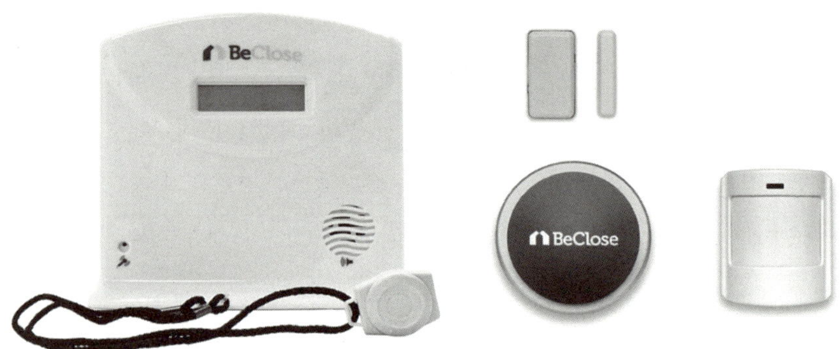

그림 11.5 비클로즈 시스템의 다양한 스마트 센서

노인요양시설이나 집에서 사용할 수 있는 원격 관리 기술을 제공하는 인디펜다Independa 시스템도 있다. 모든 데이터는 그림 11.6에 보이는 것처럼, 웹이나 개인용 컴퓨터, 스마트폰, 태블릿 혹은 스마트 TV를 통해 간병인들이 볼 수 있다. 또한 "스마트 리마인더" 기능을 통해 약이나, 특정 검사 시간, 건강에 대한 기록, 표준 건강 상태 등을 알려 준다. 이렇듯 많은 회사들이 노인 관리 분야에 뛰어들고 있다. 그들의 목표는 동일하다. 노인들을 안전하고 건강하게 하기 위한 효과적인 감시를 제공하면서 삶의 질을 향상시키는 것이다.

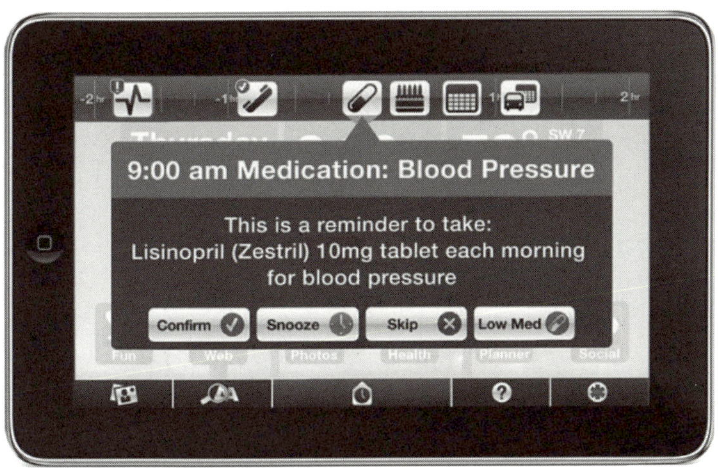

그림 11.6 인디펜다의 간병인 아이패드 화면

스마트 의학

매년 미국에서 100만 명 이상의 사람들이 잘못된 약을 복용하여 고통을 겪고 있다. 이런 오용은 사물인터넷을 통해 사전에 방지할 수 있을 것이다. 가장 먼저 출시된 방법은 약 용기에 바코드를 사용하는 것이었다. 바코드를 사용한 약 관리 시스템은 오늘날 많은 병원에서 사용 중이며, 잘못된 약 사용 비율을 상당히 감소시켰다. 하지만 이런 시스템을 다루기엔 다소 불편하며, 가정에서 사용하기에는 현실감이 떨어진다.

이 문제를 대체할 수 있는 방법은 전 과정을 무선으로 만드는 것이다. 즉, 약 용기에 태블릿이나 스마트폰이 인식할 수 있는 RFID를 내장한다. 이것은 이전 바코드 시스템보다 휴대하기 더 편리하며, 환자에게 주어진 약이 이로운지 확인할 수 있는 추가적인 기능을 제공한다. 그러나 이 방법은 적절한 데이터를 기록하고 저장한 후 데이터를 적합한 분석 애플리케이션으로 보낼 수 있는지에 대한 문제가 있다.

가정에서 이 약 용기를 사용하면 환자가 실제로 약을 복용하고 있는지 확인하고 약을 먹지 않았다면 약을 복용하도록 할 수 있다. 스마트폰 앱에서 수집된 데이터는 진료실로 전송되고, 환자와 관련된 보고서를 만들거나, 환자에게 해야 할 일을 상기시키거나 경고를 보내는 연락을 한다.

예를 들어, 그림 11.7에 보이는 바이탈리티Vitality의 글로우캡GlowCap은 처방되는 모든 약 병에 맞출 수 있는 전자 뚜껑이다. 글로우캡은 약을 복용할 시간이 되면 빛과 음성을 이용한 리마인더 기능을 제공한다. 약 병이 열리면, 글로우캡 내부에 있는 칩은 무선으로 그 정보를 당신의 의사나 간병인에게 보낸다. 글로우캡은 데이터 전송을 위하여 AT&T 모바일 브로드밴드 네트워크를 사용하기 때문에 커다랗고 둥근 무선 전송기가 벽에 연결된다.

모든 약이 사라지면, 약을 다시 주문하기 위해 뚜껑 아래에 있는 버튼을 누르면 된다.

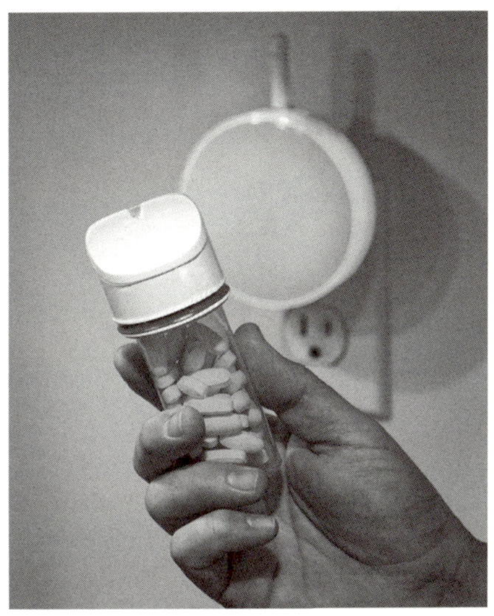

그림 11.7 바이탈리티의 글로우캡

약 봉지 안에 내장된 RFID를 통해 스마트폰이나 태블릿 앱으로 약을 식별할 수도 있다. 또한 먹을 수 있는 스마트 알약으로 데이터를 수집할 수 있다. 예를 들어, 프로테우스Proteus의 디지털 헬스 피드백Digital Health Feedback 시스템은 먹을 수 있는 센서가 포함된 스마트 알약을 선보였다. 이 센서는 알약을 삼켰을 때만 정보를 전송하는 것이 아니라 심박동수, 알약의 위치 및 활동에 관련된 측정 정보를 제공한다. 이후 데이터를 환자의 소형 전자패치로 전송한다. 이 패치는 블루투스를 통해 환자와 의사의 스마트폰으로 데이터를 전송한다. 이 모든 시스템은 그림 11.8에 나타나 있다.

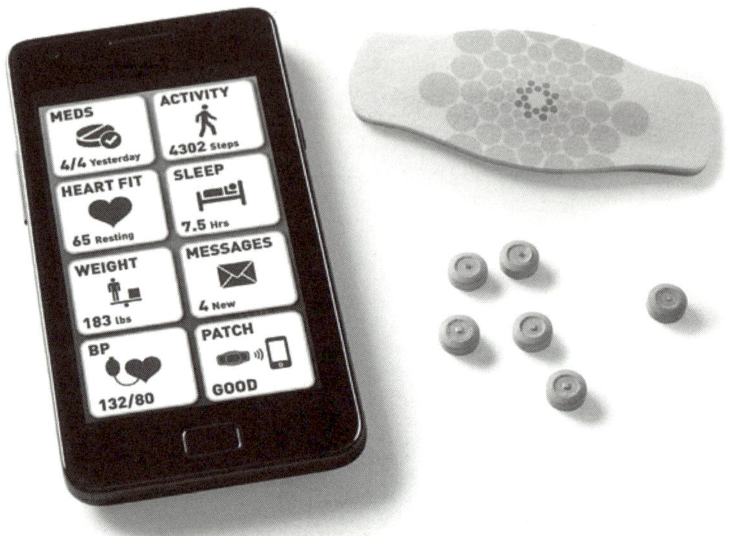

그림 11.8 프로테우스 디지털 헬스 피드백 시스템과 연동되는 스마트 알약,
트랜스미터 패치transmitter patch 및 스마트폰 앱

스마트 병원

병원에서의 과오는 예방할 수 있는 죽음의 주요 원인이다. 매년 50,000명 이상의 사람들이 병원의 잘못된 실수로 사망한다. 여기서 이런 인적과오를 줄이는 동시에 병원 치료의 질을 향상시킬 수 있는 방법이 있다. 바로 사물인터넷과 스마트 기술을 사용하는 것이다. 스마트한 데이터 분석, 연결된 기기와 시스템은 병원 업무 방식에 혁신을 불러일으킬 것이다.

모든 의료기기의 감시

사물인터넷이 환자 간호를 급격하게 바꿀 것이다. 만약 환자가 특정 양의 약물 주입이 필요하다는 것을 주입 펌프 기기가 알 수 있다면 직원이 각 환자마다 주입량을 직접 설정하지 않아도 된다. 우리는 이런 일들을 통해 병원 기기들이 환자 중심으로 움직이길 원하고 있다. 환자의 상태를 실시간으로 확인시켜 줄 수 있는 심전도 모니터, 펄스 옥시미터 및 멀티-파라미터multi-parameter 모니터는 의료기기 산업에 혁신을 불러일으킨지 오래이다.

오늘날 환자들이 어떻게 호흡하는지, 심장이 어떻게 뛰는지, 혈압이 얼마나 높은지 등을 추적하는 기기들은 항상 연결되어 있어야 한다. 그러나 이러한 병원 기기들은 서로 연결되어 있지 않고 독자적으로 작동된다. 즉, 기기들은 모두 제각기 운용된다.

이 기기들은 위치에 종속적이다. 만약 환자가 다른 방으로 옮겨가거나, 집중 치료실 혹은 응급실에서 사설로 옮겨지면 방에 있던 기기들의 연결을 끊고 옮긴 방에서 다시 기기들을 재연결해야 한다. 처음에 있던 방의 기기들은 다른 방의 기기들과 같이 사용되지 않기 때문에 기록되거나 전송된 전자 이력이 없다. 모든 데이터는 특정한 기기 특유의 것이다. 즉, 환자 상태에 대한 정확한 보고서를 생성하기 위해 다른 기기의 데이터와 결합할 수 있는 방법이 없다. 결국, 이런 기기들을 다루는 직원들은 환자에게 무슨 일이 일어나는지에 대한 이해가 부족할 수 있을 것이다. 그리고 그 누구도 이 데이터를 실시간으로 보고 있지 않으면 오로지 문제가 생겼을 때만 확인하게 될 것이다.

모든 감시는 무엇인가 정상 범위에서 벗어났을 때 직원에게 경고를 해줘야 한다. 하지만 이 모든 데이터를 병실이나 간호원실과 함께 한 장소에서 볼 수 있는 방법이 없다. 그 어떤 기기에서도 장기간의 데이터가 저장되거나 전송되지 않는다. 만약 간호사나 의사가 통합된 자료를 원하면 직접 차트를 만들어야만 한다. 연필과 종이에 직접 수기로 작성하는 것 말이다.

만약에 이 모든 기기들이 서로 소통할 수 있을 뿐만 아니라, 중앙 집중 대시보드에 연결된다면 더 낫지 않을까? 집중 치료실, 수술실, 혹은 응급실 기기에 설정된 환자 상태가 자동으로 환자의 병실 기기에 전송된다면? 환자의 기록이나 차트가 버튼을 누르기만 하면 생성되거나, 다중 기기에서 수집된 데이터를 결합할 수 있다면? 바로 이런 곳에 사물인터넷이 기여한다.

더 스마트한 기기

환자에게 사용하는 모든 기기들은 상호 연결되어야 할 뿐만 아니라 중앙 감시 센터에도 연결되어야 한다. 이렇게 되면 모든 기기들은 더 스마트해지고 결국 더 효과적으로 작동한다. 또한 직원들이 각각의 기기들을 다루는 시간을 줄일 수 있다.

일전에 사용하던 심장 모니터의 기록들은 현재 사용하고 있는 기기에서 수집된 데이터와 연결되어야 한다. 그리고 이 모든 데이터는 병실과 간호원실의 모니터에 실시간으로 반영되어야 한다.

우리는 모든 의료기기가 연결되어 더욱 스마트하게 작동하길 원할 것이다. 환자의 산소 수치를 감시하는 산소농도계가 환자의 호흡 상태를 파악해 위험한 순간을 판단할 수 있도록 작동하는 것처럼 말이다. 오늘날에는 실제로 문제 발생 위험 원인을 파악하는 대신 단순한 경고만을 알려 준다. 만약 산소와 이산화탄소 수치를 모두 확인한 후 알려 준다면 더 스마트한 경고가 될 것이다. 하지만 현재 사용되고 있는 산소와 이산화탄소 수치 모니터링 기기는 각각 개별적이며 서로 통신하지 않는다. 기기 간의 상호 통신이 이루어지고 특정 단계를 반영할 수 있는 if-this-then-this 알고리즘이 가능하면 더욱 효과적이고 올바른 경고를 받을 수 있을 것이다.

이것은 정말이지 중대한 과제이다. 이는 수많은 환자들이 정기적으로 병원에 방문하는 현 시점에서, 수천 명의 환자들과 수백 수천의 다른 기기들을 다루는 문제이다. 모든 기기들이 100% 작동되는 시간 동안, 완벽한 데이터 보안을 갖추고 실시간 보고를 하며, 상호 연결되어야 하고 중앙 시스템에 연결되어야 한다.

더 스마트한 기준

더 스마트한 병원을 만드는 첫 단계는 여러 제조업자들이 만든 다른 유형의 기기들을 상호 소통할 수 있게 하는 기준을 수립하는 것이다. 이를 통해 우리는 통합진료환경ICE 기준에 따라 환자의 의료 데이터 이력 등을 통제할 수 있는 스마트한 의료 시스템을 구축할 수 있다.

> **Note**
>
> ICE 기준은 ASTM F2761-2009으로 적용된다. ASTM 인터내셔널은 다양한 산업 기술 기준을 만들고 배포하는 비영리단체이다. ICE 프로젝트는 현재 ASTM 분과 위원회 F29.21, "통합 진료 환경"의 원조 하에 있다.

그림 11.9는 ICE 기준의 기능적 요소를 보여 준다. 요소들은 모두 환자에서 시작하고(도표의 아래), 의사에서 끝난다(도표의 위). 중간에는 의료기기, 인터페이스, 네트워크 제어장치, 그리고 ICE 감독관이 있다. 이것은 모두 환자에 대한 정보를 얻기 위한 방법이며 환자와 의사 모두에게 영향을 미친다.

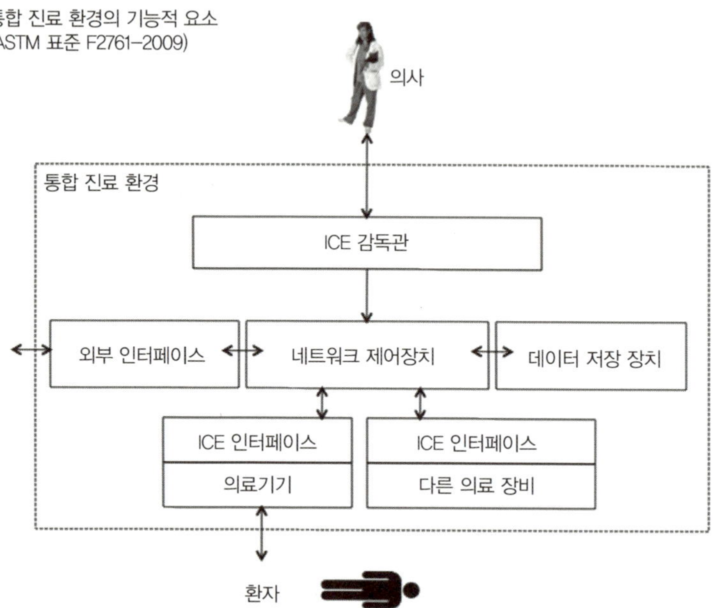

그림 11.9 통합 진료 환경 기준의 기능적 요소

ICE 기준의 핵심 요소들은 다음을 포함한다.

- 연결된 기기가 오작동할 시에 경고를 하고 과거 데이터 기록을 제공하는 네트워크 제어장치
- 진료 결정 지원, 스마트 경고 및 기록 유지 기능 등을 포함해 시스템상에서 스마트한 정보를 제공하는 네트워크 감독관
- 의료기기와 네트워크 제어장치를 연결하는 네트워크 인터페이스

ICE 환경에서, 혈압측정용 커프_{Cuff}부터 정맥 펌프까지 모든 기기들은 플러그 앤 플레이_{plug-and-play} 기술을 사용하여 상호 연결될 것이다. 이 기기 간 연결과 소통 방법은 정보 처리 상호 운영을 보장하기 위하여 표준화될 것이다. 각 제조업자들이 다른 제조업자들의 기기와 소통되지 않는 자신만의 독점적인 기술을 이용하는 상황에서 앞으로 여러 의료기기들의 안전한 통합을 보장하는 것이 ICE의 목표이다.

ICE 기준은 상대적으로 새로운 것이다. 여러 의료 분야에 기준을 적용하는
작업은 2006년에 시작되었고, 2009년에 처음으로 기준이 발표되었다. 거대
한 의료산업은 빠르게 변하지 않기 때문에 이런 기준들이 널리 사용되기 위
해서는 시간이 필요하다. ICE는 사물인터넷과 함께 발전될 의료기기에 대
한 지침에 대해서도 고려 중이다.

다른 스마트 장비

ICE의 이행은 미래 병원의 필요한 요소 중 하나일 뿐이다. 우리는 새로운
스마트 장비와 기기가 의료 현장에 도입되는 것을 볼 수 있을 것이다.

3M은 그림 11.10에 보이는 리트만 전자 청진기Littmann Electronic
Stethoscope를 개발하였다. 이 청진기는 의사가 심박 진료를 집중할 수 있게
해주는 동시에 수집된 데이터를 스마트폰과 컴퓨터에 전송한다.

그림 11.10 디지털 판독을 갖춘 3M의 리트만 전자 청진기

당신이 병원에 입원했을 때 경험할 수 있는 스마트 시스템은 단순히 매트리스 강도를 조절하는 침대가 아닌, 환자의 활력 징후를 감시하고 간호원실에 전송할 수 있는 센서가 포함된 스마트 침대와 같은 시스템을 말한다. 예를 들어, BAM 랩은 스마트 침대 기술 솔루션 시스템을 제공한다. 이 시스템은 그림 11.11에서 보이는 것처럼 센서 매트를 일반 매트리스 아래에 깔아서 사용한다. 이 매트는 심박동 수, 호흡률, 움직임(환자의 위치 변화), 그리고 언제 침대에서 나가고 들어오는지를 감시한다.

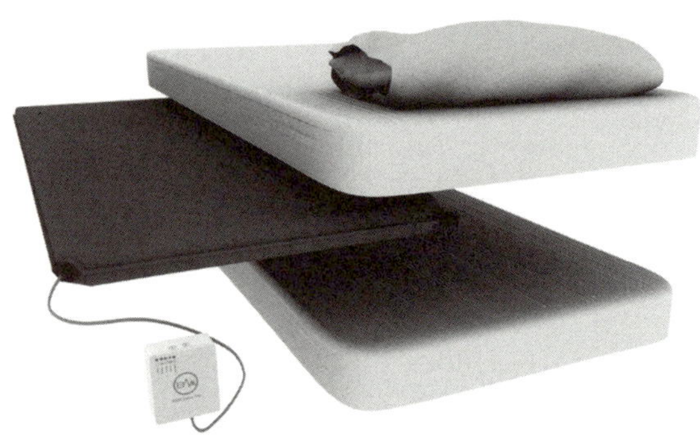

그림 11.11 BAM 랩의 스마트 침대 기술 솔루션인 센서 매트

이 생체 측정 데이터는 스마트 침대 클라우드 플랫폼으로 전송되고 (모든 데이터가 결국 클라우드에 위치하기 때문에) 이후 인터넷에 연결된 기기에서 볼 수 있도록 사용자 친화적인 애플리케이션을 제공한다. 이것은 병원 직원과 의료진들이 긴급한 일이 발생했을 때 자신들의 컴퓨터 혹은 스마트폰 앱으로 데이터를 받을 수 있게 한다.

만약 첨단 기술을 경험해 보고 싶다면 그림 11.12에 나와 있는 인터치헬스 InTouch Health와 아이로봇의 RP-VITA에게 진료를 받아 보자. 이 기기는 의사들이 환자와 같이 있을 수 없을 때 실시간으로 진료 상담을 가능하게 한다. 의사는 아이패드 앱을 통해 로봇을 제어할 수 있으며 로봇의 스크린을 통해 환자와 대화할 수 있다. 이는 의사의 시간을 더 효율적으로 사용하게 하며, 의료 서비스가 부족한 지역에 의료 혜택을 제공할 수 있다.

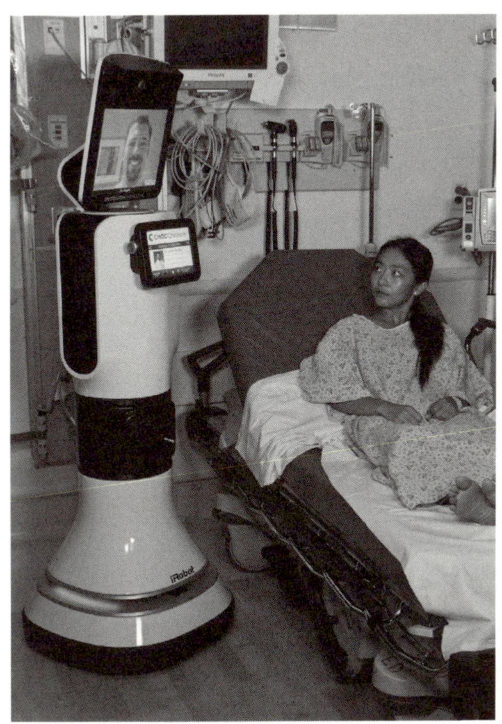

그림 11.12 인터치헬스와 아이로봇의 RP-VITA

스마트 의료 기록

오늘날 의료 시스템의 주요 과제 중 하나는 환자 기록일 것이다. 모든 병원이 그렇듯이 의사들은 자신의 환자 기록을 가지고 있다. 환자의 기록 저장을 위한 중앙 센터는 그 어디에도 없다. 만약 당신이 새로운 병원에 가거나 의사에게 진료를 받는다면, 진료를 받았던 병원에 연락하여 당신의 기록이 담긴 자료를 팩스로 보내 달라고 요청해야 한다. 이것은 시간과 비용이 발생할 뿐만 아니라 진단과 치료를 지체시킬 수 있고, 시간이 생명과 연관된 긴급상황일 경우 목숨을 위협할 수도 있다.

새로운 종류의 웨어러블 의료기기에서 수집된 모든 데이터까지 고려해야 한다면 이는 더 악화될 수 있다. 따라서 효과적이고 효율적인 의료 기록 관리를 위해 모든 정보들은 전자 기록으로 통합되어야 한다. 이것은 여러 제공업자들이 접근할 수 있도록 컴퓨터 데이터베이스에 모든 기록을 보관하는 것을 의미한다. 또한 기존에 있던 당신의 문서 기록을 디지털화하는 것을 의미한다. 이것은 엄청난 일이다. 의료 기록이 모두 전자화되면, 기록들은 어딘가에 저장되어야 한다. 이것은 모든 기록을 의사들이 볼 수 있도록 클라우드 기반에서 이뤄질 것이다. 기록이 클라우드에서 관리된다면, 모든 의료 전문가들은 (당사자가 허락한 경우) 실시간으로 가장 최신의 정보를 볼 수 있을 것이다. 이는 문서 업무를 줄이고 처리를 빠르게 도와주며, 더욱 신속하고 정확한 진단을 제공해 줄 것이다.

이 전자 건강 기록은 개인 건강 기록PHR이라고 불리며, 수많은 회사들이 이를 구축하기 위해 노력하고 있다. 이러한 서비스를 통해 사람들은 자신의 의료 기록에 더 쉽게 접근할 수 있지만 아직 여러 시설이나 다른 업체가 보관하고 있는 기록까지는 확인하기 쉽지 않다. 많은 대기업들 또한 다중 시설과 다른 사람들도 접근할 수 있는 PHR 데이터베이스와 애플리케이션을 만들기 위해 노력하고 있다. 이중 일부는 회사 직원이나 특정 보험회사의 고객을 대상으로 하고 있다. 그 외의 다양한 산업 분야에서는 산업 기준이 되기 위해 경쟁하고 있다. 어떤 상황에서든지 시장의 일부로 진입하기 위해 많은 회사들이 노력하고 있는 것이다.

애플 헬스킷

애플 또한 사람들의 건강 기록을 관리하기 원한다. 애플의 헬스킷HealthKit 서비스는 환자가 직접 생성한 건강 정보를 저장하는 역할을 하며, 이 정보를 의사나 병원과 공유한다. 아이폰이나 애플워치에서 작동되는 헬스킷 또한 혈압, 심박수, 몸무게 등의 정보를 수집한다. 헬스킷은 처음 의사가 당뇨와 고혈압과 같은 만성질환을 지닌 환자를 지속적으로 관리하기 위해 고안되었다. 2015년 초 기준으로 미국 상위 23개 병원 중 14곳에서 사용하고 있다.

도시아

도시아Dossia 시스템은 자신의 의료 기록의 사본을 디지털화할 수 있어 자신만의 전자 건강 기록을 생성할 수 있게 도와줄 뿐만 아니라 필요시에 의사들이 접근하여 의료 정보를 확인할 수 있도록 한다. 그림 11.3에 보이는 도시아 헬스 매니저Health Manager는 당신의 가족이나 개인 건강을 관리할 수 있도록 권고사항과 함께 정보를 제공하는 애플리케이션이다. 헬스 매니저는 약물, 알레르기, 면역, 의사 방문 일정, 실험 결과 등에 대한 개인 건강기록을 파악한다.

그림 11.13 도시아 헬스 매니저 앱의 뉴스 피드

팔로우마이헬스

팔로우마이헬스FollowMyHealth는 수백의 거대한 의료시설에서 제공하는 환자를 위한 사이트(www.followmyhealth.com)이다. 이 사이트를 통해 환자는 자신의 의료 기록과 검사 결과를 볼 수 있다. 또한 의료 정보를 갱신할 수 있으며 처방전을 다시 요청할 수 있고, 보안이 적용된 상태에서 의사와 통신할 수 있으며 예약을 잡는 등의 일이 가능하다. 환자는 사이트를 컴퓨터, 스마트폰, 태블릿 앱을 통해 접속할 수 있다. 그림 11.14는 아이폰에서 팔로우마이헬스를 사용하는 것을 보여 준다.

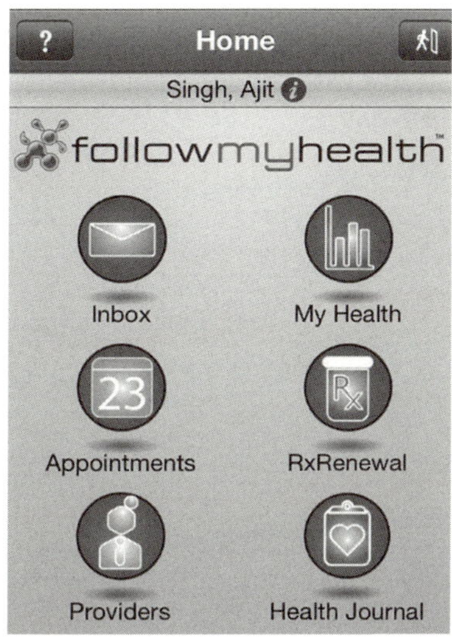

그림 11.14 팔로우마이헬스 아이폰 앱 화면

메디커넥트

메디커넥트MediConnect는 환자의 의료 데이터를 모아 주는 웹 기반 PHR 서
비스(www.mediconnect.net)이다. 온라인 의료 기록 요청서를 작성하면
메디커넥트는 우리를 대신하여 우리의 의료 기록 사본을 요청하기 위해 의
사, 약사, 병원에 연락한다. 이후 메디커넥트 계정을 생성하기 위해 의료 기
록을 디지털화한다. 우리가 해야 할 일은 거의 없다. 그림 11.15에서 볼 수
있듯이, 완성된 메디커넥트 PHR은 건강상태, 알레르기, 수술 및 진료 이
력, 백신 접종 유무, 약, 의료 보험 등과 같은 모든 의료 기록을 포함한다.

이 모든 정보는 중앙 장소에 위치하며, 읽기 쉽고, 이해하기 쉽게 나타난다.
또한 당신은 누가 이러한 정보를 볼 수 있는지 결정할 수 있다. 의사, 가족
등을 포함해서 말이다.

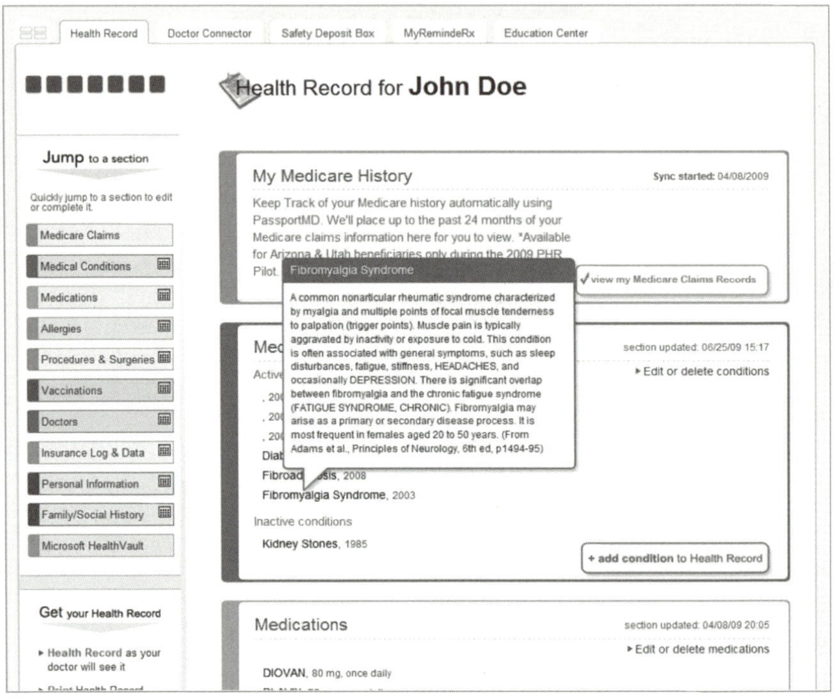

그림 11.15 메디커넥트의 PHR 웹 화면

마이크로소프트 헬스볼트

마이크로소프트는 사물인터넷 전반에 걸쳐 많은 투자를 하고 있는데, 특히 건강 기록 서비스에 많은 관심을 쏟고 있다. 2007년도에 선보인 마이크로소프트 헬스볼트HealthVault는 건강과 체력 정보를 저장하고 유지하는데 이용되었던 웹 기반 플랫폼(www.healthvault.com)이다. 이것은 개인과 의료 전문가 모두를 대상으로 하고 있다. 개인이 헬스볼트 계정을 만들면, 그 계정에 여러 사람이 접속할 수 있도록 권한을 부여할 수 있다.

각각의 기록은 개인의 의료 정보를 포함한다. 하나의 헬스볼트 계정은 가족 구성원 모두의 기록을 포함할 수 있고, 부모가 아이의 기록을 관리하거나 성인이 된 자식이 부모의 기록을 관리할 수 있다. 사용자들은 헬스볼트 웹

사이트나 PC/스마트폰 앱을 통하여 헬스볼트 기록을 관리한다. 그림 11.16
은 윈도우 8 버전에서 작동되는 헬스볼트 앱을 보여 준다. 사용자는 정보를
특정 개인이나 가족, 혹은 의사만 볼 수 있도록 지정할 수 있기 때문에 공유
하는 모든 정보를 모두가 볼 수 있는 것은 아니다.

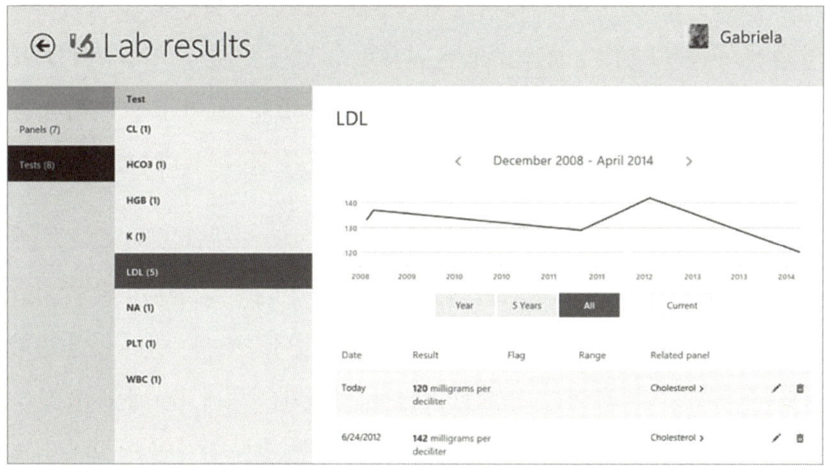

그림 11.16 마이크로소프트의 윈도우 8에서 작동하는 헬스볼트 PHR 앱

또한 다양한 의료기기에서 수집된 데이터를 헬스볼트 커넥션 센터를 이용하
여 업로드할 수 있다. 이 방법으로 의료 제공업자들은 체력 정보나 사용자
가 개인적으로 수집한 다른 데이터를 볼 수 있다.

Note

구글은 구글 헬스 서비스를 통해 초창기 전자 건강 기록 분야에 중요한 역할을 담당했
다. 하지만 그 당시 구글 헬스는 소비자와 의료 산업에 지지를 받지 못해 2011년 서비스
를 종료했다.

스마트 의학과 우리

스마트 의학의 미래는 우리에게 달려 있다. 우리가 가는 곳은 명백하지만 도달하는 방법은 불확실하다. 이미 존재하는 기기와 사물인터넷 기반의 기기를 연결하는 것 말이다. 현재 독립적인 기기들은 더 스마트한 작업을 위해 연결되고 의사와 환자 모두의 삶을 편리하게 만들어 줄 것이다. 현재 통합되지 않은 기록은 개인과 기관이 모두 접속할 수 있는 하나의 데이터베이스에 연결될 것이다. 모든 사람들은 자신의 건강에 대해 더 잘 알게 될 것이며 자신의 정보를 잘 알고 있는 상태에서 더 나은 행동을 할 수 있게 될 것이다.

이런 연결 중 일부는 사람의 입력이나 지식 없이도 발생할 것이다. 병원에서는 병실의 의료기기를 연결하여 상호 기능을 이용한 모니터링과 경고가 가능할 것이다. 당신이 해야 할 일은 아무것도 없다. 병원은 이미 이런 방향으로 나아가고 있다. 이런 기능 중 일부는 당신의 참여가 필요할지도 모른다. 의사나 병원이 PHR을 만드는 역량을 제공할 수는 있지만 당신의 정보를 입력하거나 업로드하고 당신이 선택한 의료 제공업자들과 공유할 수 있는 당신만의 PHR을 만들 필요가 있다.

누가 일을 하든지, 결과는 그만한 가치가 있을 것이다. 당신이 겪는 의료 문제가 무엇이든지 의사는 더 신속하고 더 정확하게 진단할 수 있을 것이다. 의사는 장기적으로 환자들의 건강을 더 잘 살펴볼 수 있을 것이다. 특히 고혈압이나 당뇨와 같은 만성질환을 가지고 있다면 더욱 도움이 될 것이다. 만약 당신이 의사를 바꾸거나 응급 진료를 받으러 가도, 당신의 모든 진료 데이터 결과를 확인할 수 있어 불필요한 진료가 필요 없어질 것이다. 혹여 입원을 해야 한다면 더욱 쾌적하게 머무르게 될 것이고 진료상의 과오도 줄어들 것이다. 요약하면, 사물인터넷의 의료 서비스는 더 스마트하고 신속하며 더 정확한 결정을 제공할 것이다. 이는 우리가 더 건강한 삶을 살게 될

것을 의미하며, 무언가가 잘못되면 더 빠르게 건강을 되찾을 수 있게 도와
줄 것이다.

마지막으로 비용을 잊어선 안 된다. 이 모든 의료기기들을 연결하고 PHR
데이터베이스를 구축하고 생성하며, 모든 환자 기록을 디지털화하는 것에
는 많은 비용이 발생한다. 하지만 이런 투자는 개인과 재정적 측면에 비하
면 아무것도 아닐 것이다. 사물인터넷 의료 서비스는 의료 비용의 급등을
멈출 것이며, 아마 비용도 낮출 것이다. 더 낮은 의료 비용과 보험 청구서를
원하는가? 그렇다면 더욱 빠른 스마트 기술의 도입을 바라야 할 것이다. 사
물인터넷 의료 서비스는 의료 비용 절감과 인적과오를 줄여 우리의 목숨을
구할 것이다. 이렇듯 의료 분야에 스마트 기술이 잘 활용되길 바란다.

스마트 의학 시장 동향

스마트폰과 웨어러블 기기를 통한 스마트 헬스케어가 확산되면서 모바일 의학 시장도 활성화되고 있다. 구글은 눈물 성분으로 포도당 수치를 판독해 혈당 수치를 간편하게 측정할 수 있는 스마트 콘택트렌즈를 공개했다.

GE헬스케어에서 개발한 최신 초음파 영상진단 장비인 '브이스캔 듀얼 프로브 Vscan Dual Probe'는 환자가 응급 현장, 의료 취약 지역 등의 장소에서도 버튼 하나로 객관적인 진단을 받을 수 있도록 도와준다.

얼라이브코AliveCor에서 개발된 휴대용 의료기기인 '얼라이브코 심전도 측정기'는 스마트폰을 이용해 심전도를 측정할 수 있다. 케이스의 형태로 뒷면에 달린 두 개의 전극을 양 손가락으로 잡거나 가슴에 대어 심전도를 측정할 수 있으며, 현재 미국 FDA 승인을 받아 의료용 진단기기로 사용되고 있다.

출처

- http://www.mdtoday.co.kr/mdtoday/index.html?no=253688
- http://www.etoday.co.kr/news/section/newsview.php?idxno=1084782

Chapter 12

스마트 비즈니스 : 기술을 통한 더 나은 업무 처리

사물인터넷은 사무실, 공장, 소매점의 효율성을 향상시킬 것이다. 사물인터넷은 많은 것들을 효율적으로 하기 때문에 미래의 비즈니스에서는 더 이상 근로자들이 필요하지 않을 수 있다. 창고의 로봇이나 공장의 스마트한 공정으로 인해 말이다. 사무실 직원들이 기기들을 완벽하게 통제하거나 기계 안의 내장 센서에서 쉽게 데이터를 수집하는 단순한 일들을 상상해 볼 수 있다.

이 모든 것은 반복적인 과정들을 자동화할 수 있을 뿐만 아니라 다양한 기기와 시스템이 상호 소통할 수 있게 한다.

전문가들은 비즈니스를 위한 기업 사물인터넷 혹은 EIoT라고 부르는 사물인터넷이 사물인터넷의 세 분야 중 가장 큰 부분을 차지할 것이라고 예상한다. 다른 두 분야는 우리가 이미 논의했던 주택, 정부이다. 그들은 2019년에 스마트 기기가 전 세계적으로 91억 개 정도 있을 것이며, 비즈니스 인사이더에 의하면 사물인터넷 시장의 40%를 차지할 것으로 예상하고 있다.

왜 기업들은 사물인터넷에 열렬한 반응을 보이는가? 이는 모든 잠재적인 소비자 중에서 기업(특히 거대한 기업)들이 사물인터넷 기기와 서비스에 지출할 자금을 가장 많이 보유하고 있기 때문이다. 또한 기업은 신속하게 움직여야 많은 이익이 발생한다는 것을 알고 있기 때문이다.

스마트 오피스

예전부터 많은 회사들은 새로운 기술을 받아들이는 것에 대하여 상당히 수용적이었다. 지난 30년 동안 사무 공간에 도입된 기술들을 생각해 보자. 팩스, 개인용 컴퓨터, 레이저 프린터, 유무선 네트워크, 인터넷, 이메일, 메신저, 태블릿, 화상 회의 등 기술들은 계속 추가되고 있다. 물론, 모든 사무 공간이 기술의 진보를 잘 받아들이는 것은 아니다.

개인이 가지고 있는 스마트 기기들을 업무에 활용하는 BYOD_{Bring Your Own Device}가 확산되고 있음에도 불구하고 여전히 Windows XP를 사용하는 회사들이 많다. 만약 회사가 생산성에 대한 이득을 보게 되면 새로운 기기를 거리낌 없이 받아들이게 된다. 이것은 수많은 회사들이 사물인터넷에 관심을 가지고 있는 이유이다. 스마트 오피스, 혹은 일부 지능형 사무 공간이라고 부르는 곳은 사무 환경에 효율과 효과를 향상시킨다.

스마트 커넥티비티

커넥티드 오피스는 효율적인 사무실이다. 1950년대부터 1960년대에 사무실에서는 전화가 유일한 외부와의 연결이었다. 1970년대에서 1980년대에는 데이터들을 디스크에 저장하기 시작했다. 1990년대 초반에는 근거리 통신망과 전자우편의 발달로 인해 인터넷을 통한 연결이 활성화되기 시작하였다. 1980년대 후반에는 개인용 컴퓨터 사용이 많이 증가하였다.

세기의 전환기 이후에, 많은 근로자들이 데스크톱 대신에 노트북을 사용하면서 케이블에서 무선 네트워크로 이동했다. 또한 태블릿과 스마트폰과 같은 휴대용 기기를 사용하게 되었다.

가상 협업 또한 급성장하였다. 예전에는 회사 회의실에서 얼굴을 맞대는 것이 협업의 전부였다. 오늘날에는 문자 메시지, 화상 회의, 클라우드 컴퓨터 및 여러 기술의 확산으로 사무 근로자들이 세계 어느 곳에 있는지에 상관없이 사무실 밖의 근로자들과 쉽게 연락하고 협업할 수 있다. 지금, 이 모든 역사적인 비즈니스 연결은 현재 인터넷 (사람과 조직의 인터넷)을 정의한다. 여기서 사물인터넷이 어떠한 변화를 가져오겠는가?

사물인터넷은 사람을 연결하기보다는 사물, 기기, 기계 등을 연결하는 것이다. 기업들은 직원들이 사용하는 기기와 회사 시스템을 연동하려 할 것이다. 이미 많은 회사들이 사용하고 있다. 예를 들어, 상사가 회사 캘린더 앱을 이용해 내일 오전 8시에 회의를 예약한다면 앱은 회의실을 예약하고 모든 참석자에게 회의에 대한 알람을 준다. 회의는 자동으로 당신의 캘린더와 데스크톱, 노트북, 스마트폰 캘린더 앱에 등록된다. 만일 상사가 정오로 회의 시간을 조정한다면 변경 사항은 즉시 캘린더 앱에 반영된다.

미래에는 이런 과정이 더 자동화될 수 있다. 그러면 상사는 모든 참석자와 직접 이야기할 필요가 없어질 것이다. 컴퓨터나 전화기에 누구와 회의를 잡고 싶은지 이야기하면 캘린더 앱이 알아서 나머지 작업을 진행할 것이다. 참석자들의 시간이 언제 괜찮은지를 확인하기 위해 기기와 말하고, 회의실이 언제 사용 가능한지를 알아내며, 최적의 회의 시간을 잡기 위해 이 모든 결과들을 합쳐 볼 것이다. 또한 상사가 가지고 다니는 스마트폰은 항상 그가 무엇을 하고 있는지, 언제 늦게까지 업무를 하는지 등을 확인하여 혹 회의 시간을 변경해야 한다면 그 정보들을 사용할 것이다.

이것은 단순한 활동의 자동화이다. 고용, 인적 자원 관리, 회사의 내부 업무 지원 센터, 외부 기술 지원과 같은 자동화를 포함한 더 많은 정보들을 사용하여 스마트 오피스 시스템은 고용인의 작업 일정, 사무 공간 사용 등을 관리하는데 큰 도움을 줄 것이다.

근로자들이 사무실을 벗어나거나 자택 근무를 할 때 사무실에 있는 기기들과도 연결이 가능해야 한다. 따라서 우리는 여러 플랫폼과 기기를 포괄할 수 있는 시스템이 필요하다. 이런 외부망을 사용하기 위한 정책도 필요하다. 앞으로의 목표는 실제 물리적인 위치과 상관없이 가상의 작업 공간을 제공하는 것이다. 스마트 기기, 외부망 연결, 화상 회의, 클라우드 기반 환경의 조합으로 언제 어디에서든지 작업을 할 수 있을 것이다.

물론 이미 많은 부분들이 사물인터넷을 통해 어느 정도 가능해졌다. 회사는 사무실과 근로자들이 인터넷과 가상 사설 통신망VPN을 통해 원격으로 연결될 수 있는 기반을 마련했다. 멀리 떨어진 근로자들은 구글 독스와 여러 클라우드 기반의 애플리케이션을 통해 협력할 수 있으며, 스카이프, 구글 행아웃 등 여러 화상 채팅 서비스를 통해 소통할 수 있다. 사물인터넷은 이런 현상이 더 보편화되도록 자동화될 것이다.

스마트 환경

스마트한 작업 공간에서의 생산성은 근로자들의 활동에서만 나타나는 것이 아니다. 더 스마트하고 효율적으로 운용되기 위하여 사무실 장비들이 사물인터넷에 연결될 수 있다. 이것은 스마트 홈 환경과 유사하다. 스마트 조명 시스템, 스마트 냉난방(스마트 온도 조절 장치를 통하여), 스마트 오디오 시스템 등의 기기들은 사무 근로자들과 관리 직원들 모두의 더 나은 삶을 만들 수 있을 것이다.

스마트한 장비들은 유지 보수 또한 더 쉽게 만든다. 쓰레기가 가득 찬 것을 알리는 센서가 내장된 쓰레기통(혹은 파쇄기)을 생각해 보자. 관리 직원은 매일 모든 쓰레기통을 버리지 않음으로써 불필요한 작업을 줄일 수 있고 쓰레기가 다 찼을 경우에만 쓰레기를 버림으로써 넘치는 것을 막을 수 있다.

스마트한 프린터, 복사기, 팩스 또한 떠올려 보자. 토너의 교체 시기가 다가오거나 종이가 다 떨어졌을 때 빛을 비추고 화면에 메시지를 표시하는 일반적인 기기 대신에, 기기가 자체적으로 그 상황을 관리 직원에게 전달할 것이다. 즉 종이나 토너가 부족하거나 무언가가 걸렸을 때 지원을 요청할 필요가 없이 자동적으로 상황을 처리할 것이다.

더 나아가 이러한 문제들은 이미 지원 로봇들이 해결했기 때문에 담당 관리 직원들은 이 상황에 대해 알지 못할 것이다. 프린터와 복사기를 채우고, 단순한 문제들과 관리 작업을 처리하며 복도를 바쁘게 움직이는 스타워즈의 R2-D2과 같은 기기를 상상해 보라. 작업에 대한 추가 인력이 많이 필요하지 않게 될 것이며 사무실 기계의 관리 작업은 더욱 효율적이고 효과적으로 이루어질 것이다.

작업 공간의 보안 부분도 생각해 보자. 요즘은 사무실이나 특정한 장소를 들어가기 위하여 리더기에 카드를 접촉하는 경우가 많다. 앞으로는 스마트폰이 회사 뱃지의 역할을 할 것이다. 제한 공간에는 지정된 고용인들만이 들어갈 수 있도록 각각의 업무 공간에 맞게 프로그램화될 수 있다.

스마트 기기들은 작업 공간에서의 움직임에 따라 원하는 환경을 맞출 수도 있다. 근거리 통신이나 블루투스 기술을 사용하여, 입장하는 모든 공간의 설정이 자동으로 조정될 것이다. 또한 회의실에 들어가면 그 사람이 누구인지 인지하고 필요한 애플리케이션이나 기기를 이용할 수 있도록 할 것이다. 즉, 프로젝션 스크린을 내리거나 영사기, 마이크를 켜는 것과 같이 말이다.

최근 사용되는 시스템 중 하나는 그림 12.1에 나와 있는 로빈(www.robinpowered.com)이다. 로빈Robin은 자동으로 방을 예약하고 근로자의 스마트폰을 통해 작업 공간 내에 있는 근로자들의 위치를 파악한다. 로빈은 공간이 어떻게 활용되고 있는지, 혹은 비생산적인 미팅에 얼만큼의 시간이 소모되고 있는지에 대해 회사가 확인할 수 있도록 회의실 사용을 분석한다.

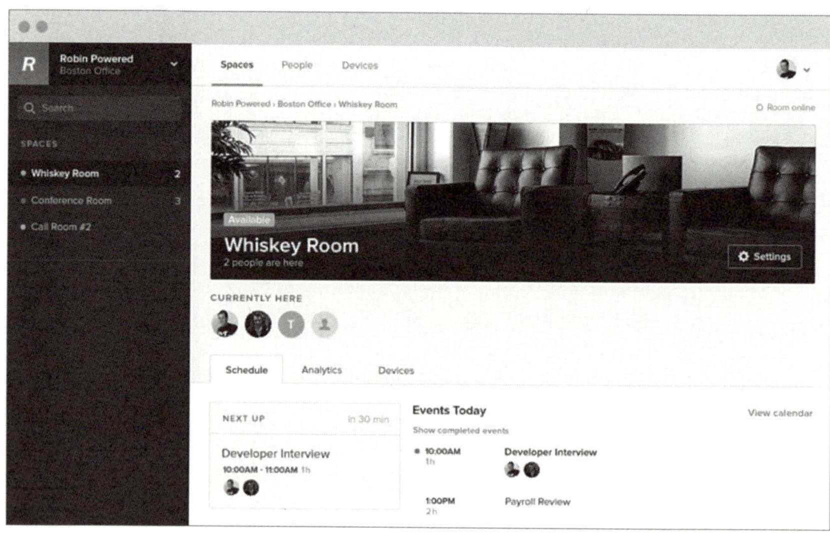

그림 12.1 로빈의 스마트 작업 공간 화면

가상 회의

회의를 진행하기 위해 모든 사람이 같은 공간에 있어야 할 필요는 없다. 가상 회의에 필요한 클라우드 기반 환경과 소통이 가능한 화이트보드와 같은 시스템들은 회사에서 주요한 위치를 차지하고 있다.

아이로봇iRobot에서 출시한 아바500 영상 협업Ava 500 Video Collaboration 로봇을 이용해 보는 것은 어떠한가? 이 로봇은 근로자가 사무실 밖에 있을 때 원격으로 회의에 참여할 수 있도록 도와준다. 아바500은 당신이 바라보는 것을 같이 볼 수 있는 카메라와 마이크가 화면 위에 장착되어 있다.

> **Note**
>
> 아바500은 "11장 스마트 의학 : 준비된 기술"에서 설명했던 RP–VITA 의사 로봇의 자매 품이다.

아바는 그림 12.2에서 볼 수 있듯이, 이동식이라 훨씬 더 편리하다. 직장 동료들이 위치와 상관없이 상호작용할 수 있도록 바퀴를 움직이며 사무실 복도를 이동한다. 아바가 복도를 돌아다니면 어디에서든지 동료들과 이야기를 나눌 수 있다. 심지어 이동 중이라도 말이다.

스타워즈식의 홀로그램이 세상 모든 곳에서 진행되는 어떠한 회의라도 참석할 수 있도록 해 줄 것이다. 시스코Cisco는 일반적인 화상 회의를 대체하기 위한 3차원 홀로그램 기술에 공을 들이고 있다. 상사 얼굴에 손을 불쑥 내미는 것만 조심해서 사용하면 될 것이다.

여러 회사들 또한 홀로그램 분야에 뛰어들고 있다. 트레이드 쇼 홀로그램스Trade Show Holograms는 고객이 무대, 도표, 사물, 심지어 사람의 홀로그램 이미지를 투사할 수 있게 하는 홀로그램 영사기를 선보였다. 그림 12.3은 최근 미니애폴리스에서 열린 미국 심초음파학회ASE 학술 세션에서 홀로그램 강의를 선보인 파르토 센굽타Partho Sengupta 박사를 보여 준다. 이것은 공상과학이 아니라 현재 이용할 수 있는 것이다. 제너럴 일렉트릭, 디트로이트 타이거스Detroit Tigers, 휴렛 팩커드HP, 미군 등에서 이 기술을 이용하고 있다.

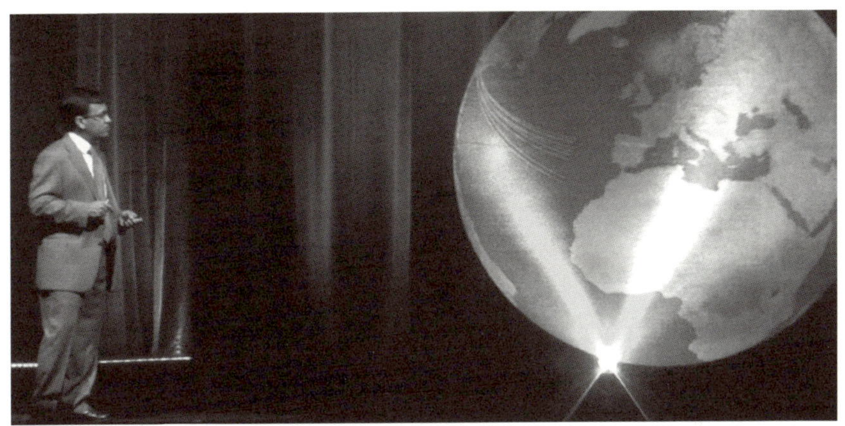

그림 12.3 트레이드 쇼 홀로그램스의 기술을 사용하여 홀로그램 지구본을 선보이는 파르토 센굽타 박사

스마트 상점

소매업자들은 사물인터넷의 혜택을 더 누릴 수 있다. 기업은 자신들의 고객들과 더 잘 상호작용하고, 판매하는 물품을 더 잘 관리하기 위하여 스마트 기술을 사용한다. 우리는 7장에서 사물인터넷이 소매업자에게 어떠한 영향을 미칠 것인지 대하여 논의했기 때문에 여기서는 사물인터넷이 오프라인 거래와 온라인 소매업자에게 미치는 다른 영향에 대해 알아보도록 하겠다.

사물인터넷이 소매업자들에게 주는 가장 큰 영향은 재고 관리에 있다. (이 장의 후반부에서 재고 관리에 대하여 더 이야기할 것이지만) 제 시간에 정확한 물품을 선반에 놓는 것은 소매업자들에게 굉장히 중요하다. 잘 판매되는 물품이 소비되는 것과 잘 판매되지 않는 물품을 계속 가지고 있는 것은 거의 같은 비용이 발생한다.

전파 식별 태그를 상점 선반에 놓거나, 제품 자체에 내장하는 것은 소매업자가 특정한 시간대에 재고가 어디에 있는지 알 수 있도록 해 줄 것이다. 또한 언제 물품이 소진되기 직전인지 알 수 있을 것이고, 미리 물품에 대한 재고를 보충하거나, 제조업자에게 재주문을 할 수 있도록 도와줄 것이다.

예를 들어, 월마트에서는 물품이 계산대에서 스캔될 때, 그 물품의 재고 수준이 자동으로 업데이트된다. 이것은 회사가 물품을 언제 다시 채워야 할지 결정하는데 도움을 준다.

오늘날에 재고는 근로자에 의해서 관리된다. 미래에는 지능형 재고 관리 시스템이 지시를 내린 대로 로봇이 동일한 작업을 수행할 것이다. 적은 근로자와 적은 비용으로 일을 효율적으로 수행을 할 수 있을 것이다.

스마트 재고 관리는 상점 어디에 각각의 제품이 진열되어야 하는지 결정을 내리는 것을 도울 것이다. 예를 들어, 하이네켄은 소비자들이 맥주를 구매하기 위해 상점 내 어디로 이동하는지를 알아내기 위하여 월마트와 협력한다. 이것은 상품 진열뿐만 아니라 판매를 예측하는데 도움이 된다. 이 판매 예측은 소매업자와 소비자에게 사물인터넷이 주는 또 다른 거대한 혜택이다. 단순한 재고 보충 그 이상이다. 이것은 판매 동향을 분석하는 것이고 소비자 요구를 충족시키기 위하여 더 많은 제품을 언제 주문하는지를 아는 것이다. 따라서 판매를 증진시킬 뿐만 아니라 누적되거나 판매되지 않는 물품을 최소한으로 유지하게 한다.

사물인터넷은 소비자에게 제품을 전달하는 소매업자들에게 더 스마트하고 효율적인 배달을 보장한다. 사물인터넷은 GPS를 통해 교통 체증을 피하고 쉽게 변질될 수 있는 물품을 파악하며, 소비자가 언제 집에 있는지 추측하고, 목적지로 운송 차량을 더 빠르게 이동시킬 것이다. 이것은 소비자에게 구매 물품을 더 빨리 전달할 뿐만 아니라, 연료비와 유지비 또한 줄인다. 또한 사물인터넷은 부서지거나 불량인 물품을 소매업자와 제조업자들이 쉽게 찾을 수 있게 하고, 판매 후에 서비스를 실시간으로 추적할 수 있게 할 것이다.

이것은 품질 보증 문제를 확인할 수 있게 하며, 궁극적으로 그들이 판매하는 물품의 질을 향상시킨다. 소매업자는 특정한 상품에 문제가 생기는지를 확인하고 그에 맞추어 자원(대체 부품이나 이용 가능한 제품을 포함한)을 할당한다.

즉 이것은 비즈니스 비용을 줄이면서 소비자에게 편리성을 제공하는 더 스마트하고, 더 효율적인 소매 관리 방법이다. 모든 사람이 이득을 얻는 것이다.

스마트 재고 관리

일부 전문가들은 비즈니스에서 사물인터넷과 관련된 제조, 운송, 창고 저장, 정보 분야가 가장 큰 몫을 차지할 것이라고 믿는다. BI 인텔리전스는 이 분야의 사물인터넷 투자가 5년 안에 약 162조 7천억 원에 이를 것이라고 추정한다. 이렇듯 사물인터넷은 전체 공급망이 운용되는 방식에 중대한 영향을 미칠 것이다.

이 모든 것은 공급망을 연결하고, 관여되어 있는 모든 개별 물품을 실시간으로 추적할 수 있게 해준다. 이것은 수집된 데이터를 가치 있는 정보로 만들어 주며 물품의 제조, 창고 저장, 운송에 대한 정보를 바탕으로 지능형 시스템과 함께 사용될 수 있을 것이다.

이러한 지능형 시스템은 관련된 모든 관계자에게 이득을 준다. 바로 다음과 같은 것들이다.

- 제품이나 공급 문제를 적시에 발견함에서 오는 자산 손실의 감소
- "회송차"를 줄이기 위하여 제품 운송 노선을 최적함으로써 오는 운송 비용 감소
- 미래 수요 예측과 공급망 전반에 걸친 적기생산시스템JIT을 통한 재고 부족의 감소
- 미래 판매 예측과 JIT 재고 관리 및 제조를 통한 재고 누적 물품의 감소
- "콜드체인(저온(低溫)유통체계)"를 감시하고, 매년 운송 중에 손실되는 3분의 1 정도의 음식 물품을 줄이며, 제품(특히 부패성 제품)의 안전성 보장
- 모든 제품에 센서를 내장하고 구매(그리고 구매 후) 행동을 분석함으로써 얻는 고객에 관한 이해

이러한 유용의 대부분은 개별 제품에 부착되거나 내장된 RFID 기술을 사용함으로써 온다. 우리가 이전에 논의했듯이, RFID 태그는 감시 기기에서 추적할 수 있는 단거리 전파 신호를 보낸다. RFID 태그는 제조와 창고에서 각 물품의 물리적인 위치를 지속적으로 추적할 수 있도록 도와준다.

스마트 제조

스마트 재고 관리는 공장에서 시작된다. 이 모든 것은 예측 수량에 부합하기 위하여 제조 공정을 효율적으로 만들고, 좋은 품질의 제품을 빠르게 제조하며 제 시간에 하도록 해야 한다. 자동화는 제조 환경에서 새로운 것이 아니다. 자동화는 이미 기존에도 많이 사용했었다. 여기서 좀 더 새로운 자동화란 제조 공정 전반에 걸쳐 더 많은 센서들을 이용하는 것을 의미한다. 공장의 많은 감독관들은 이미 센서를 부착하고 있고(스마트 조끼 같은 옷을 통해서), 그들이 움직일 때마다 센서를 통해 모든 지점에서 제조 공정이 감시될 수 있도록 한다. 특별한 목적을 위한 만들어진 전자 센서는 문제를 찾고 근로자보다 더 신속하게 문제를 해결할 수 있다.

각 기기마다 내장된 RFID 태그를 통하여 공정 전반에 걸쳐 감시할 수 있다. RFID 태그는 제조 장비 안에 내장되어 기계의 작동 결과를 감시할 수 있다.

작업 현장에서 인간의 상호작용 없이 기계 간 통신이 이뤄지면서 제조는 더욱 효율적이게 된다. 이것은 사물통신의 역할이다. 한 기계의 업무가 약간 밀리게 되면 그 기계는 라인 위, 아래의 다른 기계와 통신하여 작업량을 조정한다. 만약 기계가 고장나면 그 정보는 자동으로 다른 기계에 전달되고, 제조 공정은 변경되거나 고장난 기계가 다시 고쳐질 때까지 정지된다. 기계는 자동적으로 인간 근로자(혹은 로봇 재고 관리자)에게 원자재가 필요한 시점을 알리고, 생산 라인이 멈추거나 늦춰지지 않도록 원자재를 적기에 전달할 것이다.

목표는 모든 공정이 매끄러운 하나의 공정으로 통합되는 "미래의 공장"을 만드는 것이다. 전 공정은 중앙 화면에서 감시될 것이며 제조 공정은 기기의 대기 시간 감소로 인해 신속해져 산출량의 증가로 이어질 것이다. 모든 작업은 매끄럽게 이루어지며, 사람의 도움 또한 줄어들 것이다.

뉴욕 스키넥터디에 위치한 GE의 듀라톤 배터리 공장에는 수천, 수만의 센서가 조립 라인에 설치되어 있고, 더 많은 소형 센서들이 공장에서 생산되는 모든 배터리에 내장되어 있다. 이것은 관리자가 전 제조 공정을 더 효과적으로 관리하는데 사용하는 방대한 양의 실시간 데이터를 만들어 낸다. 센서들은 모든 업무 환경과 제조에 관련된 데이터를 수집한다. 예를 들어 특정한 날, 특정한 시간대에 작업 현장의 온도와 습도 같은 데이터를 수집한다. 이 데이터는 온도와 습도가 어떻게 조업도나 완성품 품질에 영향을 주는지 알아내기 위하여 다른 데이터와 연관될 수 있다.

데이터가 제대로 분석되고 결과가 적용된다면, 관리자는 결과를 극대화하기 위한 환경을 조성할 수 있다. 시간이 흐르면서 공장에서는 폐기물이 줄어들며 생산량이 증가하고, 제품의 품질이 높아진다. 개선이 극적일 필요는 없다. 산출량이나 제품 결함의 5%, 혹은 10%의 개선은 많은 돈을 제조업자에게 돌아오게 한다.

스마트 운송

더 스마트한 제조 공정은 공급망의 다음 단계인 운송에도 영향을 미친다. 제조 종료일을 예측하는데 더 신중을 기울인다면, 공장에서 유통업자나 소매업자에게로 제품을 운송하는 것은 더욱 효율적일 것이다. 물론, 스마트 운송은 공장에서 제품을 가지고 나가는 것뿐만이 아니다. 이는 또한 정확한 시간에 원자재를 공장으로 옮기는데 큰 도움을 준다. 회사가 언제 원자재가 필요한지 정확히 계산할 수 있다면, 운송 일정을 더 확실하게 관리할 수 있을 것이다.

이것은 결국 공급업자와 제조업자, 공장과 유통센터 및 소매업자 사이에 제품의 처리와 이동을 더욱 효율적으로 만들어 줄 것이다. 제조업자는 특정 시점에 각각의 운송품이 어디에 있는지, 어디로 갈 것인지 알 수 있을 것이다.

이것은 운송 과정의 모든 단계에서 제품의 가시성을 향상시킨다. 운전자의 평균 속도, 수면 시간, 교통 상황, 현재 기상과 예상된 기상(비와 눈은 속도를 늦춘다) 등을 알게 되면 더 스마트한 추적이 가능해진다. 더 많은 변수를 알면, 운송품이 지정된 목적지에 언제 도착할지를 더 정확하게 예측할 수 있다.

일리노이 주 세인트루이스에 위치한 공장에서 수요가 가장 많은 휴가 품목이 시카고 근방 지역의 소매업자에게 방금 이송되었다고 가정해 보자. 차량 및 운전자에 대한 기록과 일기예보 정보, 지역 교통 정보를 통해 시스템은 시카고 지점에 정확히 언제 트럭이 도착할지 예측할 수 있다. 또한 각 제품을 추적함으로써 상자의 위치를 확인할 수 있어 손실을 최소화할 수 있을 것이다. 물품 절도와 유출도 줄어들 것이다.

스마트 창고 저장

개별 품목의 추적은 제조업자의 유통 센터, 도·소매업자의 창고, 혹은 야외 저장공간 등에서 계속된다. 유통업자와 소매업자는 각 물품이 어디에 있는지, 또한 언제 최종 소비자에게 구매되었는지까지 알 수 있을 것이다. 현대식 창고들은 놀랄 만큼 최첨단이며 운용이 복잡하다. 일반적인 창고는 수천 수만의 SKU(재고 보관 단위, 각 개별 제품에 대한 산업의 약칭이다)를 지니고 있고, 각각의 SKU는 특정한 위치(통로와 선반)에 저장된다. 주문이 들어오면 보통 여러 물품이 선택되기 때문에 여러 개의 SKU가 같이 선택될 가능성이 크다.

근로자들이 각 SKU가 어디에 저장되어 있는지 어떻게 알까? 과거에는 재고 위치가 담긴 종이 "지도"에 의존했다. 하지만 오늘날에는 방대한 데이터베이스 안에 각 품목의 위치가 저장되어 있어 주문이 들어올 때마다 찾아서 확인할 수 있다. 고객은 여러 개의 다양한 품목을 주문한다. 이는 창고 라인마다 선택해야 하는 품목이 많아지는 것을 의미한다. 스마트한 시스템은 건물을 배회하지 않도록, 더 빨리 물건을 찾을 수 있도록 주문된 물품을 정리할 것이다.

스마트한 시스템은 주문 처리 로봇을 통하여 과정을 더 자동화시킬 것이다. 예를 들어, 아마존은 15,000대 이상의 키바_{Kiva} 로봇을 이용해 가장 큰 10개의 창고에서 고객의 주문에 맞는 물품들을 찾아낼 수 있도록 한다. 그림 12.4는 아마존에서 사용되는 키바 로봇을 보여 준다.

아마존의 로봇(사실, 로봇을 움직이는 재고 시스템)은 수백 만의 SKU가 위치한 장소를 알고, 최소 이동 거리를 계산하며, 그곳으로 이동한다. 로봇은 창고 바닥에 위치한 코드를 스캔하여 이동하며, 주 제어 시스템에서 무선으로 전송되는 명령을 따른다.

그림 12.4 아마존 창고 주문 처리 과정에 이용되는 키바 로봇들

이 키바 로봇들은 선반 아래에서 움직이며 근로자들이 선택한 물품을 상자에 넣어 중앙지점으로 옮기는 역할을 담당한다. 로봇을 이용하여 물품을 운반하는 것은 전 공정 과정을 과거에 비해 세 배까지 빨라지게 한다.

하지만, 키바 로봇은 선반에서 물품을 선택하지 못한다. 따라서 키바와 여러 회사들은 물품 선택이 가능한 로봇을 만들기 위해 노력을 기울이고 있다. 그러나 아직까지는 시간이 더 필요한 듯하다. 물품 선택이 가능한 로봇이 출시된다면 생산성이 많이 향상되고 인력고용 비용은 줄어들 것이다.

스마트 관리

시장이라는 전쟁터에서, 정보는 스마트 비즈니스를 위한 비밀무기이다. 비즈니스가 더 많은 정보를 가지고 있을수록, 더 스마트한 결정을 내릴 수 있다. 사물인터넷을 통해 제조, 운송, 창고에서 수집된 모든 데이터는 중앙 관리 시스템으로 전송된다. 이 데이터는 회사 경영진이 앞으로 경영을 더 잘할 수 있도록 도움을 주기 위하여 분석될 것이다. 과거 창고의 물품들은 숫자나 크기를 기준으로 정리되었다. 오늘날에는 수집된 정보를 통해 재고가 가장 효율적으로 선택되거나 포장될 수 있는 위치에 놓일 수 있다.

경영진은 가장 잘 팔리는 품목뿐만 아니라 고객이 같이 구매하는 상품에 대한 정보와 언제 구매했는지에 대해서도 알 수 있다. 당신은 이를 활용해서 같이 주문되는 SKU를 같은 창고에 보관하는 것과 같은 일을 할 수 있을 것이다. 계절에 따라 구매 패턴이 바뀌면, 패턴에 맞추어 선반을 다시 정리할 수 있으며, 또한 운영 측면에서 포장을 적절하게 하기 위하여, 어떠한 크기의 상자에 상품을 넣어야 할지, 그리고 언제 넣어야 할지 알 수 있다. 일부 시스템은 선택과 포장을 주문 전에 이뤄질 수 있도록 하는 것도 가능하며, 심지어는 얼마나 많은 품목이 특정한 날에 판매될지에 대한 예측도 가능하다.

사물인터넷은 공정의 전반에 걸쳐 수집한 데이터를 통해 더 나은 관리를 할 수 있도록 도와줄 것이다. 비즈니스 측면에서는 더 효율적인 제조, 손실의 감소, 향상된 제품 품질, 더 신속한 운송과 재고 부족 현상이 감소되는 것을 의미한다. 적시 제조와 재고 관리는 적절하게 재고를 관리할 수 있음을 의미하며, 예상치 않게 판매가 줄었을 때에 판매되지 않는 재고의 위험을 줄여 줄 수 있다.

스마트 기기 + 스마트 과정 = 스마트 관리. 성공적인 공식이다.

스마트 비즈니스와 우리

이 모든 스마트 비즈니스가 우리에게 무슨 의미일까? 만약에 당신이 사무직원이라면, 사물인터넷은 사무실을 더 스마트하게 만들 것이다. 당신은 업무를 기다리는 시간이 줄어들 것이고, 더 생산적으로 일할 수 있을 것이다. 그리고 작업 공간은 모든 사람들에게 더욱 편안한 장소가 될 것이다.

클라우드 컴퓨터가 활성화되면 당신은 본사에 발을 들이지 않아도 일할 수 있는 환경을 제공받을 것이다. 회의 시간이 되면 당신은 홀로그램을 통해 참석할 것이다. 또한 다른 곳에 있는 동료들과 클라우드 앱을 통하여 프로젝트에 협력할 수 있을 것이다. 이로써 자택에서든지, 카페에서든지, 차에서든지 상관 없이 시간은 더 잘 관리될 것이다. 결국, 이러한 것들을 통해 회사 운영이 더 효율적으로 될 것이다.

당신이 제조나 유통업무를 하고 있다면 제품의 재고가 떨어지거나 팔리지 않은 물품들이 많아지는 것에 대하여 걱정할 필요가 없으며, 모든 품목이 어떤 시간대에, 어디에 있는지 알고 그 정보에 따라 행동할 수 있을 것이다. 더 나아가 업무와 관련된 대부분의 의사 결정을 자동화된 관리 시스템으로 처리할 수 있다. 물론 예상치 못한 일이 발생하였을 때는 당신의 도움이 필요하지만 대부분의 업무는 더욱 쉬워질 것이다.

사물인터넷의 일부인 자동화된 시스템은 사람이 관리해야 하는 부분을 줄일 수 있을 것이다. 이런 자동화된 시스템은 아마도 당신이 지금까지 했던 것보다 더 잘 할지도 모른다. 기계가 보수를 많이 줘야 하는 수많은 공장 업무를 자동화한 것처럼, 새로운 자동화된 공정은 남아 있는 인력을 대체할 것이다.

센서는 우리가 일해 왔던 것보다 훨씬 더 잘 감시할 것이다. 경영진의 목표는 고용을 증진시키는 것이 아니다. 다음 세대 로봇은 각 물품을 선반에서 선택하고 상자에서 포장하며, 상자에 라벨을 부착하고 드론에 물건을 실을 것이다. 유통과정에서 필요했던 육체노동은 사라질 것이다.

몇 년이 걸리겠지만, 멀지 않은 이야기이다. 창고에 더 이상 사람이 필요 없을 것이다. 이 모든 다가오는 자동화는 비즈니스 측면에서는 좋은 소식이지만 지금까지 노동력을 제공하던 사람들에게는 그리 좋은 소식은 아니다. 아마존과 월마트의 주문 처리 비용은 감소할 것이고, 소비자들은 더 낮은 가격의 제품을 살 수 있지만 육체 노동이 로봇과 자동화된 시스템으로 대체되기 때문에 그 제품들을 살 수 있는 돈을 가지고 있는 소비자는 적어질 것이다. 이것이 진보의 대가이다.

스마트 비즈니스 시장 동향

LG U+와 마이크로소프트가 함께 유선전화, 스마트폰, 태플릿 등의 모든 통신 수단이 연동된 업무용 통합 커뮤니케이션 솔루션인 Biz 스카이프를 선보였다.

Biz 스카이프는 MS의 통합 커뮤니케이션 솔루션인 '스카이프 포 비즈니스 Skype For Business'의 기능을 모두 이용할 수 있을 뿐 아니라, 국내 이용자들의 업무 환경 및 이용 패턴에 맞게 공지사항, 조직도, 주소록 등 기업용 업무 관련 기능을 추가했다.

기업 내 조직도와 주소록을 연동해 바로 연락할 수 있도록 하며 메신저, 전화, 영상 통화, 그룹웨어 등과도 연동되어 업무의 편의성을 높였다. '상태 알람 예약 기능'은 통화 중인 동료 직원의 통화가 끝나면 바로 통화할 수 있도록 한다. 또한 클릭 한 번으로 간편하게 영상회의를 진행할 수 있으며, 스마트폰과 태블릿으로도 쉽게 회의에 참여할 수 있고 업무 자료를 보며 바로 의견을 제시할 수 있다. 프로젝터에 노트북이 연결되면 자동으로 '프리젠테이션 중'으로 상태가 표시되며 전화 수신이 차단되는 기능을 가지고 있다.

출처

- http://www.asiae.co.kr/news/view.htm?idxno=2015091408271028715
- http://news.mt.co.kr/mtview.php?no=2015091413270757410

Chapter 13

스마트 시티 : 모든 사람들이 연결되다

사물인터넷이 모든 사람, 가정, 기업을 연결할 수 있다면 앞으로 더 나아가 도시 전체를 연결하려 하지 않을까? 도시 전역으로 연결되어 있는 기기들은 교통의 혼잡함을 줄이고 비상시에 소방서나 경찰에 도움을 청하며, 공공시설의 유지 보수를 할 것이다. 스마트 시티의 미래는 사물인터넷을 어떻게 활용하는지에 따라 달라질 것이다.

스마트 시티 이해하기

사물인터넷은 서로 다른 지방자치단체에도 적용될 수 있어야 한다. 그런 점에서 이에 알맞은 지침이 필요하다. 실제로 스마트 시티에 대해 전 세계 도시에서 표본으로 지켜야 할 여러 지침들이 존재한다.

스마트 시티의 목표는 공공 자원에 있어 더 잘 사용하고, 시민에게 제공되는 서비스의 질을 증가시키며, 공공행정의 운영 비용을 줄이는 것이다. 이러한 목표를 달성하기 위해 대중교통, 주차장, 가로등, 공익사업, 공공장소의 감시 및 유지 보수 등을 포함하여 다양한 기반시설을 배치해야 한다.

이 이론적인 스마트 시티 개념이 실제로 무슨 의미가 있을까? 여기서는 더 효율적인 교통흐름, 공공 빌딩, 가로등의 비용 절감, 폐기물 제거 및 여러 공공사업의 더 나은 관리, 더 효과적인 치안유지와 응급 서비스를 포함해서 모든 종류의 잠재적 공익에 관해 얘기해 보도록 하자.

스마트 시티는 수많은 스마트 기기로부터 수집된 데이터를 기반으로 운영될 것이다. 도시 상황에 대한 데이터 제공은 지방 정부의 투명성을 유지하는 것을 돕고, 공공행정에 있어 시민들의 참여를 이끌어내는데 사용될 수 있을 것이다.

스마트 시티(최소한 미국에서)가 보편화되기에는 아직 갈 길이 멀다. 기술적인 부분이나 재정적인 어려움 때문일 수도 있지만 사물인터넷은 복잡하기도 하고 많은 비용이 발생하기 때문이다. 스마트 시티를 구축하기 위해서는 '정치적 이슈'가 발생될 수밖에 없다. 소비에 있어 성패가 달린 일에 수천억 원을 가지고 누가 구매 결정을 할까? 게다가 지방과 주 정부의 계약에서 누가 이득을 보는 것인가? 또한 이 엄청난 수준의 데이터 수집과 개인 사생활 및 국가 보안 문제를 정부가 어떻게 관리할 것인가?

위와 같은 어려움들을 극복하기 위해서는, 살고 있는 도시의 도로, 공원, 빌딩 등에 수천 개의 센서를 설치하여 공공시설 사용량, 공기의 질, 소음 수준에 대한 정보를 수집하고 이를 활용하여 더 효율적인 서비스를 제공하기 위해 노력해야 할 것이다.

스마트 공공 기반시설

스마트 시티는 더욱 강화된 스마트 시설을 기반으로 시작된다. 도시는 사물인터넷을 통해 다양한 유형의 데이터들이 수집되고 분석된 결과로 만들어질 것이다. 결국 이것은 다양한 형태의 센서와 도시의 모든 시설들이 연결되는 네트워크가 구축되어야 하는 것을 의미한다.

운송 기반시설의 중요한 요소인 다리를 생각해 보자. 미국 전역에는 오래된 다리들이 많다. 2007년, 미니애폴리스(미국 미네소타주)에서 발생한 I-35W 미시시피강 다리 붕괴 사건을 다시 겪고 싶지 않다면 지속적으로 다리를 점검하고 유지 보수해야 한다. 다리의 안전성을 지속적으로 확인하기 위해서는 온도, 습도, 진동, 수압 등을 확인할 수 있는 다양한 센서가 필요하다. 더불어 지진이 나기 쉬운 지역에는 지진 감지기와 가속도계가 필요하다.

이러한 모든 감지기는 실시간으로 데이터를 감시하고 동향 파악을 위해, 기존 이력 데이터를 분석하는 중앙 시스템에 연결되어야 한다. 만약 지진 감지기의 진동 수치가 상승했다면, 어떠한 문제가 발생했다는 신호이다. 이 수치가 온도와 습도로 인해 압력이 증가한 것이라면 이것은 또 다른 문제이다. 이런 문제를 감시하기 위해서는 관련된 모든 데이터를 수집하고 분석해야 한다.

터널이 있는 도로를 생각해 보자. 일반적인 도로뿐만 아니라 터널의 구조 자체도 살펴야 한다. 터널 안 공기의 질, 즉 일산화탄소$_{CO}$, 이산화탄소$_{CO_2}$, 이산화질소$_{NO_2}$ 등 다양한 가스를 감지해 내는 센서가 필요하다. 이런 센서로부터 발생된 데이터를 실시간으로 분석하여 위험하거나 정비가 필요한 곳에 즉시 조치를 취해야 한다. 이런 점이 사물인터넷의 핵심이라고 할 수 있다. 모든 센서들이 서로 통신하여 위험에 대한 감지를 지속적으로 확인할 수 있도록 해야 한다.

저전력의 무선 센서 네트워크$_{WSN}$와 유사한 네트워크를 구축해서 도로, 가로등, 주차 미터기, 공공 빌딩, 공원 등의 공공시설에 설치된 센서를 연결해야 할 것이다. 이 네트워크는 사람의 간섭이 최소화된 상태로 상대적으로 넓은 도시 전체에서 항상(24시간) 100% 가동되어야 한다.

도시 전역에서 가장 집중을 받고 있는 무선 기술은 저전력 무선 네트워크$_{6LoWPAN}$이다. 이 무선 프로토콜은 센서처럼 상대적으로 적은 양의 데이터를 전송하는 저전력 장치용으로 특별히 고안되었다. 전역의 네트워크와 수많은 스마트 센서들을 지원할 수 있다. 스마트 시티에서 사용되는 스마트 기기들을 하나로 연결하는 것은 스마트 홈에서 사용하는 네트워크인 근거리 통신망$_{LAN}$과는 전적으로 다르다. 즉, 지원해야 하는 지리적 범위와 스마트 장비의 숫자는 스마트 시티 구축에 있어 주된 어려움이다.

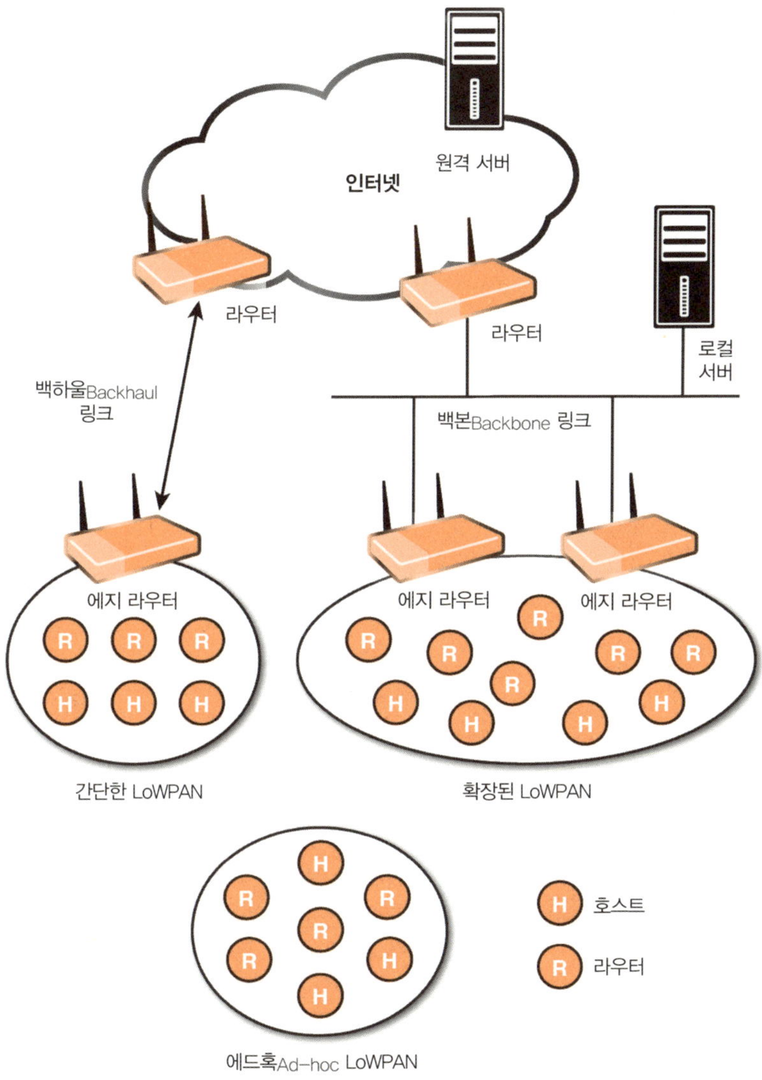

그림 13.1에서 볼 수 있듯이, 도시 전역의 6LoWPAN 네트워크는 여러 개
의 LoWPAN 네트워크로 구성된다. 이런 각각의 독립적인 LoWPAN 네트
워크는 에지 라우터edge router를 통해 메인 네트워크 서버와 연결된다. 이
에지 라우터는 LoWPAN 범위 안의 네트워크를 탐색하고 LoWPAN 간의

트래픽을 전송한다. 여러 곳에서 사용되는 센서와 스마트 기기는 특정 서버에 연결되고 라우터를 통해 더 큰 네트워크와 인터넷에 연결되는 것이다. 어떤 무선 프로토콜이 사용되더라도 도시의 스마트 네트워크는 우리 가정과 기업에서 사용하는 사물인터넷 센서와 기기에 연결되어야 한다. 연기 감지, 보안 시스템과 같은 중요 응급 센서와 에너지 사용량, 빌딩 온도를 감시하는 센서들도 도시와 연결되어야 한다.

도시는 수집된 방대한 양의 데이터를 분석 및 감시할 수 있는 소프트웨어가 필요하다. 사람이 직접 분석하기에는 사실상 불가능하다. 결국 스마트 시티는 도시를 감시하고 지켜보며, 관리할 수 있는 스마트 시스템의 도움이 필요할 것이다.

스마트 커뮤니케이션과 응급 관리

도시에서는 도시 운영을 효율적으로 하기 위해 다양한 공무원들이 일하고 있다. 여기서는 경찰, 소방관, 청소부, 제설 작업 운전사, 유지 보수 근로자 등과 관련된 얘기를 하려고 한다. 스마트 시티는 비상 상황이 발생됐을 때 이러한 직원들과 빠르고 효율적으로 의사소통해야 한다.

몇 달 전 우리나라에서 발생되었던 싱크홀을 떠올려 보자. 이런 경우가 발생되면 지역 주민이 시청 민원실에 직접 신고를 해야 했다. 또한 도로관리 부서에서 이 민원을 해결하기 위해 직원을 내보내기까지 많은 시간이 걸렸다.

스마트 센서는 주민이 싱크홀을 신고하기도 전에 구멍을 찾아내고, 위치와 크기 정보를 중앙 시스템에 알려 준다. 시스템은 문제를 자동으로 시스템의 메인 데이터베이스에 입력하고 위치와 상태의 심각성에 따라 가까운 거리의 직원에게 수리하도록 전달한다. 사물인터넷 덕분에, 문제를 알리고 그 사안이 더 빠르게 시정되도록 할 수 있는 것이다.

경찰들 또한 사물인터넷의 혜택을 누릴 수 있다. 경찰이 도시 중앙 시스템에 직접적으로 연결되어 있다면, 문제가 생겼을 때 바로 알람을 받을 수 있다. 또한 가정과 사무실 빌딩 및 현관문 센서, 창문 센서, 움직임 감지 센서 등 보안 카메라 데이터에 접근하여 필요한 정보를 얻을 수 있게 될 것이다.

경찰은 주요 세부사항에 대한 정보와 공지를 통해 신속하게 대응책을 마련할 수 있다. 소방관의 경우도 같다. 연기가 발생된 곳을 감지한 센서는 가장 가까운 소방서에 직접 데이터를 보낸다. 소방대원이 출동하기 전에 이미 빌딩 안 어디에 불이 났는지 파악하여 최적의 경로와 장애를 미리 확인할 수 있을 것이다.

또한 사물인터넷 덕분에 응급구조대원들도 더 스마트해지고, 더 효과적이게 된다. 연락을 받는 즉시, 개인의 진료 기록뿐만 아니라 개인의 웨어러블 의료기기로부터 정보를 확인할 수 있다. 의사들은 환자가 도착하기 전에 무엇을 준비해야 할지를 알고 그에 따라 특정한 응급 상황에 더 잘 대비할 수 있을 것이다.

사물인터넷은 재해에서도 역량을 발휘할 수 있다. 홍수, 토네이도, 눈사태, 허리케인과 같은 자연 재해뿐만 아니라 대규모의 총격, 폭발, 테러 공격에도 더 잘 대응할 수 있도록 해줄 것이다. 사물인터넷은 수많은 데이터의 공유를 통해 우리가 좀 더 효율적인 방안과 대응책을 마련하는데 큰 힘이 될 것이다.

스마트 도로와 교통 관리

도시에는 우리가 해결해야 할 차량 제어, 주차 관리 등에 관한 수많은 문제들이 있다. 사물인터넷은 이런 문제에 어떤 해결책을 제시할 수 있을까?

스마트 주차

먼저 주차 문제로 시작해 보자. 도시에 살고 있다면 주차 공간을 찾는 것이 얼마나 어려운지 이미 알 것이다. 만약 가장 가까운 거리에 주차할 수 있는 공간을 정확히 알 수 있다면, 주차 공간을 찾아 주변을 헤매는 시간을 줄일 수 있다. 스마트 주차 기술은 이런 특정 문제를 해결하기 위해 시행된다. 스트리트라인Streetline은 도시 주차장에 내장되어 있는 특별 주차 센서를 생산하는 회사이다. 이 센서는 주차와 관련된 데이터를 중앙 서비스에 전송한다. 운전자는 가장 가까우면서 주차되지 않은 공간을 찾으려면 그림 13.2처럼 스트리트라인의 스마트폰 앱을 사용하면 된다. 미래에는 자동차 내부에 최적의 주차 장소로 이동이 가능한 음성 명령이나 버튼이 추가될 수 있을 것이다.

> **Note**
>
> 스트리트라인은 주차 정책, 요금, 규제에 대한 사용 패턴을 분석하여 어느 곳에 더 많은 주차 공간이 필요한지 알려 준다.

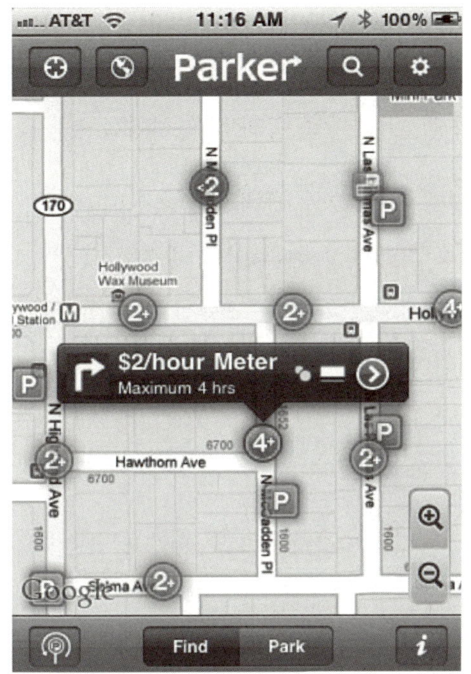

그림 13.2 스트리트라인의 앱으로 가장 가까운 주차 공간 찾기

스마트 교통 관리

주차는 교통 문제의 일부일 뿐이다. 많은 대도시에서 발생하는 교통 혼잡은 그 자체로 악몽이다. 교통 체증을 피하는 방법과 신호에 걸리지 않고 빠르게 가길 원한다면 사물인터넷을 활용해 보자. 운전자들은 스마트 시스템을 통해 길가 센서로부터 얻은 교통량 데이터를 분석하여 목적지에 빠르게 도착할 수 있도록 교통신호, 심지어는 이용 가능한 차선의 수를 조정할 수도 있을 것이다.

오늘날 꼭 필요한 기술들은 이미 존재한다. 대부분의 도시는 이미 도로교통 감지기, 카메라 모니터, 시간 제한 신호등과 같은 스마트 시스템을 이용하고 있다. 하지만 현 기계 센서는 스마트 기기로 거듭나기에는 아직 갈 길이 멀다.

사물인터넷이 적극 활용되는 분야는 아마 센서일 것이다. 센서는 도로에 내장되거나 교통신호나 가로등 안에 설치될 것이다. 다양한 종류의 센서들은 차량 통행, 공기의 질, 소음 수준 등과 같은 다양한 것들을 감시할 것이다.

이 모든 것은 어떻게 작용할까? 카네기 멜론 대학은 최근 "스마트 신호"의 다양한 기술을 사용하여 펜실베이니아의 피츠버그에서 파일럿 프로젝트를 진행했다. 이 테스트에서 이미 모든 교통신호는 연결되어 있었으며 따라서 움직임 감지 센서의 데이터는 교통신호로 전달되었다. 그 결과 교통신호에 멈춰 소비된 시간이 40% 감소되었고 이동 시간이 26% 감소하였다. 배기가스의 방출량은 21% 감소되었다.

단순하게 생각해 보면, 교통신호와 도로 통제와 같은 것들이 차에 있는 센서와 통신하여 반영된다면 교통법규를 준수하면서도 더 빠르게 목적지에 도달할 수 있을 것이다. 이는 교통사고와 불필요한 도로 주행을 줄이고, 도로 상태를 개선해 공기의 질까지 향상시킬 수 있을 것이다. 우리는 이 모든 것을 스마트 교통 시스템STS을 통해 이룰 수 있을 것이다.

스마트 도로

진정한 스마트 교통 관리는 도로 자체를 스마트하게 만들었을 때 시작될 것이다. 스마트 자동차는 우리가 고대하는 (약간 먼) 미래이지만 스마트 도로는 더 큰 영향력을 가지면서 가까운 시일 내에 다가올 것이다. 다시 말해, 지역 도로마다 센서를 설치하는 것은 미국 전역의 자동차를 스마트 자동차로 전환하는 것보다 쉬울 것이다.

> **Note**
> "8장 스마트 자동차 : 도로에서의 연결"에서 더 알아보자.

정확히 스마트 도로란 무엇인가? 그것은 여러 가지 다양한 기술의 조합이다. 이 모든 것은 교통흐름을 더 잘 관리하고 혼잡과 사고를 피하기 위해 고안되었다. 즉, 아래와 같은 기술들을 포함한다.

- **어둠 속에서 빛나는 차선 :** 그림 13.3에서 보이는 것처럼 이 차선은 낮 시간 동안 충전되고 어두운 밤에 약 10시간 이상 초록색 빛이 난다. 또한 페인트 차선은 온도에 민감하기 때문에 추운 겨울에도 주변을 환히 비춰 더 안전하게 운전할 수 있도록 도와준다.

그림 13.3 어둠 속에서 빛나는 네덜란드의 N329 고속도로

- **스마트 도로 조명:** 불이 켜진 도로는 어둡게 길게 뻗은 고속도로 구간보다 안전하지만 비용이 발생한다. 스마트 도로는 움직임 감지 센서 기술을 이용해 고속도로를 밝힌다. 조명은 차가 가까이 다가올 때 밝게 빛나고 차가 지나가면 천천히 희미해진다. 사람이 많이 다니지 않는 곳에 일반 조명을 설치하는 것보다 훨씬 효율적일 것이다.

- **풍력 전원 조명:** 풍력 전원 조명은 전기를 생성하기 위해 지나다니는 차가 발생시키는 풍력을 이용한 길가 바람개비를 사용한다. 이 바람개비들은 차들이 속도를 낼 때만 회전하고, 이것을 통해 바람개비 앞에 있는 도로를 밝게 한다.

- **전기 자동차를 위한 우선 차선:** 앞으로 더 보편화될 전기 자동차를 충전하기 위해 고속도로를 이용하는 것은 어떠한가? 어떤 전문가들은 차량 이동 중에 전기 자동차가 충전될 수 있도록, 자기장이 내장된 차로 도입 구축을 제안하고 있다.

- **태양 도로:** 태양이 스마트 도로에 에너지를 제공한다. 도로는 태양에 노출되기 때문에 다양한 용도로 태양 에너지를 활용할 수 있다. 몇몇 기업들은 차도 표면 안에 유리 태양광판이 설치될 수 있도록 공을 들이고 있다. 이 태양광판으로 생성된 에너지는 차도 조명으로 사용될 수 있고, 눈과 얼음을 녹이는 등의 여러 목적으로 이용되기도 한다.

- **스마트 도로 표지판 :** 일반적으로 머리 위나 측면 표지 대신 자체 발광LED를 통해 운전자들에게 정보를 표시하도록, 차도에 내장 태양광판을 사용할 수 있다. 기존 도로 표지에 전력을 공급하는 것에 그치지 않고 다가오는 차선 변경을 알려 주는 불이 켜진 화살표의 도로, 속도 혹은 속도 제한을 나타내는 숫자, 중요한 메시지를 전달해 주는 단어나 문자를 상상해 보자. 그림 13.4는 바로 이러한 모습을 보여 준다.

그림 13.4 태양광판 차도 설치 조감도

내장 센서와 감시 장치 외에도 많은 스마트 도로 기술이 만들어지고 있다. "바보같은" 도로의 시대는 지났다. 우리가 운전하는 모든 도로가 더 안전하고, 더 즐겁게 운전할 수 있도록 도움을 주는 스마트 장치들이 출시될 것이다.

스마트 공공 조명

실내와 야외 공공 장소를 위한, 스마트한 조명이 있다. 꼭 필요한 경우에만 조명이 사용되고 주변에 아무도 없을 때 에너지 비용 절약을 위해 불을 끄는 것이다.

이것은 "5장 스마트 홈 : 내일의 이상향과 오늘의 현실"에서 다뤘던 가정용 스마트 조명 기술과 관련된다. 지정 공간 혹은 공공 지역에 사람들이 있는지, 없는지를 확인하기 위해서 다양한 감지 센서를 사용해야 한다. 만약 사람들이 있으면 스마트 기술은 조명을 켜고, 없다면 꺼버림으로써 에너지를 절약할 수 있다.

공공 조명은 소비된 모든 전력의 20%에 다다를 정도로 큰 지출을 차지한다. 만약 그 전력 소비가 조금이라도 감소될 수 있다면, 그 절약은 엄청날 것이다. 감소된 에너지 사용은 환경에도 좋다.

최근 인기 있는 한 가지 방식은 일반적인 백열등, 형광등 조명을 더 새로운 LED 조명 기술로 전환하는 것이다. 같은 수의 조명의 빛을 밝히더라도 도시의 에너지 비용을 절반으로 삭감할 수 있다. 스마트 조명은 백열등, 형광등, LED의 혼합 사용으로 현재 수준에서 약 80%까지의 절약이 가능할 것이다.

스마트 공익사업

많은 도시는 자체의 공익사업으로 수도, 폐기물 관리, 가스와 전기 등을 운영한다. 도시와 도시 거주민 모두를 위해 비용을 절감하는 것은 중요한 관건이다.

스마트 폐기물 관리

쓰레기 수거는 아주 지저분한 작업이다. 수거는 많은 비용이 들고 시간 소모적일 뿐만 아니라 그 모든 것들을 어디에 넣어 둘지에 관한 이슈를 불러일으킨다. 폐기물 관리를 조금 더 스마트하게 만들어 줄 지능적인 폐기물 컨테이너를 생각해 보자. 지역마다 차이는 있겠지만 모든 쓰레기는 큰 초록색(혹은 노란색, 파란색) 쓰레기통에 버려진다. 그리고 일주일에 한 번, 쓰레기통이 차있든 그렇지 않든, 쓰레기 차는 수거 작업을 한다.

사물인터넷을 통해 얼마나 쓰레기통이 차있는지를 찾아내고 필요할 때 쓰레기 차를 호출하는 내장형 센서가 달린 컨테이너를 상상해 보자. 이것은 트력의 경로를 최소화해서 비용을 감소시킬 것이고 더 효율적인 수거를 이루어 낼 것이다. 이런 스마트 쓰레기통은 빅벨리BigBelly로, 그림 13.5에서 볼수 있다. 이것은 해당 직원에게 수거될 필요가 있을 때를 알리는 태양열 쓰레기통이자 쓰레기 압축기이다. 보스턴 대학은 빅벨리가 일주일에 14회에서 2회 미만까지 쓰레기를 줄이는데 도움을 준다고 한다.

그림 13.5 빅벨리 태양열 스마트 쓰레기통

스마트 수질 관리

도시의 수질 관리 또한 사물인터넷을 사용해 최적화할 수 있다. 우리는 수도 사용량을 확인하기 위해 미터 계량기를 이용한다. 앞으로 다가올 스마트 시티에서는 각 가정의 물 소비량을 감시하기 위해 내장형 센서와 무선 송신기를 이용한 스마트 미터 계량기를 도입할 것이다.

실시간 데이터를 수집함으로써 고객에게 (스마트폰, 이메일 등을 통해) 물 사용량이 적당한지 아닌지를 알려 줄 수 있고, 이를 통해 누수의 가능성도 감지하여 경고할 수 있다. 도시 전역에서 수집된 이 데이터들은 총 사용량에 대한 분석을 통해 앞으로의 사용량을 예측하는데 도움이 될 것이다(강수량과 온도에 따른 물 소비량 비교 분석 등이 해당될 것이다).

스마트 그리드

앞으로 더 주목받을 만한 공익사업은 전력 분야일 것이다. 전력 사용은 새로운 스마트 그리드와 다양한 스마트 기기가 연결되었을 때 훨씬 더 효과적일 것이다.

스마트 그리드 이해하기

스마트 그리드란 무엇인가? 간단히 설명하면, 기존 전력망에 사물인터넷 기술을 접목하여 에너지와 네트워크가 결합된 지능형 전력망으로, 전력 공급자와 소비자가 실시간으로 전기 사용 관련 정보를 교환함으로써 에너지 사용을 효율적으로 관리할 수 있는 차세대 전력망 사업을 의미한다. 스마트 그리드는 공급자와 소비자 모두의 에너지 사용에 관한 데이터를 수집하고 분석하기 위해 디지털 기술을 사용할 것이다. 이를 통해 소비자가 에너지 사용량을 줄이고 절약할 수 있도록 장려하면서 에너지 효율성을 향상시킬 것이다.

스마트 그리드는 공공시설과 사람들 사이의 양방향 통신을 가능하게 한다. 이처럼 스마트 홈 기기와 스마트 공공시설이 서로 통신한다면 더욱 효율적인 에너지 사용이 가능할 것이다. 이 새로운 그리드는 전력 사용량을 정확히 점검하며, 변하는 에너지 수요에 빠르게 반응하기 위한 전송 센서를 가지고 있다.

더 스마트한 에너지 관리

스마트 에너지 관리의 핵심은 필요한 장소와 시간에 전력을 공급해 주는 것이다. 전력의 효율적인 배분은 정전이나 전압 저하를 사전에 방지할 것이다. 따라서 전력 사용에 있어 더욱 균형을 맞출 수 있기 때문에 전반적인 에너지 소비를 줄일 수 있다. 전력 사용량은 가정과 기업에 설치된 스마트 기기와 도시의 스마트 기기가 통신함으로써 관리할 수 있다. 여기에서 잠깐 온도 조절 장치나 스마트 가전제품 등의 사용량이 전력 회사에 의해 제어될 수 있다는 점에 관해 논의해 보자. 예를 들어, 뜨거운 낮 시간 동안 에너지 사용량이 정점에 이를 때 공공의 스마트 기기는 중요치 않은 기기의 (에어컨의 온도를 올리는 것과 식기세척기나 세탁기와 같은 가전제품을 끄는 것) 전력을 차단하라는 명령을 내보낼 수 있다.

자가 치유 그리드

전문가들은 스마트 그리드 유지 장치가 쉽게 관리될 수 있을 것으로 예상한다. 오늘날 정전이 발생되면 소비자의 신고 없이는 회사가 스스로 알아내기 어려울 뿐만 아니라 고치는데 많은 시간이 소비된다. 이런 점에서 볼 때 스마트 그리드는 정전으로 인한 피해와 전기 산업에 큰 도움을 줄 것이다. 가정과 기업에 있는 스마트 전력 계량기와 센서에서 얻은 정보를 이용해 전력이 많이 소비되는 지점의 정보를 쉽게 알아낼 수 있다. 따라서 실시간으로 분석되는 데이터를 통해 비상 상황이 발생하면 더 빠른 의사결정을 내릴 수 있다. 전력 회사는 고객이 전화를 하기 전에 정전이 발생된 것을 발견하고 바로 문제 발생 구역으로 직원을 파견하여 빠르게 처리할 수 있도록 조치할 것이다.

스마트 그리드는 정전이 다른 그리드에 영향을 미치기 전에 문제 발생 지역 주변의 전력 이동 경로를 변경하며, 다른 대다수 고객에게 전력 공급을 유지하기 위해 정전된 곳과 분리할 것이다. 이로 인해 강한 폭풍 같은 것에서부터 테러리스트 공격까지 여러 종류의 응급 상황에 대비하여 시스템을 제어할 수 있을 것이다.

정전의 피해를 최소화하는 것뿐만 아니라 더 쉽게 복구할 수도 있다. 예를 들어, 전력이 필요한 지점들 중에 더 긴급한 곳으로 전력을 먼저 공급할 수 있는 서비스도 제공될 수 있다. 스마트 그리드는 자가치유분산시스템self-healing distribution system을 여러 방면으로 활용할 수 있는 것이다.

데이터를 수집하고 사용하는 것

전력 회사는 자원과 인프라를 더욱 효과적으로 관리하기 위해 수집된 모든 데이터에서 필요한 결과들을 도출해 낼 수 있을 것이다. 회사는 고객들의 에너지 사용에 관해 더 잘 이해하고 이런 수요량에 맞춘 공급을 제공할 것이다. 스마트 그리드에 의해 만들어진 모든 데이터는 소비자들이 이용 가능할 것이다. 스스로의 에너지 사용에 관해 더 많이 알게 될수록, 무엇을 어떻게 사용할지에 관해서도 더 스마트하게 된다. 하루의 시간에 따른 에너지 사용과 어떤 기기가 정확히 어느 정도의 전력을 사용하는지에 대한 실시간 데이터를 확인할 수 있을 것이다. 또한 그 사용량에 얼마나 많은 비용이 드는지 알게 되어 전기가 가장 비쌀 때 에너지를 덜 사용함으로써 돈을 절약할 수 있을 것이다.

스마트 그리드 구축하기

스마트 전력 그리드를 구축하는 것은 많은 작업과 비용이 들 것이다. 새로운 스마트 그리드는 수백만 개의 전선, 센서, 통제기, 컴퓨터 시스템 등으로 구성될 것이다. 오늘날 이용할 수 없는 필수 기능들도 있지만 몇몇 기술들은 현재 개발 중에 있으며, 스마트 시티에 사용되기 전에 테스트가 필요하다. 또한 그 모든 것이 통합되는 데는 시간이 소요될 것이다. 아래를 통해 스마트 그리드의 핵심 기술을 살펴보도록 하자.

- 통합된 양방향 통신을 위한 기존 유선 네트워크, 전력선 네트워크, 무선 네트워크는 실시간 통제, 데이터 수집과 교환, 보안에 있어 필수적이다.

- 전기의 흐름과 장비 상태를 감시하고 그리드 안정성을 평가하며, 에너지 손실을 예방하기 위해 감시과 측정이 필요하다. 여러 종류의 센서기는 전압과 전력량, 주변 온도와 습도, 날씨 상태, 누전 등을 측정하기 위해 사용될 수 있다.

- 위상 측정기PMUs는 전체 전송 네트워크를 통해 분산된 초고속 센서를 감시하기 위한 시스템이다. 이 센서는 초당 최대 30개까지 측정이 가능하며, 네트워크의 특정 지점에서 교류 전압의 크기와 단계를 보여 준다. 또한 자동화된 시스템을 외부 상태에 맞게 조절할 수 있어 고장 시간이 줄어들며 추가 정전을 예방하는데 도움이 된다.

- 전기 흐름을 통제할 수 있는 전송선을 고정시키는 기술을 통해 분산 전력 흐름 제어Distributed power flow control가 가능하다. 이 기술은 그리드 내에서 실시간으로 에너지 전송 경로를 제어하여 사용자 전력 에너지를 저장할 수 있다.

- 스마트 미터기는 가정이나 기업에 설치된다. 이것은 디지털 계량기인데 일반적인 기계 계량기와 달리 실시간으로 사용량을 감시하고 전력 회사와 고객의 스마트 기기 간 정보를 자동으로 전송하여 제공한다.

> **Note**
> 스마트 미터 기술은 지능형 검침 인프라AMI의 일부이다. 이는 공공 스마트 시스템에 데이터를 전송하기 위해서 계량기가 다른 기반시설과 연결되어 설치되어야 한다. AMI는 발전소를 시작으로 고객의 가정과 기업에 설치된 스마트 기기에 데이터를 전송한다.

- 스마트 전력 생산 시스템을 이용해 다른 지점들과 상관없이 시작하고 정지할 수 있는 발전기를 사용함으로써 수요에 따른 전력 생산을 할 수 있다. 이것은 부하(전력 장치) 균형이라 불리며 센서, 통제기, 스마트 그리드의 시스템을 통해 자동화될 수 있다.
- 지능제어 시스템은 그리드 분배에 관해 지속적인 감시를 통해 즉각적인 진단과 적절한 해결책을 제공한다.

스마트 그리드에 사용되는 여러 기술의 개발은 단편적으로 이루어지고 있다. 일부 전문가들은 이 모든 기술이 하나로 합쳐지는데 최소한 10년이 걸릴 것이라 추정하지만, 완성되었을 때 그 효과는 엄청날 것이다.

스마트 시티와 우리

스마트 시티가 가정과 직장에 어떠한 영향을 미칠 것인가? 그 영향은 예측하긴 힘들지만 중요하다. 우선, 기존의 방식과는 많이 다르지 않을 것이다. 여전히 도시는 우리에게 동일한 공익사업들(수도, 전기, 가스 등), 응급 서비스, 치안 및 소방 안전 서비스와 같은 혜택을 제공할 것이다. 겉으로 보면 우리 일상은 오늘날과 많이 다르진 않을 것이다.

대부분의 이점은 그 이면에서 발생할 것이다. 스마트 조명은 사람이 지나다닐 때 항상 켜져 있을 것이지만, 사람이 사라지면 저절로 꺼질 것이다. 스마트 커뮤니케이션은 긴급 상황이 발생하면, 더 빠르게 대처할 것이다. 스마트 그리드는 낮은 전기 요금 청구서로 우리를 즐겁게 할 것이며 환경 보호에도 긍정적인 영향을 미칠 것이다.

또한 스마트 주차 시스템은 주차를 위한 공간을 찾고 정산하는 것을 더 쉽게 만들어 줄 것이다. 스마트 도로는 운전을 할 때 더 유용한 정보를 제공할 것이다. 스마트 폐기물 관리는 쓰레기 양이 엄청나더라도 쓰레기통이 넘치는 일이 발생하지 않도록 할 것이다.

이러한 이점의 대부분은 지방 정부의 결정에 의해 반영될 것이고 장기적으로 우리에게 혜택을 줄 것이다. 더 나아가 스마트 조명에서 절약한 비용으로 세금이 낮춰질 것이다. 더욱 스마트하고 자동화된 시스템들은 더 적은 직원으로 회사를 운영하게 도와주며, 그것은 비용과 세금까지도 절감시킬 것이다. 이런 스마트 기기가 수집한 많은 정보는 지역 정부가 스마트한 결정을 내릴 수 있도록 도와줄 것이다.

많은 혜택을 제공해 주는 스마트 홈 기기들과 도시의 스마트 서비스는 연결되어야 할 것이다. 5장에서 언급됐던 모든 기기는 스마트 그리드와 여러 서비스에 연결됐을 때 훨씬 더 스마트해진다. 정말 스마트한 네스트 자동 온도 조절 장치를 원하는가? 스마트 그리드 기술을 사용하기 위해서 도시와 지역 전력 회사를 설득해야 한다.

모든 도시와 가정 내의 스마트 기기, 그리고 시스템이 함께 연결돼야 비로소 사물인터넷의 진정한 가능성이 보이기 시작한다. 물론 이 모든 연결과 데이터 수집은 정부가 당신에 대해 더 많이 알게 될 것이라는 것도 의미한다. 경찰이 당신 집의 구조도를 확인해 각 방들이 언제, 어떻게 사용되는지 알았으면 하는가? 응급 상황에 꼭 필요하다고 생각했던 정보들이 다른 목적으로 사용될 수도 있다. 에너지 측면에서도 비슷하다. 전력 회사가 가정에 있는 전자기기가 무엇인지, 사용량이 얼마나 많은지 꼭 알아야 하는 것인가?

이런 시나리오를 가정해 보자. 특정한 장소에서 너무 많은 양의 전기가 사용되었고, 조명도 켜져 있으며, 온도는 평균 온도와 습도보다 높다는 사실이 감지되었다면 센서는 이 사실을 중앙 데이터베이스에 보고한다. 이것은 테라리움이나 대형 수족관을 관리하고 있기 때문일지도 모르지만, 당국은 마리화나를 키우고 있다는 결론을 내리고 그 데이터를 근거로 갑작스럽게 방문할지도 모른다. 사물인터넷은 우리가 어떻게 사용하는지에 따라 그 결과가 달라질 것이다. 스마트 기술을 포함해서 모든 것에는 이면이 있다. 우리의 도시가 수많은 스마트 기기와 시스템에 투자해야 하는가를 논의할 때, 해결해야만 하는 수많은 불편함도 같이 고려해야 한다.

스마트 시티 시장 동향

부산 해운대구 센텀시티에서 사물인터넷 기반의 스마트 시티가 실현된다. 글로벌 스마트 시티 실증단지 조성 사업은 시민들이 직접 사물인터넷 서비스를 체험하고 의견을 제시할 수 있는 시민 체감형 실증 서비스 환경 구축을 지원하는 사업이다.

부산시는 현재 스마트 가로등, 안심 서비스, 스마트 주차, 스마트 매장 에너지 관리, 미아방지 서비스, 해상 안전 서비스, 스마트 횡단보도, 비콘기반 소상공인 마케팅 서비스, 스마트 빌딩 에너지 절약, 상황 인지형 대피 안내 시스템 등 총 10개의 사업을 진행하고 있다.

부산 해운대구 센텀시티

출처
- http://www.acrofan.com/ko-kr/live/news/20150922/00000062
- 이미지: http://news.naver.com/main/read.nhn?mode=LSD&mid=sec&sid1=102&oid=001&aid=0007560603

Chapter 14
스마트 세상 : 글로벌 사물인터넷

우리 주변에 있는 가전제품, 조명, 주택에서부터 자동차, 도로, 도시로 그 범위가 확장되어 사물인터넷과 전부 연결되면 어떤 일이 벌어질까? 하나의 기기가 다른 기기와 연결되고, 세계 어느 곳에 있는 시스템과도 연결되는 것, 우리는 그것을 글로벌 사물인터넷이라고 한다. 이미 인터넷에는 국경이 없듯이, 사물인터넷도 그러할 것이다. 글로벌 사물인터넷은 우리의 집과 도시뿐만 아니라 온 세상을 변화시킬 것이다. 이러한 변화 중 일부는 보편화될 것이고 또 다른 일부는 특정한 지역이나 대륙에 맞춰 특성화될 것이다. 다양한 국가의 수많은 사람들에게 사물인터넷은 좋은 방향으로 널리 퍼질 것이다.

사물인터넷은 수많은 사람들에게 다양한 혜택을 가져다 줄 것이다. 스마트 가전제품과 자율주행 자동차, 더 나아가 우리는 세계의 주요 문제들에 대한 해결책도 얻을 수 있을 것이다. 더 좋은 의료서비스, 더 효율적인 교통 시스템, 새로운 직업, 더 깨끗한 환경, 그리고 환경 변화를 더 효과적으로 다룰 수 있는 방법에 이르기까지 그 변화의 영향은 엄청날 것이다.

사물인터넷의 글로벌 확장

글로벌 사물인터넷의 이점은 사물인터넷과 거의 유사하다. 세계 여러 선진국에서는 동일한 스마트 가전제품들을 사용할 것이다. 즉, 같은 스마트 커피 메이커가 로스앤젤레스나 디모인, 베이징, 헬싱키에서 사용될 것이다. 이렇듯 지역과 개인 경제가 기술을 받아들일 수 있다면 어디에서든지 스마트 기기들은 사용될 수 있는 것이다.

이런 일은 사물인터넷 기기 제조업체들에게 좋은 일이다. 국가 간의 문화적 차이가 존재하지만 (예를 들어, 자율주행 자동차는 영국과 인도에서 사용될 때 도로의 왼쪽에서 운전을 해야 한다) 기본적인 기술은 동일하게 사용된다. 즉, 인도의 자율주행 자동차도 미국업체에서 출시한 자동차와 동일한 기술을 사용할 것이다.

사물인터넷과 사용되는 시스템들은 갈수록 더 글로벌화된다. 미국 병원의 의료기기와 시스템을 중국과 러시아에서도 사용할 수 있다면 의료분야에 엄청난 효율을 가져다 줄 것이다. 다시 말해, 일부 문화적 특성이 반영될 수는 있지만 병원의 모든 의료기기를 서로 연결하는 점에 있어서 모두 동일한 혜택을 받을 수 있을 것이다.

대기업들은 자신들의 사무실과 공장에 사물인터넷 기술을 투자할 것이다.

이것은 클라우드 컴퓨터 및 데이터 저장공간에 대한 확장과 기술의 성장으로 인해 사용이 더욱 편리해질 것이다. 클라우드 기반 환경에서는 데이터가 어디에서 오는지, 어디에 저장되는지 크게 중요하지 않다. 다국적 기업의 경우, 중국 공장의 스마트 기기에서 수집된 데이터를 분석하여 뉴욕에서 열리는 마케팅 전략 회의에서, 더블린의 영업 부서에서 사용할 수 있을 것이다.

클라우드와 사물인터넷은 서로 다른 회사가 협력하여 업무를 더 효율적으로 처리할 수 있도록 한다. 제조업자와 공급업자를 생각해 보자. 예를 들어, 캘거리에 있는 회사가 한국에 위치한 큰 전자 제조업자에게 중요 부품을 전달하는 것이 더욱 쉬워지고, 비용 측면에서도 더 효율적일 것이다.

사물인터넷은 시스템이 물리적으로 다른 곳에 있더라도 마치 같은 건물에 있는 것처럼 동일하게 작동되도록 할 것이다. 한국 공장에서 필요한 캐나다산 부품을 주문할 경우에, 그 양이 어느 정도인지 확인한 후 두 국가 사이의 선적 기간을 고려하여 적시에 공장에 도착될 수 있도록 주문이 들어갈 것이다. 이러한 정보는 사물인터넷 기기를 통해 수집되고, 클라우드에 있는 저장소를 통해 통신된다. 거리는 더 이상 중요한 요소가 아닌 것이다.

도시, 주, 그리고 국가 연결하기

글로벌 사물인터넷을 만드는데 가장 큰 과제는 모든 것을 상호 연결하는 것이다. 서울에 있는 공장이 외국에 있는 부품 공급업체와 소통하기 위해서는 과거에 보지 못했던 복잡한 네트워크의 연결이 필요하다. 간단히 말해서, 우리는 미국에 걸쳐 있는 전국적인 네트워크에 로컬 사물인터넷을 연결해야 할 뿐만 아니라, 중국, 인도, 싱가포르 등 여러 나라의 네트워크에도 연결해야 한다. 즉, 각 로컬 네트워크는 글로벌 네트워크에 연결되어야 한다. 이것을 가능하게 하려면 자동차나 건물의 모든 기기들을 상호 연결하는 것이 우선이다.

의료 산업을 생각해 보자. 일반적으로 환자는 자신이 사는 곳과 가까운 병원에 있는 의사에게 진료를 받는다. 그러나 미래에는, 지구 반대편에 있는 전문의와 상담하고 싶을지도 모른다. 이것을 실현시키려면 한 병원 내에 있는 모든 의료기기를 연결하는 것만으로 부족하다. 이 기기들은 타 병원과 타 국가의 의료기기나 시스템에 연결되어야 가능할 것이다.

사물인터넷의 확장은 일반 인터넷을 확장해야 하는 더 넓은 기술적인 문제이다. 단순하게 건물 전역에 근거리 통신망LAN을, 도시 전역에 광역 통신망WAN을 늘리는 것을 의미하는 것이 아니다. 다른 국가의 LAN이나 WAN과 통신하기 위한 더 큰 네트워크망에 연결할 수 있는 LAN이나 WAN에 대해서 말하고 있는 것이다. 국가 간의 수많은 로컬 네트워크를 어떻게 연결할 수 있을까?

한 가지 해결책은 현재 인터넷을 사용하는 것이다. 우리가 지금 사용하고 있는 컴퓨터를 통하여 독일이나 인도의 웹사이트에 연결하는 것은 전혀 문제가 없다. 즉 인터넷은 전세계 어디에나 접속 가능하다. 따라서 사물인터넷에 연결되는 대부분의 기기는 고유의 인터넷 프로토콜 주소를 가지고 있기 때문에 이것은 가능할 것이다. 하지만 여기에는 문제점들도 있다.

우리는 2020년까지 약 500억 이상의 기기를 연결해야 한다. 이것은 엄청나게 많은 기기들이 네트워크에 연결되어야 한다는 것을 의미한다. 가능하긴 하지만 결코 쉬운 일은 아니다. 게다가, 다양한 네트워크 기술이 서로 연결되기 위해서는 인터넷 기반의 IP 주소가 필요하다. 집 안에 있는 지그비 네트워크와 도시에서 사용하는 6LoWPAN 네트워크를 어떻게 연결할 수 있을지 고민해 봐야 한다.

이 교차 연결성은 필요하며, 이미 일어나고 있다. 도시들은 디지털 방식으로 도시, 주, 그리고 국가 기관들과 대화를 하고 있다. 국가 네트워크는 다른 국가 네트워크와 대화한다. 세계의 도시들은 다른 여러 도시들과 대화한다. 우리는 그곳에 다다르고 있다. 이는 단순한 기본적인 통신만을 이야기하는 것이 아니다. 각 독립적인 시스템들이 다른 시스템과 통신하고 협력해야 한다. 지역 발전 시설들은 도시의 '모든' 스마트 홈에 있는 '모든' 스마트 기기에 연결되고 통신할 수 있을 뿐만 아니라, 주와 나라, 세계에 걸쳐 있는 다른 설비들과 연결되고 통신해야만 한다. 이 통신은 기존 계층구조와 상관없이 전역으로 뻗어 나가야 한다. 만약 당신의 집에 있는 스마트 온도 조절 장치 데이터가 집 주변에 있는 공장의 효율성을 증진시킬 수 있다면, 네트워크와 시스템의 정보 교환이 필수적으로 필요할 것이다.

지방의 사물인터넷

필자는 앞서 사물인터넷이 부유한 선진국, 특히 도시 환경에서 생활 방식과 경제를 어떻게 향상시키는지에 대해 상세히 얘기하였다. 하지만 사물인터넷은 지방, 특히 개발도상국에 혜택을 제공한다. 세계적으로, 약 10억 명의 사람들이 포장도로가 없는 지역에 살고 있다. 이는 그 지역 사람들이 음식이나 약, 혹은 다른 물자들을 제 시간에 공급받기 어렵게 만든다. 이럴 때 우리는 드론을 통해 비포장도로나 길이 없는 곳에도 필요한 물자들을 기존의 운송수단보다 더욱 빠르고 확실하게 전달할 수 있다. 미국 실리콘밸리의 벤처회사인 매터넷Matternet은 매터넷 프로젝트를 통해 구호 물품을 외딴 지역으로 수송할 수 있는 드론을 연구 중이다.

매터넷 프로젝트에서 사용되는 프로토타입 항공기는 그림 14.1에 나와 있는 것처럼 10km의 반경을 가지고 있는 쿼드콥터이다. 완전히 실현되면, 이 드론은 약 1,000kg 짐을 실을 수 있게 된다(첫 프로토타입은 1kg이나 2kg의 분량만 실을 수 있었다). 이러한 드론들은 약, 물자, 심지어 사람을 이송하는데 사용될 것이다.

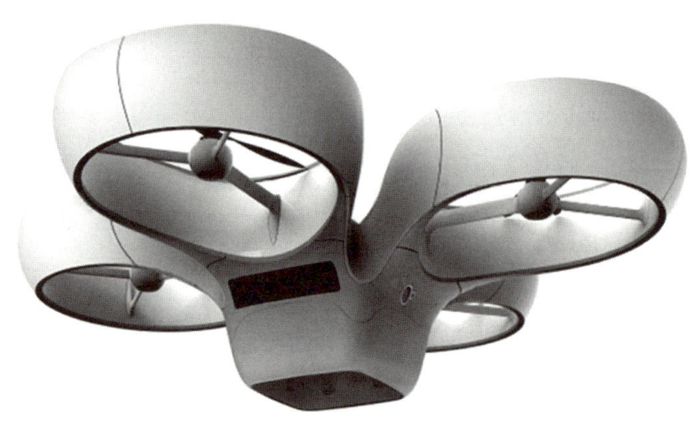

그림 14.1 매터넷 드론

이 프로젝트는 세계 전역의 외딴 지역과 빈곤 지역에도 현대적인 혜택을 누릴 수 있게 해줄 것이다. 이러한 물자들을 전달하기 위한 드론의 사용은 현존하는 수송의 제한을 뛰어넘을 것이다. 이 분야에서 사물인터넷은 엄청난 변화를 이끌어낼 것이다.

농업 사물인터넷

미국과 세계 전역에 걸쳐 농업에 대한 사물인터넷의 영향을 알아보자. 모든 농업은 비용을 줄이고 환경의 영향을 최소화하면서 수확을 늘리는 (낭비를 줄이고 생산성을 향상시키면서) 것이 목표이다. 사물인터넷은 이 목표를 달성하는데 도움을 주기 위한 여러 가지 방법을 가지고 있다. 소규모 농부들과 거대 기업, 모두에게 말이다. 사물인터넷 센서 정보를 통해 얻은 농업 분석 데이터는 앞으로 농업 분야에 무한한 가능성을 제공해 줄 것이다. 모아진 데이터를 분석하고, 분석을 통해 배우며 배움에 기반하여 행동함으로써 절약이 이루어지고, 효율성이 향상된다.

스마트 관개

관개에 이용되는 물의 최대 60%는 낭비된다. 스마트한 물 관리는 동일한 결과를 얻는데 더 적은 양의 물을 사용할 것이다. 이러한 스마트 관개와 물 관리 시스템인 워터비Waterbee는 정확한 토양 함량, 수분 흡수량 및 다른 환경 요인들에 대한 데이터를 수집하기 위해 무선 센서를 사용한다.

워터비 시스템은 그림 14.2에 나와 있는 것처럼, 선별적으로 작은 구획의 땅에 물을 줄 수 있도록 수집된 데이터를 분석한다. 워터비 시스템은 스마트폰 앱을 사용하여 쉽게 관리할 수 있다. 이러한 시스템은 물 사용량을 최대 40%까지 줄일 것으로 예측된다. 또한 비용 절감과 물 부족 문제를 해결하는 데에도 도움을 준다.

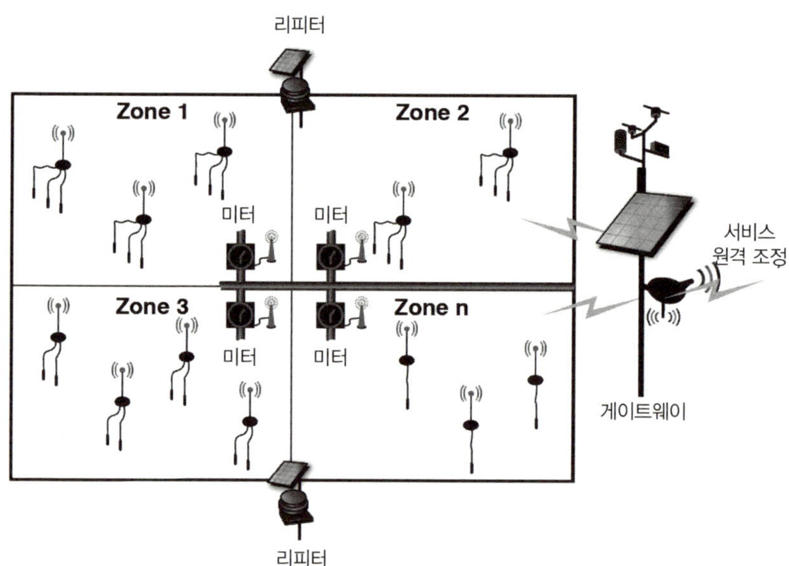

그림 14.2 특정 구역 안의 상태를 감지하는 워터비 스마트 관재와 수도 관리 시스템의 동작 원리

Note

워터비의 시스템은 농업 분야에만 국한되지 않는다. 워터비 시스템은 골프 코스와 같은 상업적 설비에도 사용될 수 있다. waterbee.iris.cat에서 더 많은 것을 알아볼 수 있다.

병충해 방제

병충해 방제는 농부들에게 또 다른 커다란 문제이다. 2010년, 미국은 병충해로 인해 약 23조 1,400억 원의 농장물 피해를 입었다. 이를 처리하기 위해 추가로 살충제로만 약 5조 1,400억 원을 썼다. 이를 해결하기 위해서는 땅이나 농작물이 피해받지 않는 효과적인 살충제를 이용하여 곤충이나 쥐로 인한 손해를 최소화해야 한다.

스펜사 테크놀로지스Spensa Technologies의 Z-트랩은 농부가 원격으로 곤충들을 감시할 수 있게 도와준다. 그림 14.3에서 처럼, Z-트랩은 페로몬을 사용해 곤충을 가둘 수 있을 뿐만 아니라 포충기 안에 갇힌 곤충이 몇 마리인지에 대한 데이터도 기록한다. 수집된 데이터는 무선을 통해 스마트폰이나 컴퓨터로 전송되어 곤충에 대한 정보를 확인해 볼 수 있다. 살충제를 무한 살포하지 않아도 곤충에 의한 피해를 막을 수 있다.

그림 14.3 스펜사 테크놀로지스의 Z-트랩 스마트 해충 방제

스마트 트랙터

다양한 형태와 크기의 트랙터들은 농업에서 중요한 역할을 담당한다. 새로운 스마트 트랙터는 내장 센서를 통해 농작물과 땅에 대한 움직임을 감지한다. 스마트 건초 포장기는 건초의 수분함량을 감지하여 트랙터에게 더 빨리 움직이거나 느리게 움직이도록 신호를 보낸다(수분함량은 베일 밀도에 영향을 미친다). 트랙터는 수로나 다른 장애물을 피해서 지나가고, 씨를 중복으로 뿌리지 않기 위해 GPS 기술을 이용한다.

그림 14.4에 나와 있는 농기계 업체인 존 디레John Deere의 팜사이트FarmSight 시스템은 컴퓨터와 태블릿, 스마트폰을 통해 트랙터를 관리할 수 있다. 또한 트랙터의 이동 경로 정보를 제공한다.

그림 14.4 팜사이트 기술로 가능해진 존 디레 S–시리즈 트랙터의 운전석

자율주행 트랙터

미래의 자율주행 트랙터와 여러 농업 장비에 대한 개념은 더욱 중요해질 것이다. 이런 특정 작업을 자동화하게 되면 비용 절감과 효율성을 증가시켜 줄 수 있기 때문이다. 오토노머스Autonomous 트랙터에서 출시한 스피릿Spirit을 살펴보도록 하자. 그림 14.5에 나와 있는 스피릿은 부지 주변에 설치되어 있는 기기들을 통해 방향을 읽을 수 있는 자율주행 트랙터이다. 장애물을 감지하는 레이더도 장착되어 있어 원하는 곳으로 움직일 수 있도록 스피릿을 "훈련" 시킬 수도 있다.

그림 14.5 오토노머스 트랙터의 스피릿

www.deere.com과 www.autonomoustractor.com에서 더 알아볼 수 있다.

환경 사물인터넷

사물인터넷의 혜택은 특정 국가나 장소에 국한되지 않을 것이다. 지구 환경의 질을 향상시키는데 사물인터넷이 할 수 있는 일들은 매우 많다. 대부분은 센서를 통해 환경 관련 요소들을 효과적으로 감시하는 것에서부터 시작될 것이다.

- CO_2 센서 : 자동차 배출가스, 공장의 오염 물질, 농장에서 생성된 유독가스 등을 감시한다.

- 물 센서 : 바다, 강, 호수의 수질을 감시하고 어류와 식물이 살기 적절한지 알아낸다.

- 방사선 센서 : 핵 발전소와 주변 지역의 방사선 수치를 감시하고 누수 및 경고에 이용된다.

- 삼림 속 센서 : 연소 가스 및 습도 등 산불의 원인이 되는 요소들을 파악하여 감시한다.

- 전자기 센서 : 기지국, 전선, 와이파이 라우터와 같은 전자기기의 상태를 감시한다.

예를 들어, 리벨리움Libeliu의 스마트 워터 무선 센서 플랫폼은 수질 한도를 측정하기 위하여 다중센서를 사용한다. 그림 14.6에서 볼 수 있는 이 센서는 pH, 용존 산소량DO, 산화 환원 전위ORP, 염분, 온도, 그리고 용존 이온을 감시한다. 다양한 센서는 클라우드를 통해 컴퓨터와 스마트폰에 연결하여 실시간 물 상태를 보여 준다.

그림 14.6 리벨리움의 스마트 워터 센서

더 자세한 내용은 www.libelium.com에서 알아볼 수 있다.

주변 지역의 공기질을 확인하고 싶다면 에어 퀄리티 에그Air Quality Egg를 이용해 보자. 각 에그는 (shop.wikeddevice.com에서 약 19만 원에 구매 가능하다) 실시간으로 이산화질소NO_2, 일산화탄소CO, 온도, 습도 데이터를 수집하고, 데이터를 그림 14.7에 있는 중앙 웹사이트에 전송한다. 이 웹사이트는 사용 중인 모든 에그에서 나온 데이터를 종합한 결과를 보여 준다. 통합된 데이터는 환경 정책을 추진하기 위해서 사용될 수 있다.

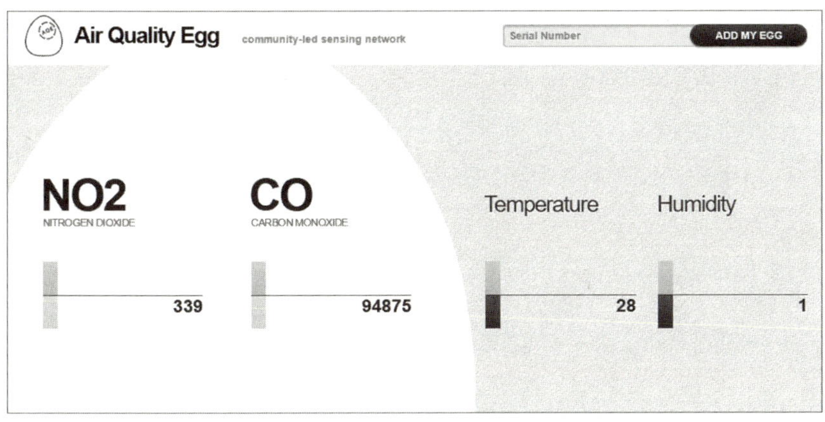

그림 14.7 에어 퀄리티 에그 웹사이트(www.airqualityegg.com) 화면

환경 변화에 맞서 싸우기

지난 50년 동안 평균 기온이 역사상 가장 빠른 속도로 올라갔다. 북극 얼음은 녹고 있고 해수면은 올라가고 있으며, 기후 패턴은 변덕스럽게 변해가고 있다. 전문가들은 온난화 기후가 세계의 식량 공급에 파괴적인 영향을 미칠 수 있다고 하며, 2050년에는 식량 공급이 약 18%까지 줄어들 것이라고 예측한다. 환경 변화는 이미 시작된 지 오래되었으며, 대부분의 과학자들은 인간

이 야기한 오염으로 인해 발생되었다고 믿어 의심치 않는다. 우리는 이 커다란 문제를 해결하기 위해 사물인터넷을 이용할 수 있다. 사물인터넷을 통해 환경 변화와 맞서 싸우는 가장 좋은 방법은 에너지 소비를 줄이는 것이다. 이것은 결과적으로 탄소 배출을 감소시킬 것이다. 우리는 앞에서 배운 내용을 토대로 사물인터넷이 에너지 절약에 어떠한 영향을 끼치는지 논의했다. 이러한 에너지 절약을 한 지역이 아닌 전 세계적으로 함께하면 효과는 매우 클 것이다.

- 주택과 사업체의 더욱 효율적인 냉난방을 위한 스마트 온도 조절 장치
- 필요할 때만 조명을 켜는 주택, 사업체, 공공 장소, 건물, 그리고 도로를 위한 스마트 조명 시스템
- 총 에너지 사용량이 낮을 때 작동되도록 설계된 스마트 가전제품과 전자 기기
- 고객에게 전기를 더욱 효율적으로 전송하는 스마트 그리드

> **Note**
>
> 미국 퍼시픽 노스웨스트 국립연구소Pacific Northwest National Laboratory의 최근 연구에 따르면 스마트 그리드 시스템이 탄소 배출을 12%까지 줄일 수 있다고 추정했다.

- 전체 운전 시간을 단축하여 차량의 연료 소비를 줄이는 스마트 자동차, 도로, 주차장
- 물, 연료, 살충제의 사용을 줄이면서 작물 수확량을 늘리는 관개 시스템과 같은 스마트 농업 시스템
- 개인과 사업체가 공기의 질과 수질을 더욱 잘 감시할 수 있게 도와주는 에어 퀄리티 에그와 같은 스마트 감시 시스템

환경 변화에 맞서 싸우기 위해 사물인터넷을 사용해야 한다. 이 변화는 일련의 작은 변화들이 더해져서 나타난다. 예를 들어, 교통 관리의 문제를 생각해 보자. 오늘날 도시에 살고 있다면, 통근 시간대의 교통 체증에 익숙해

있을 것이다. 이런 교통 체증은 미국에서만 연간 19억 갤런의 연료를 낭비시킨다. 이것은 1억 8천 6백만 톤의 불필요한 이산화탄소 배출을 의미한다. 하지만 이러한 이산화탄소 배출은 스마트 교통 관리 기술의 도입을 통하여 감소될 수 있다. 만약에 사물인터넷이 교통 체증을 피할 수 있게 돕고 쉽게 목적지에 도착할 수 있도록 한다면, 연료 낭비가 줄어들 것이고, 오염 물질도 적게 배출될 것이다. 모든 사람이 이득을 얻는 것이다.

글로벌 사물인터넷을 막는 장애물

스마트 홈을 만들기 위하여 집에 있는 스마트 기기들을 서로 연결하는 것도 쉽지 않은 일인데, 더 나아가 전 세계적으로 동일한 작업을 하기에는 정말 쉽지 않을 것이다. 글로벌 사물인터넷으로 다가가기 위해서는 단순히 기술적인 요소뿐만 아니라 정부와 정치적인 측면도 고려되어야 한다.

기술적 과제

사물인터넷이 잠재력을 최대한 발휘하기 위해서는 네트워크의 광범위한 연결이 필요하다. 우리가 원하는 스마트 세상을 위해서는 모든 기기 또한 서로 연동되어야 한다. 만약 기기가 서로 호환되지 않는다면 작동되지 않을 수 있으며 같은 네트워크를 사용하는 한 나라에만 제한적으로 사용될 수도 있다. 스마트 기기가 모든 선진국에 도입되기 위해서 동일한 네트워크에 연결되는 것이 얼마나 중요한지 알 수 있을 것이다.

미국에 있는 기기는 캐나다, 멕시코, 프랑스, 인도, 러시아, 중국에 있는 기기와 통신할 수 있어야만 한다. 사물인터넷이 문명 사회에 진입하기 위해서는 도입을 가능하게 하는 기준이 필요하다. 다양한 지역과 국가에 있는 단체들은 사물인터넷 기술에 필수적인 기준을 만들기 위하여 서로 협력해야 한다. 기준이 없이는, 세계 다양한 지역의 사물인터넷 네트워크가 서로 다를 것이고, 양립할 수 없게 될 것이다.

혹시라도 필요한 기준이 세워지면, 다뤄야 할 기술적인 문제들이 더 많이 존재한다. 가장 중요한 것 중 하나는 네트워크 대역폭이다. 우리가 현재 인터넷에 수십억 개의 스마트 기기를 추가한다면 증가한 만큼의 네트워크 부하를 다룰 수 있을까? 현 인터넷은 확장되고 보강되어야 한다. 혹은 현재 인터넷이나 외부에서 작동될 수 있는 새로운 네트워크 기술이 필요하다.

물론, 사물인터넷의 모든 기술들은 비용이 발생한다. 전 세계적으로 정부들이 부딪히고 있는 문제는 비용에서 비롯된다. 여기서 확실한 것은 IT 관련 예산 일부를 사물인터넷에 투자해야 한다는 것이다. 누군가는 사물인터넷 기반시설에 돈을 지불해야 하는데, 아마 당신과 나와 같은 납세자들이 담당할 것이다. 이건 상대적으로 부유한 서구 국가들에게는 괜찮을 지도 모른다. 하지만 개발도상국들은 사물인터넷에 진입하기 위해 어려운 시간을 보낼 것이다.

보안 과제

"15장 스마트 문제 : 당신을 지켜보는 빅 브라더"에서 논의할 내용을 미리 언급해 보겠다. 글로벌 네트워크에 더 많은 기기들을 연결할수록, 해커들이 시스템에 접속하고 오류를 일으킬 위험도 커진다. 수십억 개의 새로운 기기는 나쁜 목적을 가진 해커들이 부당하게 이용할 수 있는 수십억 개의 범죄 발생 가능성을 의미한다. 이게 바로 우리가 풀어 나가야 할 과제이다.

게다가 사물인터넷 기기에서 수집된 데이터는 수많은 개인 정보를 훔치거나 남용하도록 위험에 빠뜨린다. 사물인터넷 기기는 당신이 어떤 사람인지, 당신이 무엇을 하는지에 대해 꽤나 많은 것을 알 수 있다. 누가 그 정보에 접근할 것이고, 어떻게 사용할 것인가? 자국에서 이것이 그렇게 큰 문제가 아니라고 생각하더라도 동일한 정보로 중국, 러시아, 혹은 북한의 정부들이 무엇을 할 것인지에 대한 문제가 여전히 있다.

우리가 사물인터넷에 의존하면 할수록, 사물인터넷의 일부나 전체가 공격을 받거나 연결이 끊기는 상황에 더욱 취약해지는 문제가 있다. 만약 전력 사용 관리를 담당하는 스마트 그리드 시스템이 해킹당한다면 우리는 무엇을 할 것인가? 또한 스마트 자동차의 운전 시스템이 해킹당한다면 어떠한가? 스마트 자동차의 자율형 유도 시스템 또한 해킹당한다면? 혹은 테러리스트가 도미노의 피자 배달 드론을 장악한다면? 이러한 이유로 우리는 스마트 기기가 해킹을 당하지 않기 위한 적절한 보호 장치가 꼭 필요하다. 이로 인한 피해는 상상을 초월할 것이다.

관료주의와 정치적 과제

일반 기업에서조차 임원들을 설득해 구매 결정을 내리도록 하는 것이 어렵다고 생각되는가? 그렇다면 도시, 주, 혹은 국가 정부 차원에서는 어떨지 생각해 보자. 가장 작은 결정에도 수많은 정치적 장애물에 부딪힐 수 있다. 교통량이 많은 교차로에 사물인터넷이 설치되기 위해 수년 간의 연구, 위원회, 모임, 정치적 책략이 필요한 세계에서 정치인들이 사물인터넷의 도입을 시도하는 것에는 많은 어려움이 있을 것이다. 또한 정치인들은 어렵고 복잡한 사물인터넷이 어떻게 작동하는지에 대해 이해할 방법이 전혀 없다. 하지만 많은 관리들은 사물인터넷이 대변하는 잠재적인 유용성과 과제 모두를 이해하고 있다. 사물인터넷 관련 안건을 이끌고 추진하기 위해 계속 노력해야 한다.

사물인터넷과 관련된 변화의 일부는 우리의 일상생활 속에서 이뤄질 것이다. 공공건물 관리자들은 스마트 건물, 스마트 에너지, 스마트 조명 기술을 사용해야 할 것이다. 주 정부와 시 정부의 입법자들은 스마트한 운송과 폐기물, 물 관리 시스템에 투자를 해야 하며 공공사업 위원회가 스마트 계량기와 같은 기술을 반드시 사용하도록 해야 한다. 정부에서는 고속도로와 다리에 스마트 센서 기술을 위한 예산을 포함할 수 있도록 해야 한다. 무엇보다도, 각 관리 기관이 혁신적인 사물인터넷 기술들을 검토하고 도입할 준비를 하도록 권장해야 한다.

스마트 세상과 우리

성큼 다가올 글로벌 사물인터넷은 우리에게 어떤 영향을 미칠 것인가? 우리는 각자의 집에 살고 있는 평범한 사람일 뿐이다. 인도의 스마트 관개 시스템이 우리와 무슨 관련이 있겠는가?

첫 번째로 우리는 모두 같은 행성에 살고 있다. 그리고 우리는 당장 보이지 않지만 일어나고 있는 일에 대해서 관심을 가져야만 한다. 만약에 우리가 벵갈루루나 부다페스트에 사는 사람들의 삶을 더 낫게 만드는데 기술을 사용할 수 있다면, 왜 그러지 않고 있는가?

두 번째로, 스마트 기술은 국경에 제한되는 것이 아니다. 그렇기 때문에 우리의 생각도 한정되어서는 안 된다. 당신이 운전하는 자동차는 한국, 일본, 독일 등에서 제조되었고, 세계 다양한 국가의 하도급 공급자 부품이 내장되어 있다. 만약에 스마트 기기가 다양한 기능을 사용하기 위해 자동차 제조업체에게 전화를 해야 한다면, 그 통신을 가능하게 해 줄 글로벌 시스템이 있어야 한다. 이 시스템은 사물인터넷만이 아닌 전 세계에 걸친 모든 사람들을 위한 것이다.

셋째로, "우리는 한 배를 탔다"라는 논쟁으로 돌아와서, 인도, 중국, 그리고 호주에서 일어나는 일은 세계 환경에 영향을 미친다. 환경 변화는 이러한 상호의존적인 관계의 가장 좋은 사례이다. 한 국가는 혼자서 환경 변화에 맞서 싸울 수 없다. 모든 국가들은 영향을 발휘하기 위하여 서로 협력해야 한다. 사물인터넷이 다양한 문제들을 다루는데 도움을 줄 수 있는 만큼, 사물인터넷은 미국뿐만 아니라, 세계 도처에서 시행해야 한다. 다행스럽게도, 여러 국가들은 사물인터넷의 가능성을 인식하고 있고 스스로 시행하려고 노력하고 있다.

중국의 경우, 이미 기기 간 사물 통신 연결이 사분의 일 이상을 차지하고 있다. 이는 약 5천만이 넘는 스마트 기기를 의미하는데, 중국 정부의 강력한 지원이 큰 영향을 미쳤을 것이다. 중국 정부는 약 694조 2,000억 원 이상의 자금을 2020년까지 사물인터넷 기술에 투자하기로 계획하고 있다. 이처럼, 중국은 무엇이 중요한지 알고 있다. 중국은 중국의 집과 도시를 더욱 스마트하게 만드는데 필요한 기술에 투자를 하고 있고 중국 시민들에게 더 나은 삶의 질을 제공할 것이다.

과연 언제 이 글로벌 사물인터넷이 전성기를 맞이할 준비가 될 것인가? 분명한 것은 사물인터넷의 도입 비율이 국가마다 다르다는 것이다. 대부분의 전문가들은 대략 2025년쯤 사물인터넷이 중요한 영향을 미치기 시작할 것이라고 예측한다.

2025년은 지금으로부터 약 10년 후의 일이다. 그렇게 멀지 않은 미래의 일이다. 우리가 살아 있는 동안 볼 것이고, 당신의 자식과 손주들은 사물인터넷의 진보와 함께 성장해 갈 것이다. 이는 점점 더 성장하여 정말 중요해질 것이다. 그리고 세상 모든 곳에 존재할 것이다. 이에 대비를 하자!

스마트 세상 시장 동향

각 사물들이 최적화되어 작동하는 스마트 홈을 넘어 기업에서도 스마트한 바람이 불고 있다. 포스코는 공장 내 모든 설비와 기계에 센서를 장착하여 사물인터넷과 빅데이터의 기술을 융합한 스마트 팩토리를 도입할 예정이다. 최근 기사에 따르면 2017년 광양 제철소 후판 공장을 시작으로 국내 모든 제철소 공장에 구축할 예정이다. 제조 혁신을 가져다 줄 스마트 팩토리는 중국 및 다른 지역에 지사를 가지고 있는 많은 회사들의 공사 현장에도 적용되어 진정한 글로벌 사물인터넷이 실현될 수 있을 것이다.

그 외 독일의 타이어 제조 회사인 콘티넨탈은 프랑스 공장의 타이어 부품을 실시간으로 추적하여 공장 내 부품 확보 시간을 줄이고 있고, 항공기 제조회사인 에어버스는 스마트 팩토리 시스템 구축으로 주요 부품 및 기기들에 태그 시스템을 적용해 위치 및 재고 확인이 용이하도록 하고 있다.

기업에서 적용할 수 있는 미래형 제조 공장인 스마트 팩토리는 수많은 센서를 통해 수집된 데이터를 바탕으로 작업 능률 향상, 생산성 향상, 리스크 관리, 에너지 효율 향상 등과 같은 경제적 이익을 볼 수 있게 할 것이다.

출처

 http://www.mt.co.kr/view/mtview.php?type=1&no=201509241028481 5730&outlink=1
- http://biz.chosun.com/site/data/html_dir/2015/09/15/2015091500917.html(포스코사례)
- http://www.dt.co.kr/contents.html?article_no=2015092402100960727001

스마트 문제 : 당신을 지켜보는 빅 브라더

우리는 지금까지 사물인터넷이 만들어 낸 아름다운 미래에 대해 예측해 봤다. 이젠 이 모든 스마트 기술의 이면에 대해 이야기해 볼 차례이다. 예상했겠지만 사물인터넷의 수많은 장점들만큼 단점들도 존재한다.

사물인터넷에 대한 잠재적 위험성은 대부분의 스마트 기기에서 수집한 데이터와 관련이 있다. 스마트 기기를 판매하는 회사들은 우리들에 대한 많은 정보를 알게 된다. 물건을 더 잘 판매하기 위해 당신의 집, 자동차, 직장, 상점에서 무엇을 하고 있는지에 관한 데이터를 분석할 수 있을 것이다. 정부 또한 이 정보를 이용할 가능성이 충분히 있다. 이렇듯 데이터를 이용하여 무엇을 할지는 아무도 모른다. 사물인터넷으로 인해 당신이 감추고 싶었던 일들도 누군가에 의해 조사되고 감시될 것이다. 불안감이 느껴지는가? 우리는 항상 주의를 기울여야 한다.

사생활 문제

사물인터넷과 관련된 가장 큰 문제는 단연 사생활과 연관된 것이다. 센서와 스마트 기기는 당신에 대한 수많은 정보를 수집할 수 있다. 당신이 언제, 어디서, 무엇을, 어떻게 하는지에 대해 말이다. 그럼 누가 이 정보를 감시하고 무엇을 할 수 있을까?

우리의 현재 삶은 감시의 연속일지도 모른다. 물론 나라마다 그 차이는 있겠지만 당신이 어느 곳에 있던 간에 감시 카메라를 피하기는 힘들 것이다. 스마트폰에 내장되어 있는 GPS는 사람들의 움직임을 추적할 수 있다. 정부는 당신의 허락 유무와 상관없이 이메일과 문자 메시지를 확인하고 방문하는 모든 웹사이트를 추적할 수 있는 권리가 있다고 생각할지도 모른다. 이런 감시망을 피하는 것이 불가능할 수도 있다. 만약 누군가 당신을 추적하고 싶다면, 얼마든지 추적할 수 있을 것이다.

물론, 이중 일부는 당신이 원했던 결과일지도 모른다. 당신은 온라인 웹사이트를 방문할 때마다 같은 정보를 재입력하지 않도록 저장된 아이디와 지난 구매 이력이 남아있길 원한다. 웹사이트는 컴퓨터의 웹사이트 사용 내역과 이동 기록을 추적할 수 있는 쿠키를 설치할 것이다. 또한 당신은 보안 카메라의 정보를 이용해 강도, 강간범과 테러리스트로부터 안전하기를 원할 것이다. 하지만 당신도 그 보안 카메라에 의해 감시당할 것이다. 당신은 이런 기술로부터 많은 혜택을 누리는 동시에 이에 대한 대가도 치뤄야 한다.

그들이 당신에 대해서 무엇을 알고 있는가?

사물인터넷과 시장에 출시된 스마트 기기에 우리가 가장 기대하는 것은 주변 정보의 활용이다. 우리는 가정의 에너지 사용량을 확인하고 싶어 하고, 하루 동안 어느 정도 걸었는지 알고 싶어 하며, 냉장고에 달걀이 몇 개가 남아 있는지 궁금해 한다.

우리에게 이런 유용한 정보는 다른 사람과 기업에게도 가치 있는 정보가 될 수 있다. 스마트 기기를 제조하고, 수집한 데이터를 다른 기업에 판매하여 수익을 내는 회사들은 많은 관심을 보인다. 스마트 기기 제조업체의 사업 계획에 포함되어 있는 것 중 하나는 수집된 데이터의 판매로 인한 수입이다.

수많은 회사들은, 판매하는 데이터가 익명성이 보장되어 있기 때문에 개개인에 대한 상세 정보가 아니라고 주장한다. 이 말이 사실일지라도 (그리고 모든 회사들이 이렇게 주장하는 것은 아니다) 전체 데이터에서 개인에 대한 상세 정보가 추출될 가능성은 충분히 있다.

이 모든 데이터는 당신의 행동, 목적지, 의학적 정보, 습관 등에 대한 다양한 세부적인 내용을 알아내기 위해 분석될 수 있다. 이런 정보들이 낯선 사람에게 공개되는 것에 대해 누군가는 불편해 할 수도 있고 누군가는 편안해 할 수도 있다. 스마트 기기가 수집하는 데이터가 얼마나 나쁘게 사용될 수 있을까? 아래의 예시를 통해 살펴보자.

네스트의 학습형 온도 조절 장치와 같은 스마트 온도 조절기를 떠올려 보자. 이 작은 기기는 엄청난 양의 데이터를 수집한다. 수집한 정보를 이용해 당신이 선호하는 냉난방의 온도를 설정한다. 이 부분은 크게 흥미롭지는 않다. 재미있는 부분은 네스트가 이 데이터를 공유하는 다른 기기에 있다. 예를 들어, 온도 조절 장치가 당신 차고의 개폐기나 자동차와 연결되면, "부재중" 모드로 설정을 변경하기 위해 당신이 언제 집에 나가는지를 확인한다. 당신이 문을 잠그고 운전을 하고 있는지를 누가 알고 싶어 할까? 아마 도둑들일지도 모른다. 아니면 당신에 대한 부정 증거를 찾으려는 배우자나 전 배우자일 수도 있다.

당신의 성생활은 어떠한가? 사적인 것으로 남겨 두고 싶은가? 사물인터넷이 장악하는 세상에서 사생활을 지키기는 쉽지 않다. 예를 들어, 본다라 Bondara의 섹스핏 피너스 링Sexfit penis ring은 은밀한 부위를 위한 만보기와 비슷하다(나의 아이들을 위하여 품위를 지키려고 노력하기 위해 사진을 싣지는 않았다). 섹스핏의 "LED 퍼포먼스 표시 점등"과 "개인 트레이너 진동 모드"는 블루투스를 통해 스마트폰 앱에서 당신의 분당 횟수와 칼로리 소비 정보를 보여 준다.

> **Note**
>
> (비슷한 문제를 가지고 있는) 핏빗 피트니스 밴드 사용자들은 자신들의 성생활에 대한 통계 수치가 온라인에 올려져 있는 것을 발견했다.

스마트 자동차에서도 수많은 데이터가 수집된다. 당신의 위치 정보와 같은 데이터 말이다. 당신이 배우자에게 숨기고 싶어 하는 위치 정보가 있는가? 내가 경쟁사 건물에 있는 것을 상사가 알게 된다면? 우리가 미처 생각하지 못하고 있을 때도 데이터는 계속 수집되고 있다. 이렇게 수집된 데이터가 도덕적인 용도로만 사용되는 것은 아니다. 스마트 TV는 당신이 어떤 프로그램을 시청하고 있는지 기록한다. 당신이 어떤 홈쇼핑 방송을 보는지 분석하면 어떠한 여가 활동을 즐기고 있는지 알아낼 수 있다. 어쩌면 가정용 제품을 판매하는 회사들은 당신의 스마트 온도 조절 장치 회사에서 판매한 개인 데이터를 이용해 추운 겨울 당신에게 담요를 판매하려고 할지도 모른다. 범죄는 아니지만.

정부는 당신을 엿보고 있다

이 거대한 주 정부와 국가를 관리하는 공직자들이 모인 정부가 있다. 법을 준수하거나, 준수하지 않든 간에 상관없이 시민들을 감시하는 기구가 존재한다. 필자는 여기서 FBI, CIA, NSA, 국토안보부를 이야기하려고 한다.

이론적으로 일부 제한이 존재하기는 하지만, 워싱턴 정부는 우리의 전화 통화를 듣고, 문자 메시지를 읽으며 이메일의 내용을 훑어볼 수 있는 백지 위임장을 가지고 있다. 오늘날 인터넷 세상에서 정부기관이 감시할 수 없는 것은 아무것도 없다. 그게 바로 오늘날이다. 미래의 스마트 기기가 수집한 데이터를 이용할 정부를 생각해 보자. 사물인터넷에 연결된 수십억 개의 기기는 당신과 당신의 이웃에 대해 정부가 추적할 수 있는 수십억 가지의 새로운 내용을 의미한다. 우리를 (모호하거나 존재하지도 않는) 테러리스트의 위협에서 보호하기 위해 데이터를 이용한다고 말하지만, 여전히 우리를 감시한다는 사실엔 변함이 없다. 굉장히 빅 브라더 같다. 예측한 연도를 제외하고는 오웰이 확실히 잘 본 것 같다.

이것은 근거 없는 추측이 아니다. 정부는 성공적인 감시에 대한 기대를 하고 있다. 2012년, 전직 CIA 국장이었던 데이비드 퍼트레이어스David Petraeus는 CIA의 창업투자 회사인 인큐텔In-Q-Tel을 위한 정상회담에서 사물인터넷이 어떻게 합법화된 정탐 업무를 변화시킬 것인지에 대해서 언급했다. "'변화'는 너무나 많이 사용된 단어입니다, 하지만 은밀한 스파이 활동에 대한 기술 측면에서는 적절히 사용된 것이라고 믿습니다."

필자는 "은밀한 스파이 활동에 대한 기술"이라는 구절을 좋아한다. 이것은 "시민들 정탐하기"라고 말하는 것보다 훨씬 더 나아 보인다. 하지만 말의 옆길로 새지는 말아라. 심각한 문제가 있기 때문이다.

과거에는 CIA나 여러 기관들이 당신의 행동을 감시하고 싶다면, 요원들이 탄 자동차를 길목에 세워 두거나 당신의 주변에서 운전하며 직접 따라다녀야 했었다. 그러나 현재, 스마트 기술의 등장으로 당신이 특정한 시간대에 어디에 있는지, 무엇을 하고 있는지 정확히 알기 위하여 그들은 당신의 스마트 자동차, 스마트 홈, 스마트폰에서 나오는 데이터를 가로챈다.

퍼트레이어스는 또한 이렇게 말하였다. "관심 대상의 위치를 찾아 감시하며, 전파 식별, 센서 네트워크, 서버, 에너지 회수 장치와 같은 기술을 통해 원격으로 제어될 것이다. 이 모든 기술은 충분하며 비용이 저렴하고, 고성능 컴퓨터의 사용으로 차세대 인터넷에 연결될 것이다."

내가 본 것 중에 사물인터넷이 작동하는 방식에 대해 가장 잘 설명한 내용이다. CIA는 확실히 기술을 잘 활용하고 있다. 그리고 CIA는 퍼트레이어스가 말한 것처럼 이러한 스마트 기기가 "비밀에 대한 우리의 생각을 바꿀 것이다."라는 것을 알고 있다.

사생활 vs 사물인터넷

당신은 얼마만큼의 사생활에 대한 권리를 가지고 있고, 원하며, 필요로 하는가? 디지털 세계의 모든 활동은 사생활과 교환하는 것이라고 할 수 있다. 오늘날의 세대와 미래의 사물인터넷 세계에서 사생활은 사물인터넷의 상호 연결성을 통해 이득을 보기 위하여 기꺼이 내버려진다.

당신은 사생활에 관해 어느 정도의 권리를 가지고 있는가? 오늘날 인터넷과 사물인터넷 세계에서 사생활 권리에 대한 개인의 주장은 힘을 잃을 수도 있다. 사실 많은 사람들은 사물인터넷이 모든 거래, 운용, 사람 등 모든 것이 투명하게 되는 "급진적인 개방"의 시대를 만들 것이라고 믿는다. 이 투명성은 모든 기기가 다른 기기에 연결하는 것을 허용하는데 필요한 일종의 신뢰를 얻기 위해 필수적이다.

특히 사생활 옹호론자들은 데이터가 익명처리되더라도 사물인터넷 회사들이 수집해서는 안 된다고 주장한다. 그들은 스마트 기기 제조업자들이 수집하는 데이터와 수집 목적에 대해 명확하게 언급해 주기를 바란다. 소비자는 누가 자신의 데이터에 접근할 수 있는지 선택권을 가져야 한다. 사물인터넷의 데이터를 차단하는 것은 결국 스마트 기기를 다시 예전처럼 스마트하지 않은 상태로 되돌린다는 것을 의미한다. 이 상호 연결된 데이터의 교환이 사물인터넷을 지능적으로 만들어 주는 것이다. 만약에 데이터가 서로 교환되지 않는다면, 당신이 가지고 있는 것은 단순한 센서들의 집합일 뿐이다.

여기에 대가가 있다는 것을 반복하는 것 외에 다른 정답은 없다. 만약 당신이 완벽한 사생활을 원한다면, 사물인터넷에서 이득을 보지 못할 수도 있다. 그리고 만약에 당신이 사물인터넷에서 이득을 보고 싶다면, 당신은 사생활의 일부를 희생해야 할 수도 있다.

보안 문제

사물인터넷의 사생활 문제와 연관되어 보안과 관련된 문제도 있다. 이러한 문제들은 두 개의 커다란 부류로 나누어진다. 사물인터넷이 모은 당신의 데이터가 얼마나 안전한지, 그리고 사물인터넷 전체가 얼마나 안전한지 말이다.

데이터 보안

한번 가정해 보자. 스마트 기기에서 수집된 모든 개인적인 데이터를 제조회사들이 사용하지 않고, 정부 기관 또한 염탐하지 않는다고 말이다. 그렇다고 당신의 데이터가 안전한 것은 아니다. 해커는 여전히 네트워크를 뚫고 들어와서 개인 정보를 훔칠 것이다.

우선, 수백만 개의 새로운 스마트 기기는 모두 악의적인 해킹의 시발점이 될 수 있다. 만약 해커가 고객 데이터베이스에 침입할 수 없다면, 전력 계량기인 스마트 미터를 해킹하여 우리의 데이터에 접근할 것이다. 모든 스마트 기기나 센서는 해커들의 해킹 대상이 될 수 있다. 그리고 각 스마트 기기마다 보안 적용이 되어 있지 않거나 그 수준이 낮다는 점을 고려해 보면, 해커들에게 굉장히 쉬운 목표물이 될 것이다.

즉, 스마트 기기에서 수집된 모든 데이터는 해커들에게 매우 유익한 정보가 될 것이다. 그들은 당신의 신용카드 번호를 훔치고 당신의 텔레비전 시청 습관, 자동차 사용 시간, 심지어 신체 활동에 대한 정보를 취급하는, 돈이 되는 2차 시장을 찾을 것이다. 모든 데이터는 가치 있고, 훔칠만한 이유를 부여한다.

시스템 보안

일부 공격자들은 디지털 데이터 한 뭉치를 훔치는 것보다 더 악의적이다. 만약에 해커가 주택, 자동차, 혹은 도시의 스마트 기기를 제어할 수 있게 되었을 때 뒤따를 문제들을 생각해 보라.

필자는 지금 중요한 시스템과 운용의 제어권을 가지려는 목적으로 사물인터넷에 침입하려는 사이버 테러리스트를 말하고 있다. 주택의 스마트 기기가 사람의 제어에서 벗어나면, 대혼란이 일어날 수 있다.

인정하건대, 이러한 시나리오의 일부는 웃기게 들릴 수도 있다. 예를 들어, 주택의 스마트 조명 시스템을 해킹한 사이버 테러리스트는 조명을 무작위로 켜고 끌 수 있다. 스마트 TV를 해킹한 사람은 당신이 원치 않는 광고나 방송을 내보낼 수 있다. 스마트 변기를 해킹했다면 반복적으로 물을 내리거나 뚜껑을 올렸다 내렸다 할 수 있다.

위 시나리오는 그렇게 심각해 보이지 않지만 더 불길한 시나리오들이 있다. 해커가 모든 조명과 보안 기능을 끄기 위해 스마트 조명과 보안 시스템을 뚫고 들어오고, 강도가 주택을 침입하기 위해서 모든 스마트 문을 여는 것은 어떠한가? 스마트 자동차에 있는 카메라를 통해 당신을 염탐하려고 스마트 보안 시스템을 해킹하는 사이버 관음자는 어떠한가? 혹은 공기흐름을 끊거나 시스템에 위험한 가스를 유도하여 회사의 냉난방 시스템에 유입하려는 악의적인 의도를 가지고 있는 사람은 어떠한가?

스마트 자동차가 해킹을 당해서 발생할 수 있는 혼란을 생각해 보자. 해커가 원격으로 스마트 자동차의 전원을 꺼버리거나 주행 방향을 마음대로 조종하여 주행자에게 부상을 입히고 심지어는 죽음에 이르게 할 수 있다. 안전하지 않은 스마트 자동차는 죽음으로 이끄는 통로가 될 수 있는 것이다.

현재 개발 중인 도시, 주, 국가의 스마트 시스템을 고려해 보면 상황은 더 심각해진다. 만약 북한이 우리 주변에 있는 발전소를 공격했다면 어떤 일이 벌어질까? 혹은 주변 수자원 공사를 장악했다면? 아니면 국가의 핵 무기고를 장악했다면?

우리가 사물인터넷을 통해서 더 많은 것들을 연결할수록, 악의를 품은 개인이나 집단이 더 많은 것에 피해를 입히거나 통제하려고 할 것이다. 세상의 모든 기기가 사물인터넷을 통해 연결되는 것은 좋게 들릴 수 있지만, 보안에 관련해서는 굉장히 무서운 상황을 만들기도 한다.

해결책은 무엇인가? 항상 그렇듯이 더 나은 보안이 해결책이다. 이중 일부는 소비자인 당신에게 달려 있지만, 대부분은 사물인터넷 기기에서 만들어진 데이터를 수집하고 전송하며, 관리하는 회사에게 달려 있다. 네트워크의 모든 연결 지점은 안전해야 한다. 이는 벅찬 업무이다. 사물인터넷의 네트워크는 크기가 점차 확장되더라도 보안이 가장 취약한 연결 지점의 보안 수준은 최소 스마트 기기의 보안 수준 이상이 될 것이다.

빅데이터 문제

데이터에 관하여 살펴보자. 필요한 양보다 과도하게 많은 양의 데이터가 수집되는 것은 어떠한가? 너무 많은 데이터는 오히려 데이터 분석 시스템을 마비시킬 것이다.

우리가 말하고 있는 것은 사람들이 빅데이터라고 부르는 것이다. 빅데이터란 쉽게 보이지 않는 패턴, 동향, 연관성을 밝히기 위해 분석되는 엄청나게 거대한 데이터의 집합이다.

우리가 분석할 시간이 없을 정도로 많은 양의 데이터를 수집하는 것은 가능하다. 하지만 우리는 단순히 데이터를 수집하는데 그치고, 데이터를 사용해서 그 무엇도 하지 못할 수도 있다. 데이터는 클라우드 저장공간을 차지할 뿐이다. 평생 말이다.

만일 그런 일이 발생한다면, 유망한 기술을 낭비하는 일이 될 것이다. 미래의 스마트 기기는 낮은 수준에서 여전히 서로 소통되긴 하지만 전 세계적으로 네트워크에 연결되는 것은 절대 현실화되지 않을 것이다.

이는 스마트한 시스템과 우리가 함께 협력하며 수집한 데이터를 분석해야 할 필요가 있다는 것을 의미한다. 만약에 사물인터넷이 우리 미래의 삶에 진정으로 영향을 미치게 된다면, 우리는 데이터 분석가들을 교육시켜야 할 것이다. 우리는 지능적으로, 정확하게, 그리고 창조적으로 구성되는 다양한 정보의 원천에서 수집된 데이터를 분석할 수 있는 사람들이 필요하다. 데이터 자체는 지능적이지 않다. 바로 분석이 지능적인 해석을 제공한다.

또한 우리는 수집된 데이터를 분석하고, 데이터에 기반하여 행동하는 지능형 시스템을 고안할 사람들이 필요하다. 다양한 원천에서 수집한 데이터를 거의 실시간으로, 의미 있는 데이터로 변환할 수 있는 정확한 알고리즘을 고안할 수 있는 프로그래머 말이다. 우리가 모든 사물인터넷 데이터를 완전히 분석할 수 있는 자동화된 시스템과 알고리즘에만 기댈 수 없듯이, 사람에게만 기댈 수도 없다. 우리는 일을 처리하는 것에 인간 전문가와 전문 시스템의 조합이 필요하다. 그렇지 않다면 우리가 하는 것은 쓰레기 더미를 수집하는 것과 다름이 없을 것이다.

자율성과 제어 문제

스마트 기기 시스템의 출현은 도덕적인 딜레마에 빠지게 한다. 우리의 스마트 기기가 얼마만큼이나 스마트하기를 원하는가?

이 문제 중 일부는 문화와 인간 지각에 있다. 일반적으로 인간은 사물을 직접 제어하기 원한다. 우리가 기기에게 제어를 양도할수록, 우리는 우리가 통제를 하고 있다는 것에 대해 덜 느낄 것이다. 이것은 취약성, 심지어 열등함을 느끼게 할 수 있다. 우리가 제어를 하지 않는다고 느끼면, 우리는 우리 자신에 대해 확신을 덜 가지며, 자존감이 낮아진다. 이렇듯 제어는 중요하다.

우리가 통제하지 않는 사물과 시스템에 우리의 삶에 대한 제어를 더욱 많이 주게 되면 어떤 일이 일어나는가? 우리는 정말로 이것을 하길 원하는가? 진정으로 할 수 있는가? 혹은 비논리적이라도 넘지 않을 선, 혹은 우리가 제어를 유지하고 싶은 지점이 있는가?

자율주행 자동차를 생각해 보자. 많은 사람들이 기대하는 자율주행 자동차가 보편화되면 우리는 등을 펴고 편히 앉아서 기계에게 운전을 맡길 것이다. 개인적으로 나는 운전하는 것을 좋아한다. 나는 승객인 것보다 운전자인 것이 더 좋다. 나는 자동차 자동화 시스템에 운전 기능을 넘길지에 대해서는 확신을 못하겠다. 나는 내가 제어를 하고 싶고, 기계에게 운전대를 넘겨줄 준비가 되어 있지 않다. 이것은 앞서 언급한 제어에 관련된 문제이다.

우리가 제어권을 넘겨주는 것 중에는 편안한 기능들이 많이 있다. 우리는 누군가, 혹은 무언가가 그것들을 대신 처리해 주는 것을 기꺼이 허용한다. 하지만 거의 모든 것을 그런 방식으로 할 수 있는가? 본질적으로 우리를 통제하는 시스템에 제어권을 일부 유지할 필요가 있겠는가? 혹은 월-E에서 나온 것처럼 모든 행동이 지능형 우주선 호스트 컴퓨터에 의해 제어되고, 우리는 뚱뚱한 인간이 되어 비행 의자에 늘어져 있겠는가?

스마트 기계 문제

자율형 기기에 대해서 좀 더 언급해 보기로 하자. 스마트 기기와 시스템이 조금 더 스마트해져서 인간의 제어를 거부한다면 어떻게 하겠는가?

지금 우리는 공상과학 영역에 들어왔다. 인간에 반反하는 자각을 가진 스마트 기기들의 스카이넷 네트워크가 나오는 터미네이터 영화를 보면 이런 나쁜 일들은 충분히 일어날 수 있다.

기기와 시스템이 자각할 수 있는 지능을 얻는다는 이 개념은 기술 특이성의 개념에 드러나 있다. 이는 인공지능이 인간의 지적 능력을 능가할 수 있음을 이론적으로 보여 준다. 미래학자인 레이 커즈와일Ray Kurzweil은 현재 기술 진보의 속도를 보면, 특이성은 2045년 근방에 이루어질 것이라고 예상한다.

혹시라도 특이성에 도달하면 어떤 일이 발생할까? 어쩌면 우리의 스마트 주택과 스마트 자동차들이 아이언맨에 나오는 토니 스타크의 자비스 지능형 컴퓨터와 동등한 지능을 지닐 수도 있을 것이다. 어쩌면 터미네이터처

럼 우리의 라이벌이 될 수도 있을 것이다. 혹은 '2001: 스페이스 오디세이'의
HAL 9000 컴퓨터가 그랬던 것처럼 우리의 기술을 발전하는데 친절한 조
력자가 될 것이다. 과학이나 공상과학을 좋아하고 더 많은 지식을 가진 사
람들에게 논쟁의 여지를 남겨 두겠다. 하지만 아이작 아시모프_{Isaac Asimov}
의 로봇 공학 원칙이 관여될 것은 확실하다.

> **Note**
>
> 위대한 공상과학 작가인 아이작 아시모프는 1942년작 단편소설인 "Runaround(추후
> 아이로봇 책에 수록되었다)"에서 로봇 공학의 3원칙을 상정하였다. 원칙들은 다음과
> 같다.
> (1) 로봇은 인간에게 해를 가하는 행동을 하지 않음으로써 인간에게 해를 끼쳐서는 안
> 된다. (2) 로봇은 인간이 내리는 명령에 복종해야 한다. 단, 이러한 명령이 첫 번째 법칙
> 에 위배될 때는 예외로 한다. (3) 로봇은 자신의 존재를 보호해야 한다. 단, 그것이 첫 번
> 째와 두 번째 원칙에 위배될 때는 예외로 한다.

이렇게 하여 인간은 우연히 만들어 낸 악한 로봇에게서부터 보호된다. 요점
은 우리의 기기, 시스템, 기계에 더 많은 자율성을 이양할수록, 이 시나리오
가 발생할 가능성이 더 높아진다는 것이다. 우리는 계획적으로 자율적인 지
능형 시스템을 만들려고 하고 있다. 그렇기 때문에 시스템이 지능과 자율성
을 갖추더라도 놀랍지는 않을 것이다. 이러한 미래의 지능형 기기가 우리의
친구가 될지, 도우미가 될지, 아니면 적이 될지는 우리가 어떻게 프로그램
화를 할 것인지에 달려 있다.

스마트 문제와 우리

당신은 사물인터넷에 대해 얼마나 기대하고 있는가? 이는 사물인터넷을 얼마나 받아들일 것이며, 잠재적인 문제들에 대해 어느 정도 걱정하고 있는지에 달려 있다.

좋은 측면에는, 기대할 만한 것들도 많이 있다. 스마트한 기기와 시스템은 우리 삶의 지루하고 일상적인 과정과 결정을 자동화해 줄 것이다. 모든 기기를 연결함으로써, 더 스마트하고, 더 효율적인 결정과 운용의 결과가 나온다. 세상은 더 나은 곳이 될 것이다. 당신은 더 많은 여가 시간을 가지고 고민을 덜 할 것이며, 돈을 더 많이 지니게 될 것이다. 모든 것이 좋다.

나쁜 측면에는, 이러한 스마트 기기에서 수집된 데이터가 부도덕한 광고업자, 악의적인 해커들, 정부 기관에 의해 사용될 수 있다는 것이다. 개인 사생활은 침해당하고, 연결된 시스템(사적과 공적인)이 악의적인 목적으로 이용당할 수도 있다. 스마트 시스템이 인간에 반反하여 봉기하고 일어나 문명을 붕괴할 가능성도 충분히 있다.

요점은, 모든 발전이 가능성과 문제점을 모두 포함하고 있다는 것이다. 기술적 진보는 선하고 악한 가능성을 모두 지니고 있다. 따라서 모든 문제에 대한 해결책이 되지는 않을 것이다.

사물인터넷에 내재된 일부 문제들은 당신의 제어에서 벗어날 것이다. 예를 들어, 스마트 그리드, 스마트 고속도로나 스마트 쓰레기 수집과 관련된 도입에 관하여 거의 제어를 하지 못할 것이다. 정부가 시민들을 대신해 결정을 내릴 것이고, 당신은 맞춰서 살아야 할 것이다.

하지만 당신의 수준에서 내려야 할 결정들도 존재한다. 당신은 집에 스마트 기기를 받아들일지, 그리고 언제 받아들일지를 선택할 수 있다. 당신은 집에 스마트 조명이나 스마트 보안 시스템을 설치하지 않아도 된다. 구식 조명과 보안 시스템은 고맙게도 잘 작동된다. 스마트 그리드에 집을 연결하지 않아도 되며, 원치 않을 시에는 스마트 자동차를 구매하지 않아도 된다. 당신의 선택에 달려 있다.

이것은 당신이 더 큰 의사 결정에 참여하지 못한다는 것을 의미하지는 않는다. 바로 투표가 존재하는 이유가 여기에 있다. 최근에 개발되는 기술과 문제들에 대해서 잘 알려고 노력하고 (이 책을 읽음으로써 이미 그러고 있다), 토론에 참여하라. 만약에 당신이 유용성을 본다면, 개발을 지원하라. 결과가 두렵다면, 도입에 반대하거나 더 엄중한 제어를 주장하라. 당신은 재정 형편에 맞추어 당신이 원하는 대로 하면 된다. 사물인터넷은 시장 상황에 따라 성공하거나 실패할 것이다. 만약에 많은 소비자(개인 혹은 기업)가 새로운 기기를 구매한다면, 사물인터넷은 실물이 될 것이다. 만약에 소비자가 외면한다면, 이 모든 것은 실패가 되고 10년이 지나면 잊혀질 것이다.

다시 말해서, 사물인터넷의 성공은 예정된 것이 아니다. 기술은 진보하지만, 항상 순조로운 방식으로 진보하는 것은 아니다. 1990년대 초로 돌아가 보면, 그 어떤 사람도 인터넷이 영화를 보거나, 물품과 서비스를 구매하거나, 농담을 나누고 포르노를 보는 매체가 될 거라 예상하지 못했다(그래, 포르노는 예상 가능했을지도 모르겠다). 편히 식빵을 먹을 수 있게 도와준 토스터기 이후에 최고의 발명품이 될 수도 있지만 중요하지 않은 것이 되어 버릴 수도 있다.

사물인터넷이 보여 주는 잠재적인 문제에 대해 걱정을 해야 하는가? 당장 모든 스마트 기기의 접속을 끊고 다가오는 기계와의 전쟁에 대비하여 물자를 벙커에 채워야 하는가? 아마 그러지 않아도 될 것이다. 최악의 경우에도, 아마 그만큼 상황이 나빠지지는 않을 것이다.

사실, 사물인터넷은 우리가 기대하는 대부분을 이뤄줄 것이다. 물론 문제는 있을 것이다. 하지만 그 어떤 것도 완벽히 순조롭게 흘러가지는 않는다. 주의에 관심을 기울이고 상황에 따라 좋은 것들을 지원하며, 나쁜 것들을 막으면 모든 것은 제대로 될 것이다. 결국에는, 내일은 어제의 미래일 것이다.

스마트 문제 시장 동향

몇 달 전 미국 IT전문매체 와이어드는 피아트–크라이슬러FCA의 SUV '지프 체로키'를 약 16m 밖에서 해킹해 원격 주행하는 영상을 공개했다. 해킹된 스마트 TV, 냉장고는 스팸을 발송하는 등 우리의 보안을 위협했다. 사물인터넷이 활성화되면서 가장 중요시되어야 하는 것은 보안 기술이다. 그러나 보안 전문 회사들도 아직 완벽한 해결책을 제공하고 있지 못하고 있다.

최근 삼성, 애플, 마이크로소프트 등 글로벌 기업들은 TCGTrusted Computing Group를 통해 시스템의 암호화된 서명을 확인하고, 보안 인증된 파일만 실행되도록 하는 안정 부팅 기술을 적용하고 있다. 앞으로 개인 지문 정보를 사용하는 지문인식 시스템도 보안 기술의 핵심으로 많은 사물인터넷 기기들에 적용될 것이다.

출처
- http://www.boannews.com/media/view.asp?idx=47991&skind=O
- http://www.dt.co.kr/contents.html?article_no=201509230210186080001

(기타)
- http://www.sciencetimes.co.kr/?news=%EA%B0%9C%EC%9D%B8%ED%99%94%EA%B8%B0%EC%88%A0-%EB%AF%B8%EB%9E%98-%EB%B9%84%EC%A6%88%EB%8B%88%EC%8A%A4-%ED%95%B5%EC%8B%AC

생활을 변화시키는 사물인터넷:IoT

1판 1쇄 발행 2016년 1월 15일
1판 3쇄 발행 2017년 9월 23일

저 자 MICHAEL MILLER

역 자 정보람

발 행 인 김길수

발 행 처 (주)영진닷컴

주 소 서울 금천구 가산디지털2로 123
월드메르디앙벤처센터 2차 10층 1016호 (우)08505

등 록 2007. 4. 27. 제16-4189호

©2016., 2017. (주)영진닷컴

ISBN 978-89-314-5188-7

http://www.youngjin.com